禮學

思想與應用

林素英 著

目　次

自　序

歷史不只在期待，
歷史更需要社會大眾穩健地走來！
是「禮」的盡情與盡性
……譜畫出生命精彩的樂章；
更是「禮」的條理與秩序
……支撐起傳統文化的命脈！
禮……
永遠以穩健的方式指向情理融合的理想境界！
我們期盼有志者勇於加入「圓」禮的行列！
我們希望合「理」且有「禮」的人文世界！

「禮學」不只需要從思想層面被認知，更需要在實際生活中被實地踐行；它是一門透過生命實踐的真實學問，是活躍在人體之中的鮮活細胞，永遠隨著血脈的流動而生生不已。基於這種信念，個人對於禮學的研究即環繞與生命有關的議題進行研究，並設法與生命實踐作連結。

「讓經學走入人生之脈絡，進入人體之血脈！」、「讓經學展現其血肉之面向，與現代人之生命同在！」是就讀研究所以來即已許下的心願，十餘年來辛勤耕耘禮學園地的結果，自《古代生命禮儀中的生死觀——以《禮記》為主的現代詮釋》開始，已陸續開出《古代祭禮中之政教觀——以《禮記》成書前為論》、《喪服制度的文化意義——以《儀禮．喪服》為討論中心》以及《從《郭店簡》探究其倫常觀念——以服喪思想為討論基點》的學術幼苗。在進行學術研究時，不但隨時提醒自己禮學貴在「即知即行」的生活實踐，更以《少年禮記》與《甜蜜的包袱——禮記》的普及性作品，為廣大的社會大眾催化禮學的生活實踐層次。

緣於即將開設「經學與現代社會」、「禮學專題研究」以及「經學史」之課程，在蒐集教材、設計主題課程之時，重新審視過去發表之論文，先挑選十篇主題可以互相聯繫的禮學論文，以「禮學思想與應用」為題而結集出版。由於各篇成於不同時期，且各刊物的性質不同，因而行文之方式亦各自有異。此次出版，除卻註解之部分全部統一重整，而內容稍稍作較順暢之調整外，並不更動原有行文的文白差異；因為發行本書之目的，除卻呈現自己對於禮學思想的看法以及推動禮學應用之決心外，主要還在於教學時舉例方便的設想。

十篇論文的安排，皆緊扣思想應與應用互相結合的主題而發。〈從先秦謚法透視其人文精神〉、〈從先秦之命名取字透視其人文精神〉兩篇，從篇題即可得知論文之目的，在於藉由人類不同的稱號意義以凸顯人文精神，藉此彰顯人之異於其他生物之處。〈從禮儀制度透視傳統文化的特質〉與〈禮與普遍倫理的關係〉兩篇，則分別主由儀式制度與抽象禮義的向度，說明「禮儀」與「禮義」的相須而行，藉此深化對於禮學思想的認知，並得知禮學的實踐方式。接著，〈嫂叔無服的文化意義〉則藉由爭論多端的嫂叔無服實例，詳加述說禮制規劃時的深刻涵義，並提出一旦時空環境不同，行禮之時，就應該考慮因時制宜的問題。再來，〈儒家人倫新論〉則進入固有文化中重要的「三綱」問題討論，全文剖析原來「六位」的人倫「思想」，因轉化與「應用」的歧出，遂有惡形惡狀的「假禮教」出現，於是對「真禮教」發出迫切呼籲。另外〈談《禮記》〈檀弓〉的教學對中學生情意教育的意義〉、〈從現實到理想的境界〉以及〈從生命禮儀論《禮記》之情意教學〉三篇，則明顯以禮學的實際應用為主，希望透過對廣大學生群體傳達禮學思想的過程，可以及早促使禮學的活化細胞在年輕人的體內發揮其應有的功能。最後，則藉張載的「變化氣質」說，說明吸收經典的智慧，是現代人進行心靈改革的良策。

猶記得周師一田在《古代祭禮中之政教觀》序言中「習禮重義」的肺腑之言，更記得老師對於禮學傳承的責任賦予！想普天下的老師，誰不希望學生都能傳承自己的職志！因此，「繼志承業」將是我無悔的選擇！「當仁不讓」則是支撐我辛勤散播禮學種子的精神支柱！還希望有更多秉持「繼志承業」、「當仁不讓」有志於「圓」禮之人勇於加入傳禮的行列！因為禮學的園地的確亟需要眾多的園丁辛勤耕耘！今後，我仍會多多投入文化傳播的社會公益事業，讓經學與禮學的種子順利進入現代人的血脈之中，多多展現他們不朽的生命力，讓現代社會注入更多合理且有禮的成分，且能將這種美好的種子，在彼此交互往來的生活實踐中展露無疑。

值此九月開學之際，教師節亦即將屆臨，謹以兢兢業業之心再陳繼志承業之意，雖不敢自言不負業師所望，然而終必將全力以赴！尤其前三篇論文發表前，業師皆曾提供寶貴意見，謹藉此再申感謝之意！

壹、從先秦謚法透視其人文精神

內容摘要

儘管民國以後謚法制度已不復施行，然而此一制度存在中國幾近三千年，乃國家鞏固政權、維護禮教之重要制度。而禮制之設立，本在於彰顯人文之精神、呈現人文之價值，因此本文即透過「謚」之形義，溯源謚法興起之時代與因緣，更以《逸周書》〈謚法解〉為討論先秦謚法之理論依據，並就謚法內容、對象與類別，說明先秦謚法之狀況，其後，則分析謚法現象，分由：㈠謚法之涵蓋範圍顯示謚法根於人情；㈡私謚與公謚之存在凸顯謚法之本質；㈢美謚與惡謚之並行強化謚法之旨意；以凸顯謚法所隱藏之人文精神。文末，則以理性發揚謚法之人文精神作結。

一、前言

「虎死留皮，人死留名」對於中國人而言，可謂根深蒂固之觀念。因而一個人一生之學行德業、功過美惡，是否能於其蓋棺之時，得一善名以終，即為世人關心之重點。我國自周代以迄清朝，除卻秦始皇曾廢止謚法之外，議謚制度幾近三千年而不廢。謚法制度，先秦為興起期，漢晉為發展期，唐宋為興盛期，明清為衰退期，對於穩定及維繫古代政治制度之順利推行，具有積極之作用。

儘管民國以後謚法制度已不復實行，然而此一源遠流長之國家重要禮制，必存在其主、客觀因素，藉以維護禮教、鞏固政權，因而若欲研究謚法制度之興衰流變，自應以漢代以後之內容為探討對象，然而若欲追溯其興起之根源與代表之意義，則三代以前史料雖多有後人纂亂，然而卻捨先秦時期而弗由。經由對於先秦謚法之探討，可以理解歷代官宦對於謚法之重視，可以領悟古人忠君愛國、為政務求鞠躬盡瘁之心理基礎；其尤要者，此蓋棺之論，初本繫於生者思念尊崇死者之耿耿情懷，至其後，則為懲惡勸善之利器，其轉化之關鍵，當在於人文精神之開展，因此結合先秦謚法與人文精神之研究，將更能把握謚法制度之真義，進而可以思索當今之世雖不行謚法，然而又將如何以更理性之態度面對身後之褒榮與貶謫，以更積極有效地發揮人文之精義。

二、「謚」字形義

「謚」亦有作「諡」者，①戴侗謂之唐本無「謚」但有「諡」，乃「王公卿大夫沒，適其德行而為之稱。」②段玉裁則依據《玄應書》引《說文》正作「諡」；《五經文字》稱「謚」、《說文》也；「諡」、《字林》也；《廣韻》亦稱「謚」《說文》作「諡」；《六書故》謂之唐本《說文》無「謚」但有「諡」，其義為「行之跡」；因此以為《說文》「謚」當作「從言益」無疑，「諡」乃「謚」之正寫。③盧文弨亦贊同段氏之說，認為《說文》以「笑貌」訓「謚」乃後人所竄入，其字又殿居言部之末，殊為不倫，況且言部之字，其字義均極渾成，而「謚」離「言」，則不知其餘部份為何字，若以「兮」為聲，而「皿」又何義？且謂之「夫謚曰累行，其字必當從益；大行受大名，細行受細名；益者、加也，所謂累行是也。且如『溢』者，行之慎也；『謚』者，行之跡也；事正相類，況『益』何嘗非聲，而必『兮』始可得聲乎？」④朱駿聲則據《北堂書鈔》引《說文》作「謚，行之跡也，從言益聲。」⑤根據各家所載，可見唐代以前之《說文》仍以「謚」為正寫，宋代刻書始誤為「諡」。「諡」行，而反奪「謚」為正寫。

「謚」之字形既明，則字義可辨。是故《白虎通》謂之：

> 謚之為言引也，引列行之跡也，所以進勸成德，使上務節也。⑥

由班固與許慎均以「行之跡」釋「謚」，當知此說應為漢代訓詁學家之通釋。其所以謂之「引列」者，則為列舉人一生事蹟之犖犖大端者，其目的在於取其可資頌揚者，以勸進後之來者使之行事知所撙節。至於《釋名》則云：

> 謚，曳也；物在後為曳，言名之于人亦然也。⑦

其所以謂之「曳」者，即所以言「謚」為身後名，乃踵繼生前之行為事蹟而有者，因此若欲贏得身後美譽，則生前言行自當知所檢束收斂，此與《逸周書》〈謚法解〉所載「行出于己，名生于人」有異曲同工之效，皆以勸勉世人謹言慎行為宗旨。至於鄭玄則於註解「文王」時，自另一角度解釋「謚」之涵義為：

慎也，悉也，生存之行，終始悉錄之以為謚也。⑧

此處以「悉」與前述班固以「引」釋「謚」之原則，兩相對照，一表悉數完備，一則列舉大端，二者似為對反，然而深入以思，二者實為相容。鄭氏所謂將個人生存所行之終始，悉錄之以為謚，實為立謚之最高原則，亦即「謚」之涵義需能總結、表徵個人一生之行徑，故以「悉錄之」為理想狀況。然而個人生命中所遭遇之情境難免複雜，欲以一二言之謚文凸顯其一生之特質，則勢必明瞭其一生之行徑，然後列舉其犖犖大端以概其餘，故知班氏所論偏於事實層面之呈現。蓋制度之設立，需兼備理想與現實層次，始能使制度之施行呈現有機之發展。若欲使制度有機發展，則執行時之態度特別重要，因而鄭氏以「慎」置於「悉」之前，提醒議謚時之態度尤須謹慎，是故《爾雅》以「靜」釋「謚」，⑨雖屬奇想，然而《說文》釋「靜」，謂之「審也。」，段注則云：「采色詳審得其宜謂之靜」，更引《周禮》〈考工記〉所言「畫繢之事也」，進而言之「分布五色，疏密有章，則雖絢爛之極，而無淟涊不鮮，是曰靜。人心審度得宜，一言一事必求理義之必然，則雖繁勞之極，而無紛亂，亦曰靜；引申假借之義也。」，⑩故知「靜」可引申成有「依理行義，審度得宜，無紛亂」之義，亦即行事謹慎合理，則得靜，是故立謚若能合乎理義、謹慎行之，則名實相符，世無異議而得其靜。且「靜」之指涉，兼及死者本身與人世之間，人死則靜，當其將葬，則其自身於人世之作為，已隨其精氣之終竭而歸於平靜，是故必須待此蓋棺之後，始能對其一生作一論斷，且必須以謹慎之態度對其一生作整體之考量。

三、謚法溯源

任何制度之興起，皆歷經悠遠之醞釀期，且當制度之初立，各地之施行多有歧異，謚法制度即為如此。綜括言謚法之起源者，主有五說：《逸周書》之周公制謚說，班固之黃帝創制說，王國維之西周中期說，郭沫若之戰國說與屈萬里之謚法濫觴於殷代論：

古代典籍中最早言及謚法意義者，首推《逸周書》〈謚法解〉，該篇認為謚法成於周公為武王謚，何休即據此明謂「昔武王崩，周公制謚法。」⑪此後歷代言禮者多祖述之。然而《逸周書》多雜偽作，現存之〈謚法解〉又版本複雜，文字多有異同，不可盡信。

班固認為「黃帝始制法度，得道之中，萬世不易。名『黃』，自然也。後世雖聖，莫能與同也。後世德與天同，亦得稱帝；不能立制作之時，故不得復稱『黃』也。」且舉《大戴禮記》〈謚法〉（今佚），而稱堯、舜、文、武皆為謚。杜佑則引《五經通義》，謂之顓頊以兩字為謚。⑫蘇洵則承其說，而有謚法起於三皇五帝之說。⑬然而謚法旨在勸善戒惡，此高度精神表徵方式，必須與成熟之文字環境、豐富之意識內涵諸條件相伴而生，然而三皇五帝時期之傳說綿邈無徵，是故謚法成於黃帝或三皇五帝之說，後人歸美之成分高，可信之程度寡。

王國維則透過考察金文，發現〈遹敦〉銘文中三次生稱穆王，而謂之「周初諸王，若文、武、成、康、昭、穆皆號，而非謚也。」又因〈獻侯罍尊〉，而有生稱成王之證，與《史記·魯世家》所載相同。自《戠敦》、《敔敦》之生稱穆公、武公，而謂之「周初天子諸侯，爵上或冠以美名，如唐、宋諸帝之有尊號矣。然則謚法之作，其在宗周共、懿諸王以後乎！」⑭王氏所證，已足以說明周初之謚法尚未成為定制。

郭沫若則列舉〈趞曹鼎〉、〈匡卣〉之銘文，證明共、懿王時尚無謚法，另舉〈康壺〉、〈洹子孟姜壺〉，說明春秋中葉以後猶無所謂謚法，並且斷言：謚法之興當在戰國時代。⑮然而汪受寬根據《春秋經傳集解》統計，書中記載天子、諸侯、王臣、魯夫人等之崩、薨、卒、被弒殺諸事，計187次，皆先書其名或爵稱，無一書其謚號，然而當其言及葬事，則不復稱名，而稱桓、莊、穆、僖、姜等謚名，書中記葬之事記111次，無一例外。⑯可見春秋時期謚法已頗具規模，因而成書於戰國初年之《左傳》、《國語》，書中多有有關謚法之紀錄。

屈萬里則為文論述謚法之成為定制雖晚，而謚號之發生實始於殷代末葉。自卜辭驗之，殷人已有避諱之俗，以直斥尊長之名為不敬。殷代末葉，已知就先王平生所為，而追命以「名符其實」之謚。由於殷王公日干之號，乃出於後人所追命，則謚法濫觴於殷代之說，亦可得而解決。⑰故知立謚之舉與避諱之俗，乃同條共貫，其始，多有尊隆長上、永誌不忘之意，其後始寓有褒貶之旨，是故鄭樵謂之「有諱則有謚，無諱則謚不立。」又謂「生有名，死有謚；名乃生者之辨，謚乃死者之辨，初不為善惡也。」⑱自文獻與銘文資料所載，殷人就先王行事之跡而為之號，已隱然有章法可尋，此即所謂述其「行之跡」，彰其「功之表」。若謂謚法之成為定制，殷商一代自然尚未成熟，然而因其有而論其有，謂之謚法之濫觴，則固其所宜。

四、先秦謚法

謚法制度之醞釀，歷時久遠，因而若欲觀其梗概、察其意旨，於此始興創制時期，即須揀選較長時間之發展狀況，方可見其真義，故而選擇先秦典章制度漸趨完備之時以述之。

(一)理論依據

謚法之說，最早提出且最具影響力者，當屬《逸周書》〈謚法解〉。該書乃先秦政治歷史文獻彙編，富有史料價值。《四庫全書總目》謂之「春秋時已有之，特戰國以後又輾轉附益，故其駁雜耳。究厥本始，終為三代之遺文，不可廢也。」⑲可見該書所載跨越相當長久之年代。〈謚法解〉為其中篇章，其撰作年代鄭樵謂之後世偽作；⑳郭沫若認為成篇於慎靚與赧二王以前；㉑汪受寬則根據《大戴禮記》、《世本》、以及《師春》皆曾錄有該謚法文字，因而推斷〈謚法解〉成篇於《左傳》以後、《師春》以前，即431B.C.至296B.C.之間，更通過先秦天子、諸侯與夫人等之謚號用字，對照〈謚法解〉之謚字，進而確定該篇極可能撰述於楚肅王羮至周顯王末年之間，即370B.C.至321B.C.之間。㉒雖然史料缺乏，古史難稽，然而就上述諸家所論，〈謚法解〉之成篇確在周末以前，縱然傳世版本複雜，所錄各有異文，歸其本，則仍以《逸周書》〈謚法解〉所錄為宗，而以張守節《史記正義》〈論例〉所錄之〈謚法解〉為最近於古之版本。

〈謚法解〉由三部份組成：前為小序，分述謚法撰作緣由、謚法基本原則；中為謚字釋義，以「××××曰×」之方式整齊排列，為謚法主體；末為釋訓，此部份文字雜揉，各本頗多差異，且與前之謚解多有重出，無關謚法宏旨。此篇既然最遲成於周代末年，且篇中所述謚法原則清晰、謚字涵蓋博多，則可推知謚法制度之成為定制，當更在此之前，因而可據以為談論先秦謚法之理論根據。

從〈謚法解〉之簡短內容，可以釐析謚法之理論根據在於儒家之禮制學說。周公於武王崩逝將葬時創制謚法，此說雖不可信，然而卻代表此理論系統來自儒家以周公制禮作樂之聖者思想。禮樂思想，其旨在於期許世人能和諧、順應天地之理序而行，是故特別強調正名思想，講求名實相符，因此確立「謚者，行之跡也」為謚法之內涵指攝，更以「大行受大名，細行受細名」為給謚原則，以求能實現合理有禮之人間社會。至於謚法用字，則充滿道德仁義、聖禮慈惠之色彩，要求人於有生之年須實踐美德懿行，合於儒家強調之倫理思想。朱右曾更以為「敬賓厚禮曰聖」之謚解，源於《禮記》〈鄉飲酒義〉「仁義接，賓主有事，俎豆有數，曰聖」；㉓「愛民在刑曰克」之謚解，孔晁以為源於《論語》〈為政〉「道之以政，齊之以刑」㉔之內容。謚字中之忠、厚、正、直、良、堅、明、愛、安、順、知、節、聖、文、成、康、昭、穆、德、莊、惠、恭、簡、敬，皆是儒家強調以德禮為政之政治原則與政治理想。

㈡諡法內容

諡法之核心，在於〈諡法解〉所錄諡字與其解釋。由於今之流傳版本眾多，因而諡字之內容與多寡各有異同，據汪氏統計，少則98字（《續通志》〈諡略〉），多則104字（《逸周書集訓校釋》）。汪氏研究諡法，推定〈諡法解〉於戰國至漢晉間本為百字，並將百字諡字之來源，歸納四類，可供參考：

1.雜取戰國中期及其以前天子、國君、妃以及卿大夫之諡號及生稱用字，計有：聖、文、武、成、康、昭、穆、平、景、德、貞、桓、元、宣、莊、惠、敬、肅、聲、戴、殤、隱、悼、愍、匡、魏、易、簡、共（恭）、定、襄、釐（僖）、懿、獻、孝、齊、頃、靖（靜）、胡、威、考、夷、安、思、懷、丁、烈、靈、厲、哀、躁、幽、憲、煬、繆、攜等五六字。此類諡字，除極個別之狀況以外，其餘則為以後歷朝給諡運用最廣泛者。

2.借取神王尊號與三代爵號用字，計有：神、皇、帝、王、君、公、侯等七字。此類諡字，漢代以後，除卻「神」字曾用於北朝追諡列祖，唐以後用於皇帝諡號外，歷代無人使用。

3.根據儒學道德體系新擬之諡字，多具有明顯之褒貶色彩，如用於褒揚善行之：忠、厚、正、直、良、堅、明、愛、安、順、知、慧、節、愨、剛、欽、質、度、譽、長、比、使、白、商等字；用於貶斥惡跡之：荒、刺、戾、醜、惑、夸、亢等字；用於表示憐憫之：傷字等。此類諡字，多為歷代沿用，僅「使、商、譽、度、夸、長、亢、比」等八字未用作諡號。

4. 根據歷代君侯繼位實際擬定之個別諡字，如因有疏遠之宗親繼位而擬之「紹」字諡。㉕

總計汪氏上述四類諡字，則為56、7、32與1之和，應得96諡字，若益之以「恭、僖、靜」三字，則得99諡字，而未滿百。此中出入，或可說明歷來諸家傳抄難免有誤之實，或者亦為舉其成數而謂之百字。就其所列之四項分類而言，可見其根據不離政教，可知諡法制度之施行，其旨在於政治教化之推行。第二、四兩類屬於諡法特例，乃備用之便，義之所在，則盡在第一、三兩類之中。

對諡字之解釋，即所以明確諡法之旨義。對此百字之諡解，或為一字一條釋義，或為一字數條釋義，且由於各版本不一，因而諡解之條數有異，最近於古之《史記正義》〈諡法解〉，計有192條；最為詳盡之《逸周書集訓校釋》，則有200條。於此近200條之諡解中，多有蛻變自古代典籍之解釋者，至於其最大多數，則根據前人諡號與其生平事蹟，以發揮儒家禮教之精神而作之意義詮釋。其一字數解者，或為適應不同地位之人物而設，如「文」之諡解有五：「經天緯地曰文」、「賜民爵位曰文」、「慜民惠禮曰文」當為帝王君主之諡，「道德博厚曰文」、「勤學好問曰文」則當為臣僚學者之諡。或為兼明褒貶者：如「武」之諡解有五：「剛彊理直曰武」、「威彊叡德曰武」、「克定禍亂曰武」、「刑民克服曰武」含有褒義，「夸志多窮曰武」則有貶義；其餘多字數釋者，則為周全世事紛雜而設想之眾多狀況而發，如：恭、莊、靈、孝、思、康、定、貞、平、元、釐、懿、獻、昭、敬、烈、剛、靜、威等可作為道德評斷字眼者多屬此類。亦即謚解為周延謚字之意義，因而有一字數解之狀況。

㈢謚法對象

謚法之成立，必須涉及給謚者與受謚者雙方面。若自給謚者之身分而言，則可以包括公謚與私謚兩類；若自受謚者之範圍而言，則可以包含帝王、國君、皇后妃嬪與卿之謚法。

凡未請於朝廷，受之於天子之謚號謂之私謚。謚法之初，本為避先人名諱，以凸顯死者之辨，是故譙周謂之「死稱廟主曰甲」、㉖王國維謂之「商人甲乙之號，蓋專為祭而設。而甲乙上所冠諸字，曰上、曰大、曰小、曰且、曰帝，尤為後世追稱之證。」㉗屈萬里進而言：殷人既以日干之號追命其先王，然積世既久，日干同者必多，於是遠祖與近祖無別，高曾與雲礽同號，斯不能不有以別之。於是益之以「大」、「小」、「后」，別之以「世次」，更以先王「行事」之特徵，益之以「文」、「武」，此皆成於有意無意之間、切合生者特徵而為。㉘是故周初時期，貴族多有為先人追加美稱，立有私謚者。春秋時期，民間亦存在私謚之俗，如弟子門生對於師長，民間對於德高望重之賢達、忠義節烈以及孝悌之士給予謚號，而柳下謚惠、黔婁謚康，甚且得謚於其妻，自古傳為美談，皆以此二人之妻為賢明。

待私謚流行日久，周王室遂覺謚法乃為死者避諱生名之良策，於是透過天子之特殊地位，為崩薨之周王、妃嬪、諸侯賜予謚號，成為無尚之殊榮，且初無嚴格之規定，如周穆王即謚其寵妾「哀淑人」，表達其悲傷哀痛之情。其後，則制定規章，限定給謚之範圍，訂立請謚、頒謚之程序，備有禮官專司執事，於是公謚行而私謚衰。

㈣謚法類別

由於謚號本為尊隆長者且表達對其哀傷之感情，因而其初始應僅有美謚、平謚，而無惡謚，此即鄭樵所云「名乃生者之辨，謚乃死者之辨，初不為善惡也。以謚易名，名尚不敢稱，況可加之以惡乎？非臣子之所安也！」㉙又言「成周之法，初無惡謚。謚之有惡者，後人之所立也；由有美刺之說行，然後人立惡謚。」㉚由於謚法之根本要義在於表述生者「行之跡」，因而立謚之原則即要求「大行受大名，細行受細名」，企求由於名實相符而能達於勸善戒惡之目的。在此基本前提下，美刺之說自然應運而生，是以「立謚本為昭穆，命謚取義尊隆」之餘，謚法更肩負起政治教化之重責大任，與采風之詩「上以化下、下以刺上」具有異曲同工之效。

固然鄭樵謂之「生有惡，死無惡者，人之情也；生可簡，死不可簡者，禮之事也。生雖侯伯，死必稱公；生不踰等，死必加等，先王之通制也。豈有稱生之號有隆，而命死之名有虧乎？」㉛此為一般常例。然而人各殊行，是故美惡參差自在其中，若邪而以之為正、惡而以之為善，則勢必混淆正邪善惡，而置天地之理序於不顧。是故謚法之立，有美謚、平謚與惡謚之別，乃基於人類具有善善惡惡之同理心，於是執政者運用此人同此心、心同此理之心理特質，施行勸善懲惡之教化制度，以達到提昇道德、穩定社會之實際效用。且欲達成政治效果，為政者必須先行樹立規範，以供後世參考，猶如〈大學〉所言「一家仁，一國興仁；一家讓，一國興讓；一人貪戾，一國作亂。」因而若欲家國具有仁義禮讓之風，則人君之操守作為，實乃關係流俗之厚薄，此即所云「堯舜率天下以仁，而民從之；桀紂率天下以暴，而民從之；其所令反其所好，而民不從。」，㉜是故對於帝王之作為必須嚴加褒貶，以為後世戒。故知美刺之說，乃政治運作之必經手段，因此惡謚之有，即為施政之大勢所趨，不得不然，且為順應謚法之常，因而美謚居多，以表尊隆先人之旨；平謚居次，以表哀悼憫懷之義；惡謚為寡，表達死者雖已矣，然而「名成于人」，附以惡名，乃所以旨求為後世警惕戒慎之用。是故考察自西周中葉以降，周天子及列國君臣之謚號，即可發現謚號與其人之德行事業大略相當。

五、先秦謚法所透顯之人文精神

謚以尊名，乃用以寄託哀思、讚美先人之用，本無嚴格規定。迨乎社會劇變，禮壞樂崩，道德淪喪，於是孔子赫然以「正名」為亟，因而作《春秋》以明褒貶，且由於「惟器與名，不可以假人。」㉝是故謚法尚可作為名教之用㉞，亦即由人情之層次，昇華而至於人文之表彰，且自下列謚法之狀況，可以凸顯人文之精神：

㈠自謚法之涵蓋範圍顯示謚法根於人情

謚法初期，各國給謚之對象，寬嚴不一，據顧棟高統計：

> 春秋之世，通君臣皆有謚者，惟魯、衛、晉、齊四國為然，然皆卿有謚，而大夫無謚，公族世卿有謚，而庶姓無謚。鄭之子皮、子產、子大叔，皆赫然著見于春秋之世，然後世不聞以謚稱。二四二年中，莊公世唯一公父定叔，僖公世唯一皇武子，襄公世唯一馮簡子。㉟

各諸侯國謚法不一，依常例，禮不下庶人，因此謚法不行於庶族，且多行於大夫有爵位者之上，然而亦有出入：如宋國僅國君有謚，大夫始終無謚。魯國則謚君、謚妃、謚大夫，且有謚士之特例：魯宋乘丘之戰，魯莊公馬驚失列，導致戰敗。御者自責，力戰而死。戰後，圉者發現戰馬身中流矢，故知非馬之不馴良，更非御者之罪，為表彰其勇敢負責之精神，於是莊公親為之讀誄予謚。士之有誄，自縣賁父始。㊱亦即誄謚主要依據事實所需，因此給謚之範圍自然無嚴格限制，是以周王室之首頒謚號，即穆王哀感弔念寵妾盛姬之情而謚；其餘，周景王之后謚為穆，魯隱公夫人謚為文，衛襄公夫人謚為宣，晉襄公夫人謚為穆，其謚字皆用以誌念后妃母儀之德。

至於太子之卒，有後代子孫為悼念之情而為之謚者，如秦之文公太子謚竫，哀公太子謚夷，懷公太子謚昭，昭襄太子謚悼，㊲即為親情之感念。而太子實乃王位之繼承人，承重之責任艱巨，為防其驕奢淫逸，因而設有三公三少以輔之，㊳且「天子之元子猶士也」、「古者生無爵，死無謚」，㊴因而按例，太子實無謚。然而事出特別者，不在此限：衛釐侯薨，其次子和發動政變，襲擊正在釐侯墓前之太子餘。太子無處躲藏，逃入墓道自殺。衛人悲憫其情，謚為共伯，意在誌念其恭順於命之悲情。晉獻公世子申生，非其罪而恭順於命以受死，卒謚恭，稱恭世子。凡此皆為具有孝思，卻死於非命之世子，表示悲憫哀悼之意，乃深摯人情之呈顯。

其餘，為宗室立謚，亦為親情之延續，是故春秋時期之王子虎謚文、王季子謚康、大叔帶謚昭，皆為周王子弟得謚實例。

綜上所述，謚法所涵蓋之範圍，乃出於親情之廣被、人情之投射，其後，則因人事之日趨複雜，故有儒者將此人情之常加以條理化，以免其無節而亂，於是在春官系統下，設置大師掌「大喪，帥瞽而廞，作匶謚」，㊵陳言周王平生事蹟，俾供作謚，更設有大史、小史掌管周王子弟與諸侯、卿大夫之謚，即《周禮》所謂大史掌「小喪賜謚」、㊶小史掌「卿大夫之喪，賜謚」。㊷一般而言，卿大夫卒，由國君頒其謚；普通士人，則亦有親友或門人根據一定之標準為之私謚。

㈡自私謚與公謚之存在凸顯謚法之本質

丘濬有言「國家所以馭臣下者，不過禍福榮辱而已。為善者，生享其福，死受其榮；不善者，生遇其禍，死蒙其辱；天下雖欲不治安，不可得也。」㊸而謚法之立，即所以成死後之榮辱，對生者有勸善戒惡之功，具有裨益風教之效，故知謚法乃成就名教之利器。然而若欲使其成為重塑道德風氣之利器，則將給謚之權交由掌政者管理，更可收風行草偃之效，亦即藉由公謚制度之實施，以便迅速、有效重振道德綱紀。然而欲求公謚具有預期效果，則必須建立一套可行之制，始可凸顯禮制之意義。是故〈曾子問〉載：

> 賤不誄貴，幼不誄長，禮也。唯天子稱天以誄之。諸侯相誄，非禮也。㊹

公謚要具有權威與公信力，則必須先行樹立給謚者之專職權威，因而以「賤不誄貴，幼不誄長」為禮，即在於確立誄謚之頒與，當以尊賜卑、以貴賜賤，藉以莊嚴得善謚者之尊隆，更用以維繫禮教名分之不得僭越。而天子至尊，無人可誄，是故必以皇皇者天始可誄之。然而天不能言，人實代言之，若愚而為智，當辱而反榮，終為違逆天道；且人臣之義，莫不欲隱其君之惡而揚其善，因而天子崩，大臣則至南郊謚之，《白虎通》謂之「明不得欺天也」，㊺乃所以藉昭昭之天而救人情之蔽，且用以表彰天子之謚來自天命，故為正直無欺、名至實歸。至於諸侯之薨，則天子論行以謚之，此即〈曲禮〉所謂「既葬，見天子曰類見，言謚曰類」，㊻孔疏引王肅云「請謚于天子，必以其實為謚，類于生平之跡也」，又引何允疏云「類其德而稱之」，故知誄謚之稱，以其平生所為之情實為本質，必使文質相稱，而後能傳諸久遠。卿大夫之不祿，則國君賜謚以「別尊卑、彰有德」，㊼是故無駭卒，羽父請諡與族。㊽公叔文子卒，請諡於君以易名，其君則以其於凶饑時，為粥與國之餓者，是為惠；國有難，以死衛君，是為貞；聽政，則修其班制，與四鄰交，不辱社稷，是為文，故諡曰「貞惠文子」，㊾凡此皆據實以諡。逮制度分立，禮教乃明，遂以得諡為榮，得善諡為尊隆，於是風教化民之實以行。

至於私諡，雖無執政者之推波助瀾，然而亦非濫加標榜。凡其所諡，皆為道德人品、學問事功足資楷模者，是以雖無公諡之眩人耳目，然而所諡則更為貼切近實。私諡之傳為美談，展禽與黔婁實當之：

展禽處魯，三黜而不去，憂民救亂。其妻以為「國無道而貴為恥」，故謂之「亦近于恥」，展禽則謂之「油油之民，將陷于害，吾能已乎？且彼為彼，我為我，彼雖裸裎，安能污我？」故知其節貞定，以惠民為宗。柳下既死，門人欲為之諡，其妻則為之誄曰「夫子之不伐兮，夫子之不竭兮，夫子之不信誠而與人無害兮，屈柔從俗，不強察兮，蒙恥救民，德彌大兮，雖遇三黜，終不蔽兮，愷悌君子，永能厲兮！嗟乎惜哉！乃下世兮，庶幾遐年，今遂逝兮！嗚呼哀哉！魂神泄兮！夫子之諡，宜為惠兮！」㊿後人以其誄莫能竄一字，且能光大其夫之行。

黔婁卒，曾子弔唁，問何以諡。黔婁妻答以「昔先生，君嘗欲授之政以為國相，辭而不為，是有餘貴也！君嘗賜之粟三十鍾，先生辭而不受，是有餘富也！彼先生者，甘天下之淡味，安天下之卑位，不戚戚於貧賤，不忻忻于富貴，求仁而得仁，求義而得義，諡之曰康，不亦宜乎！」51後人以其妻為賢明。

柳下謚惠、黔婁謚康，古來傳為美談，皆以其謚允當其實，具有表彰賢德之功，且列其給謚之妻於《列女傳》，不以為非。故知先秦時期，公謚與私謚並行，世人以為常，然而後人有謂私謚為非禮者，而江藩謂之「下大夫以下，其有意稱明德者，不得請謚於朝，恐行跡之就湮，於是有私謚焉」，並進而論辯云：

> 周人卒哭而諱。《左傳》申繻曰：「周人以諱事神。名，終將諱之。」名者，死者之名也，故于將葬之時，為謚以易其名。……易其名者，以謚死者之名而諱之也。諱之者，非特子孫不敢斥言而已，且欲使後人亦不敢斥言之。……若無爵無謚，則柳下、黔婁之賢，乃百世之師，豈可使後人斥言其名哉！此私謚之所以不得不舉也。蓋有爵者，行事著于朝廷，其謚賜之于上；無爵者，行事見于閭里，其謚定之于下。展禽，下大夫也；黔婁，庶人也，皆不得請謚于朝，故門人、曾子議私謚焉。〈曾子問〉：「賤不誄貴，幼不誄長」為諸侯相誄而發，非言私謚也。52

功業以濟物為高，名以當實為美，然而非竹帛則無以述德，非謚號則無以休終，故知或為公謚或為私謚，皆所以易其名而顯其實之美，乃因貴族士庶之別而各得其分、各成其文，本無須強作取捨。謚者為文，行跡為本；文為附麗，其本在物；本之不存，文之焉附？猶如必待物生然後有象，象形然後有滋，滋而後成數，數成然後文采見，然後可以多方之文采顯其本質之特性，則謚法之根本精神可見，而公私之別已泯。

㈢自美謚與惡謚之並行強化謚法之旨意

人有好惡之情，遂生愛憎之意，因有美謚與惡謚之別。王充謂之「古之帝王，建鴻德者，須鴻比之臣褒頌記載，鴻德乃彰，萬世乃聞。」可見德行之流傳與彰顯，有賴後世之功，是故欲為萬世法者，當有萬世之文采稱揚於世，因而身後之謚，自有美者以彰其德，然而臣子累謚，以不失實為旨，因此謚有美惡，是以王氏又言「謚之美者，成、宣也；惡者，靈、厲也。」㊾然而鄭樵則為文力闢桓、靈、厲、幽於經典無惡義。姑不言各謚字之美惡如何，然而由此固可知謚之有美惡，乃無法否認者。

鄭樵以為「靈者，神聖之異名。周之東也，王綱不振，四方解體。迨乎靈王，周道始昌，諸侯服從。故〈傳〉曰：『惟有髭王甚神聖』，以其生有神聖之德，死則謚之，以靈為名，實允當。」㊿然而，對於周靈王之評價有異於是者，此即《國語》所載：穀、洛鬥，將毀王宮。靈王欲壅之。太子晉固諫其不可，謂之「古之長民者，不墮山，不崇藪，不防川，不竇澤。」是故民生有財用，而死有所葬，無夭、昏、札、瘥之憂，無飢、寒、乏、匱之患。其唯不帥天地之度，不順四時之序，不度民神之義，不儀生物之則，則將殄滅而無胤。其將防鬥川以飾宮，則為飾亂而佐鬥，乃所以章禍而遇傷。靈王拒不納諫，卒壅之。靈王崩，王室始亂。55據此，則靈王之冥頑不靈乃不言而喻。且《史記》載萇弘以方怪事之，大似周厲王之信衛巫，56是故後人以「靈，若厲」，57二者並為惡謚。且證以史實，則尚有衛靈公、鄭靈公、晉靈公、楚靈王、齊靈公、陳靈公、蔡靈侯等之無道或見殺，趙武靈王則雖有武功，然而廢長立幼，卒至內亂，身死而為天下笑。故知「靈」之為謚亦有言其「不靈」之貶。

「幽、厲」二字固不與於惡，然而以此二字謚為惡謚，世有共識，獨鄭樵極力為厲、幽二王辯，謂之「使厲王而有暴虐無親之名，則宣王不得為孝子！使幽王而受擁遏不通之責，則晉文侯、鄭武公不得為良臣！」㊽過哉斯言，「不得為孝子！不得為良臣！」，何其責之甚矣！苟宣王、晉文侯、鄭武公地下有知，將大呼其「冤乎！枉哉！」今試言其詳：

「厲」本為「旱石」，㊾即磨刀石，《尚書》所謂「礪砥砮丹」，孔疏謂「礪」乃以「麄糲」為稱，㊿引申而有「烈」之義，鄭玄以為「厲」有「危」之義，(61)因而經傳中，更以之假借為「癘」，而有「惡、病、鬼」之義，且綜合《毛詩》〈大雅〉召穆公刺厲王之〈民勞〉，凡伯刺厲王之〈板〉，召穆公傷周室大壞、厲王無道之〈蕩〉，芮伯刺厲王之〈桑柔〉諸篇章，以及《國語》〈周語上〉所述，可見厲王姬胡之貪婪專制、暴虐無道。厲王壟斷山林川澤收益，遂令國人無處采樵漁獵；征伐淮夷、荊楚，勞師動眾，然而敗陣以歸；以衛巫監視謗者，有告則殺之，是故國人莫敢言。積此眾惡，終於川壅而潰，卒至被流放至彘。王政遂由召公、周公主持，史稱「共和」。(62)厲王殘民以逞，謂之「無親」，誰曰不宜？宣王恭行天命，保國愛民，以宣周朝王命，斯其為孝之大者，何有「不得為孝子」之慮？且其謚為「厲」者，童書業蒐羅史料，謂之皆有昏德或不終者，除周厲王見放於彘之外，尚有齊厲公暴虐見殺、宋厲公殺君自立、晉厲公被殺、秦厲公時國政不寧、鄭厲公見逐以及陳厲公之淫亂見殺，63 此皆有惡行昭世，史實斑斑，不容抹殺。

且「幽」有「深」之意，「深」則「難通」，「難通」則易至於「擁遏不通」，此於理則順，於義則通，是故以「擁遏不通」釋「幽」謚，字順義通，固有其宜；甚乎此者，「命謚」之要，在於其行之跡，苟無「擁遏不通」之行跡，而以「幽」字為謚，則為議謚之不當，而非其行之不惡。據童書業統計指出：謚為「幽」者，蓋非令主，且不得其死。周幽王見殺於犬戎而亡其國，魯幽公被殺，鄭幽公為韓人所殺，晉幽公淫婦人、為盜所殺。64 貴為王公，然而身首異處，固然其事可悲、其情可憫，然而更應致以悲憫之情者，則當為該國眾多無辜之百姓。身為王公，不為天下蒼生造福，卻縱慾淫樂，亂國荒政，其不得善終，固理所當然，而謚之為「幽」，亦其所宜，烏得晉文侯、鄭武公之不得良臣哉？

苟為人臣者，須孳孳為先王求美謚以亂人耳目、混淆視聽、蠱惑民心，始可得良臣之稱，則良臣之多，適足以成禍國之眾，斯民之為害也深，何良臣之有？誠然「烏狗何與於善惡，但隨人好惡所生矣！是以君子惡居下流，故名之曰『幽、厲』」，65 然而私為鄭氏計：當為其鳴不平者，不在厲、幽二王，而在「厲、幽」二字何其不幸，本不與於善惡，然而有此二王令其蒙羞，遂使百代之下，終得惡謚之名。故有孟子謂之：

> 暴其民，甚，則身弒國亡；不甚，則身危國削。名之曰：幽、厲，雖孝子慈孫，百世不能改也。66

在孔、孟圖謀積極改造社會道德風氣下，即有意將原來「謚以尊名」之謚法，推向正名分、寓褒貶之名教作用，因而講求因實制名以嚴褒貶，是故汪受寬統計西周共和至清末天子、國君及皇帝之謚號，則先秦惡謚將近總數之百分之十三，與漢武帝以後帝王縱使荒淫腐敗，亦鮮有惡謚者迥然不同，且此類帝王多非亡國之君，乃因其自身失德使然。㊼故知德之於人大矣！且遍查先秦所謚，則帝王所謚大體據實褒貶，倘若敗壞德性，則導致喪身、亡國，身死且為天下笑、永貽子孫羞，則人當更知自我檢束、勤加修德。

六、結論——理性發揚謚法之人文精神

謚法之旨，在於「勸善懲惡」，若善惡之辨能明、美惡之謚得當，則王綱以振、社會以定、禮教可修、道德可整。是以程頤謂之：

> 古之君子之相其君，而能致天下于大治者，無他術，善惡明而勸懲之道至焉爾。勸得其道，而天下樂為善；懲得其道，而天下懼為惡；二者，為政之大權也。然行之必始于朝廷，而至要莫先于謚法。何則？刑罰雖嚴，可警于一時；爵賞雖重，不及于後世。惟美惡之謚一定，則榮辱之名不朽矣，故歷代聖君賢相，莫不持此以厲世風也。㊽

人之情，生有惡而死無惡，是故以惡謚加諸死者，似為傷

仁；然而歷代聖君賢相，持此以厲世風，終成就仁民愛物之大仁。故知懲道之行，非所以殘厲黎民顯其威，乃在於以實例警民消極之不應作為，進而教導其順於正道，積極實踐天下之善。因此，無論是消極之懲惡，抑或積極之勸善，其核心皆在於導入謚法之主題——行成於己，名生於人。「人」、「己」相對，「行」、「名」相依，其或善或惡之行，趨避取捨之道，實端在一己之抉擇，固然體道合德、享鬼神之福佑，非所以求名，然而「一己之行」，必有「行之跡」而影響「人」，故而「人」亦必回應其所行之跡，臧否好惡，以成善惡美醜之名，是以「己」之雖沒，形消神滅，猶蟬殼蛇皮之無干於蟬蛇、獸迒鳥跡之無與於鳥獸，然而由於「行之有跡」，因此美惡榮辱之名終為不易、不朽，此即人文之積澱，而藉謚法顯其跡。是故顏之推論述謚法榜樣可引導社會風尚，美惡雖不與於死者，而聖人可以為名教之化，其云：

> 勸一伯夷，而千萬人立清風矣；勸一季札，而千萬人立仁風矣；勸一柳下惠，而千萬人立貞風矣；勸一史魚，而千萬人立直風矣。故聖人欲其魚鱗鳳翼，雜沓參差，不絕于世，豈不宏哉？四海悠悠，皆慕名者；蓋因其情而致其善耳。抑又論之，祖考之嘉名美譽，亦子孫之冕服牆宇也；自古及今，獲其庇蔭者亦眾矣！夫修善立名者，亦猶築室樹果，生則獲其利，死則遺其澤。世之汲汲者，不達此意，若其與魂爽俱昇、松柏偕茂者，惑矣哉！[69]

「以死教生之價值觀」⑩乃儒家理性化死亡所採取之積極態度，而道德仁義禮、溫良恭儉讓、忠孝慈愛、智勇誠信等道德規範，即在於潮起潮落之歷史洪流中，不斷受激勵、勸進，因而造就無數之志士仁人，維繫道德命脈於不墜。謚法即在於凸顯此德性之光輝，表彰此人文之特質。仁、貞、清、直之譽，固不增美於季札、柳下惠、伯夷與史魚，然而後世苟能勸其行跡，則裨益風教甚深。故而謚法之施行，不在於鼓勵貪夫殉名之事實，而在於要求人之自我覺醒：凡所作為，必留下遺跡，且必影響他人，因而必須慎其所行之跡。將此所行之跡符應身後之名，則因其情實而致其善，成就人文要求自我負責、自我突破、自我延續、自我創新。

（本文原載於86年6月花蓮師院《國際人文年刊》第6期）

註釋

①北京中華書局點校本《二十四史》與《通鑑》「謚」多作「諡」。

②清．戴侗：《六書故》，卷11，《文淵閣四庫全書》第226冊（臺北：商務印書館，1983），頁199。

③清．段玉裁：《說文解字注》（臺北：蘭臺書局，1972），頁102。

④其詳參見清．盧文弨：《鍾山札記》〈《說文》「諡」非本文〉，卷4，收入《叢書集成簡編》（臺北：商務印書館，1966），頁65～66。

⑤丁福保編：《說文解字詁林及補遺》，第3冊，頁1090，引朱駿聲言。

⑥漢．班固：《白虎通》，見於清．陳立：《白虎通疏證》，收入《續經解三禮類彙編㈠》（臺北：藝文印書館，1986），頁411。

⑦漢．劉熙：《釋名》，卷6，《四部叢刊正編》第3冊（臺北：商務印書館，1979），頁27。

⑧《毛詩》〈大雅・文王之什・箋〉，見於漢・毛公傳，鄭玄箋，唐・孔穎達等正義：《毛詩正義》，收入《十三經注疏》(臺北：藝文印書館，1985)，頁533。

⑨《爾雅》〈釋詁上〉，見於晉・郭樸注，宋・邢昺疏：《爾雅注疏》，收入《十三經注疏》(臺北：藝文印書館，1985)，頁10。

⑩清・段玉裁：《說文解字注》，頁218。

⑪《穀梁傳》〈桓公一八年〉，見於晉・范寧注，唐・楊士勛疏：《春秋穀梁傳注疏》，收入《十三經注疏》(臺北：藝文印書館，1985)，頁42。

⑫唐・杜佑：《通典》，104卷，收入《文淵閣四庫全書》第604冊，頁303。

⑬羅泌：《路史》〈發揮五・論諡法〉，收入《四部備要》(臺北：中華書局，1970)，頁4。

⑭以上參見王國維：《觀堂集林・遹敦跋》(臺北：河洛圖書公司，1975)，頁895～896。

⑮郭沫若：《金文叢考(五)・諡法之起源》，頁92～101。

⑯汪受寬：《諡法研究》(上海：上海古籍出版社，1995)，頁11。

⑰屈萬里：《書傭論學集》(臺北：聯經出版公司，1984)，頁357～359。

⑱宋・鄭樵撰，王樹民點校：《通志》〈諡略・序論第一〉(北京：中華書局，1995)，頁785。

⑲清・紀昀：《四庫全書總目》〈史部・別史類〉，卷50，頁112。

⑳宋・鄭樵：《通志》〈總序〉，頁7

㉑郭沫若：《金文叢考(五)》〈諡法之起源〉，頁101。

㉒其詳參見汪受寬：《諡法研究》，頁223～229。

㉓清・朱右曾：《逸周書集訓校釋》，收入《皇清經解續編》(臺北：漢

京出版社，不著年代），頁11416。

㉔漢．孔晁：《汲冢周書》〈周公謚法解．注〉，見於劉長華：《漢晉迄明謚彙考》，卷1，頁5。

㉕其詳參見汪受寬：《謚法研究》，頁234～236。

㉖漢．司馬遷：《史記》〈殷本紀〉，見於日．瀧川龜太郎：《史記會注考證》（臺北：洪氏出版社，1977），頁55，〈索隱〉引譙周言。

㉗王國維：《殷禮徵文》，收入《王國維先生全集初編》（臺北：大通書局，1976），頁4777。

㉘屈萬里：《書傭論學集》，頁357～360。

㉙宋．鄭樵：《通志》〈謚略．序論第一〉，頁785～786。

㉚宋．鄭樵：《通志》〈謚略．序論第三〉，頁788。

㉛宋．鄭樵：《通志》〈謚略．序論第二〉，頁786。

㉜《禮記》〈大學〉，頁986。

㉝《左傳》〈成公二年〉，見於晉．杜預注，唐．孔穎達等正義：《春秋左氏傳正義》，收入《十三經注疏》（臺北：藝文印書館，1985），頁422。

㉞羅泌：《路史》〈發揮五．論謚法〉，收入《四部備要》（臺北：中華書局，1970），頁5。

㉟清．顧楝高：《春秋大事表》〈列國謚法考〉，卷49，收入《文淵閣四庫全書》第180冊，頁596。

㊱《禮記》〈檀弓上〉，見於漢．鄭玄注，唐．孔穎達等正義：《禮記正義》，收入《十三經注疏》（臺北：藝文印書館，1985），頁117。

㊲明．董說：《七國考》〈秦群禮〉，卷6，收入《文淵閣四庫全書》第618冊，頁878。

㊳其詳參見《禮記》〈文王世子〉、《大戴禮記》〈保傅〉。

㊴《儀禮》〈士冠禮．記〉，見於漢．鄭玄注，唐．賈公彥疏：《儀禮注

疏》，收入《十三經注疏》（臺北：藝文印書館，1985），頁34。

㊵《周禮》〈春官・大師〉，見於漢・鄭玄注，唐・賈公彥疏：《周禮注疏》，收入《十三經注疏》（臺北：藝文印書館，1985），頁357。

㊶《周禮》〈春官・大史〉，頁403。

㊷《周禮》〈春官・小史〉，頁404。

㊸明・郭良翰：《明謚紀彙編》〈議論〉，卷24，收入《文淵閣四庫全書》第651冊，頁594引丘濬所言。

㊹《禮記》〈曾子問〉，頁378。

㊺《白虎通》〈謚〉，見於清・陳立：《白虎通疏證》，收入《續經解三禮類彙編㈠》（臺北：藝文印書館，1986），頁413。

㊻《禮記》〈曲禮下〉，頁93。

㊼《白虎通》〈謚〉，頁413。

㊽《左傳》〈隱公八年〉，頁75。

㊾其詳參見《禮記》〈檀弓下〉，頁186。

㊿漢・劉向：《古列女傳》〈柳下惠妻〉，卷2，收入《四部備要》（臺北：中華書局，1970），頁7。

51《古列女傳》〈魯黔婁妻〉，卷2，頁8。

52清・江藩：《隸經文・私謚非禮辨》，卷2，收入《叢書集成簡編》（臺北：商務印書館，1966），頁11。

53漢・王充：《論衡》〈須頌〉，卷20，收入《四部備要》（臺北：中華書局，1970），頁3。

54宋・鄭樵：《通志》〈謚略・序論第三〉，頁788。

55《國語》〈周語下・太子晉諫靈王壅穀水〉，頁101～114。

56《史記》〈封禪書〉，頁500。

57其詳參見《左傳》〈襄公一三年〉，頁555～556，所記楚共王謚號事。

58宋・鄭樵：《通志》〈謚略・序論第三〉，頁788。

⑲ 清·段玉裁：《說文解字注》，頁451：「厲，旱石也，剛於柔石者也。」

⑳《尚書》〈禹貢〉，見於漢·孔安國傳，唐·孔穎達等正義：《尚書正義》，收入《十三經注疏》（臺北：藝文印書館，1985），頁84。

㉑《毛詩》〈大雅·民勞·箋〉，頁632。

㉒其詳參見《毛詩》〈大雅〉上述各章內容，以及《國語》〈周語上·邵公諫厲王弭謗〉（臺北：里仁書局，1981），頁9～14。

㉓童書業：《春秋左傳研究》〈附錄·周代謚法〉（上海：上海人民出版社，1980），頁384。

㉔同上註。

㉕宋·鄭樵：《通志》〈謚略·序論第四〉，頁788。

㉖《孟子》〈離婁上〉，見於漢·趙歧注，宋·孫奭疏：《孟子注疏》，收入《十三經注疏》（臺北：藝文印書館，1985），頁125。

㉗其詳參見汪受寬：《謚法研究》，頁51。

㉘明·胡廣編：《性理大全》〈謚法〉，卷67，收入《孔子大全》第4冊（山東：山東友誼書社，1989），頁4052，引程頤言。

㉙北齊·顏之推：《顏氏家訓》〈名實〉，卷4，收入《四部備要》，頁19～20。

㉚其詳參見拙著：《從古代的生命禮儀透視其生死觀——以《禮記》為主的現代詮釋》（臺北：文津出版社，1997），頁254～264。

貳、從先秦之命名取字透視其人文精神

內容摘要

由於物有類種綱目，於是萬物各歸其屬；至於人則因為有姓氏名字，所以族群個體各成其別。在人類社會中，「姓氏」歸屬公名，「名字」則為私人所有，是故本文專以制度創始之先秦時期為主，研究該時期命名取字之狀況，以凸顯其所隱藏之人文精神。全文之進行，先行述說公名之興起、「名」與「字」之別，以追溯「名、字」之淵源。其次，則論述先秦命名取字現象：就積極五法與消極八避以呈現命名原則，並區分五種義類方式以明晰取字之類型。其後，則透過上述現象，分由三大論點以呈顯其人文精神：㈠由命名典禮揭露人文之痕跡：1、「人」文之準備，2、命名典禮之人文意義；㈡由冠禮取字進入成人之人文世界：1、踐行禮義以為成人，2、男女有別以各竟其功，3、冠德勵志以彰顯人文；㈢由當時之人物稱號凸顯其社會人文特質：1、先字後名以示尊名之義，2、以敬美之稱標榜禮文世界，3、標明行次以注重家族倫理，4、提示封建倫理，5、注重職官之社會地位。文末，則以理性發揚命名取字之人文精神作結。

一、前言

天下萬物，各有其分；天生眾人，自成其別。是以萬物雖不言，然而各有其類，至於因類群分，則人與之名，且使名與物相互對應，使名號各有指謂。當名與物各有所對，而人之言物，亦可各有定指而不相淆亂，遂令人際間之情感可因而傳達，且意念可據以溝通。萬物如此，於人亦然。為追溯、說明人類之起源，於是有圖騰種姓、氏族名號以興，其至於今，則又姓氏合一、名字連稱而不知其別。然而姓氏本自有分、名字亦復各有差異，本不應混淆無別而含混其義，於是姓氏之辨、名字之別自屬要務。然而「姓氏」歸屬公名，其別以血緣、政治之區分為主；「名字」則事涉私名，而尤能顯現個人脫離群體限制之精神特質。雖然「姓氏」與「名字」之關係密切，且均具有深入探究之價值，不過由於此問題相當複雜，因而本文先揀選先秦時期命名取字一事，以探究其隱藏之人文精神，至於姓氏之寓義，則有待於後日。

姓氏之學，鄭樵、顧棟高皆謂當以左氏為宗；①至於與姓氏相關甚密之名字研究，則亦當更以深入鑽研《左傳》之人物以為主軸。世之有此體認者不乏其人，先有杜預《世族譜》之作，然後有馮繼先《春秋名號歸一圖》、程廷祚《左傳人名辨異》之撰，更有日人重澤俊郎之《左傳人名、地名索引》。然而上述諸作皆僅僅紀錄人物名號，而未分析其結構、由來，是故於名字之義實有未盡，而於理則有未明。至於王引之則另闢蹊徑，研究先秦名字古義，提出「五體六例」

之說，極具訓詁價值。踵繼王氏之後，則更有俞樾、胡元玉諸學者之或補或駁，大抵皆詳於訓詁，可以裨益後學。今人方炫琛更據《左傳》而辨其名號，條分縷析，計得條例二百二十二，頗為詳盡。本文即奠基於上述訓詁之作，進而透視其所隱藏之人文精神，以方便進行義理之闡釋。

二、名字溯源

周代因革損益夏、商二代之禮，變質從文，大舉制定各項典章制度，以至於禮制燦然大備，郁郁稱文，遂使孔子有「吾從周」之贊。②周文之燦然，雖以典章制度成其大，然而對於人道之關懷，則由人物名號稱謂日趨細膩以寓其義。是故〈檀弓〉謂之「幼、名，冠、字，五十以伯仲，死、謚，周道也。」③亦即有周一代，即詳加區分人生之各重要階段，並賦予相異之稱謂，藉以寄寓對人之尊重與期許。周代對於人之稱謂既已如此繁複，則其所自必遠有所本，度其先乎此者，蓋為前期應有之公名制度。是故以下先言公名之興以明其始，然後就「名」、「字」形義以別其異：

㈠公名之興起

草莽時期，初民之生活要務，當在於如何順應、征服自然環境以求取生存之道，因此，「名字」之有無本不甚重要；然而積累其生活經驗，則已瞭然而知人類必須自別於外在自然環境，並懂得結集自我族類之力量以對抗外來侵略。由於族類與族類接觸，因而或合作或衝突之狀況勢所難免，是故族類間自有區別彼此之需要，因此種姓符號與圖騰崇拜合流，以為人即某種圖騰物之後代，猶如丁山所云蛇圖騰衍為夏后氏姒姓、象圖騰衍為有虞氏媯姓、羊圖騰衍為炎帝之后姜姓。④亦即在圖騰信仰下，認為圖騰物與該族具有血緣關係、為該族之保護神，圖騰物之符號即為該族之徽誌，故而由圖騰物衍化之姓，即為該族之共名。⑤於是「姓」代表生族，成為全族成員之共名。

就「姓」之形義而言，《說文》謂之「人之所生也，古之神聖人母感天而生子，故稱天子，因生以為姓，從女生。」⑥故知「姓」之為義，乃用以表血統之別，繫於婦女；此發展或即緣自前期姓與圖騰關係之複雜化。逮至周人，由於人類智慧之開發，更以封建治國所需，則謂姓乃天子所賜。以天子賜姓之觀念驗諸《左傳》所載，則有：眾仲所言「天子建德，因生以賜姓，胙之土而命之氏。」⑦史趙所言舜之後遂有德，且因其子孫胡公滿不淫，「故周賜之姓，使祀虞帝。」⑧蔡墨之謂飂叔安畜龍以服事帝舜，於是「帝賜之姓曰董，氏曰豢龍。」⑨至於《尚書》之「錫土姓，祗台德。」⑩則亦承襲天子賜姓之說。他如《國語》記載周靈王太子晉所言「皇天嘉之，祚以天下，賜姓曰姒、氏曰有夏，謂其能以嘉祉殷富生物也。祚四嶽國，命以侯伯，賜姓曰姜、氏曰有呂，謂其能為禹股肱心膂，以養物豐民人也。」又稱得國者「命姓受氏，而附之以令名。」⑪凡此種種皆用以指謂：天子乃上承皇天之命而來，然後賜姓諸侯、與之土地，使之物阜民豐。

今人方炫琛研究《左傳》中之人物名號，謂之：因生以賜姓，蓋為區辨異姓諸侯之源流而制，且由周之子孫未嘗賜以他姓，可證姓之為用，在於別婚姻，不在於顯榮寵。至於氏之起源，則為政治組織之徽幟，故而周人將此徽幟冠於領導者及其子孫之名、號上，以與他朝、他國、他族之人相區辨。⑫故知由於周代大力推行封建制度，於是將原始之姓族標誌轉化為貴族之宗族標誌，具有該族共名之色彩，至於一般庶民則無姓氏之分，此即鄭樵所謂「氏所以別貴賤。貴者有氏，賤者有名無氏。」⑬之說。其後，封建宗法不行，氏之衍生分化亦無必要，因此以氏代姓，遂使姓、氏合一，於是氏喪失其原有之特性與功能，而取代姓之特性與功能。儘管姓、氏所代表之意義有所分合，然而其為族類之共名則一，而真能代表個體之特質者，則在於「私名」之取義。

㈡「名」、「字」形義

由於氏族社會趨於複雜，人際接觸亦日漸頻繁，故而全族成員共用圖騰標誌、使用共名之現象，已不敷事實需要。每一存在之個體要求各自擁有其獨特之符號既為勢之所趨，且由《說文》所云「名，自命也。從口夕。夕者，冥也；冥不相見，故以口自名。」⑭之說，可見「名」之所起；亦即上古時期由於草居患蛇，倘若一聽聞風吹草動，則必須出聲問答以分別人蛇，故知「名」之為用，乃在於自為宣稱足以表徵自我之符號，以使對方能於昏冥難辨之際，藉以區分自己之身分，是故「名」之產生，無論貴賤，皆有其客觀之需要。

《管子》謂之「名者，聖人所以紀萬物也。」⑮《荀子》謂之「名聞而實喻，名之用也；累而成文，名之麗也；用、麗俱得，謂之知名。名也者，所以期累實也。」⑯由於「名」本為萬物之表徵，因而如何使所命之「名」與個體本身產生適當之符應，俾使「用、麗俱得」，則有待於人文教化到達一定水準，而後為人父母者為其子女命名方可趨於典雅而不鄙野（其有特別指謂者外於此），是故《白虎通》言「人必有名何？所以吐情自紀、尊事人者也。」⑰即此之謂。名之可以「吐情自紀」，即名之符號足以自紀其情實，故而可以成就「聞其名而喻其實」之用；自命以得實為當，稱人則以成文為麗，然而文之附麗，又必先有所本，故以質實之名為本，而增益累文，則為尊事他人之旨，是故因「名」之衍生而有之「字」，其旨即在於成就人文修飾之麗采。

至於「字」，《說文》謂之「乳也。從子在宀下，子亦聲。」⑱是故《說文》〈敘〉云：「字者，言孳乳而寖多也。」⑲而「乳」之字義，則《說文》有「人及鳥生子曰乳。」⑳之載，故知所謂「字」，為人之次名，乃由「名」孳乳而來。孳乳之道，睽其本旨，則以「聞其名即知其字，聞字即知其名」㉑為宗，且必待冠而後字之，乃所以敬其父母所命之名，且以取字之為重。㉒蓋名者為質，以其受之父母，故為當尊；至於既冠，則為成人之始，而成人益文以彰其采，是故人人敬之而不直稱其名，於是易之以字而尊事人，此乃周人變質從文之表現。

三、先秦之命名取字

由於中國文字具有一音一義之特色，因而先秦之命名取字，多以一言為原則，二言以上者為少數；且以字乃由名孳乳而來，因而取字又以「名」、「字」相關為正則。以下即分由命名與取字兩方面說明之：

㈠命名原則

「名」為個體一生中最重要之標誌，因而如何選取適當之符號加諸個體之上，理應有其所據之原則。據禮書記載，「名」為父母所與，取之必慎、與之必謹，是故命名之禮，須待生孩三月然後為之。溯其本，實以人之始生之時，乃目無所見、口不能言、足不能行，必待「三月而徹眴，然後能有見」，㉓且古之嬰兒夭折率高，因而須有一段時間之觀察期，以明嬰兒發育之狀況，因而選定三月之末，配合天道一時已過，始行命名之禮。待命名典禮之後，嬰兒始為家中之成員，並將其名與生辰載於書策，且上報州府，完成法定載籍手續。㉔至於命名方法，申繻所述雖以太子為對象，然而對照《禮記》所載命名原則，二者堪稱符應，是故據以區分命名原則為積極取義、消極迴避兩類以對：

1.積極五法：

史載申繻言命名之法有五，其文云：

> 名有五：有信、有義、有象、有假、有類。以名生為信，以德命為義，以類命為象，取于物為假，取于父為類。㉕

由於古人以為個人之生命來自於天，此即「民受天地之中以生，所謂命也。」㉖之說法，因而當其始降生時，若有特殊之記號，則更視為天命之所賦，是故以之命名以符天命，即屬理所當然，如唐叔虞之生，其手有文若「虞」，遂名為「虞」；㉗魯公子友之生亦然，故亦名為「友」；㉘皆所以誌其信，故曰「以名生為信」。其次，鄭玄以文王之名昌、武王之名發釋「以德命為義」，孔疏則進而言「太王度德，命文王曰昌；文王見武王之生，以為必發兵誅暴，故名曰發」。㉙至於別於注疏家以德行聖瑞為說者，則為「以生之質性為德」之說，此由「天子建德，因生以賜姓。」㉚即可窺見德與生、姓之關係密切，且古之「姓」、「性」皆作「生」，故知「德」之取義乃意謂「生之原質」，猶如《莊子》所云「物得以生謂之德」、㉛〈樂記〉所云「德者，性之端也。」㉜與《淮南子》之云「得其天性謂之德。」㉝皆有相類之義，是故李宗侗即以德為天生之事物，與「性」為「生之質」意義相似。㉞〈晉語〉謂之「異姓則異德，異德則異類。」㉟可知一旦人所自生之「姓」有異，則其所稟之性亦自有別，是故其所屬族類必殊，因而命名之道，即以能指謂此天性最真實之本質者為宜，如此，方可因類群分、各有所歸。復次，人之降生，其形象之特徵亦可取類為名以誌其象，猶如叔梁紇與顏氏禱於尼丘而生孔子，孔子生而首上圩頂，類於尼丘，故以丘為名，㊱遂有「以類命為象」之命名原則。其後，人之始生，若適逢特殊事件發生，於是假取該事物以命名，則可茲永久備忘之用，猶如伯魚之生，有人饋魚，故「取於物為假」，而名之曰「鯉」。末後，父子相類乃最堪紀錄者，故魯莊公之生與其父同日，遂名為「同」，㊲此即「取於父為類」之義。

凡此五種命名原則，皆積極取象人始生時之各種形跡以為名，藉以顯示個體之出生，乃稟自天地之大命所賦，彼此各有不同之生之特質，且與周遭之社會環境、自然環境與家族成員皆互有關聯，因而若能把握此生命特質以命名，則可提醒每一存在之個體永矢弗忘其與天地萬化之關係。

2.消極八避：

命名之消極原則，〈內則〉謂之：

> 凡名子：不以日月，不以國，不以隱疾，大夫、士之子不敢與世子同名。㊳

〈曲禮〉亦載：

> 名子者，不以國，不以日月，不以隱疾，不以山川。㊴

由此儒生零星記載命名之禁忌，即可知當時禮制確實對於命名之原則有所設限。至於申繻則言之更詳，謂之禁忌有六，且載有消解之道，其文云：

> 不以國、不以官、不以山川、不以隱疾、不以畜牲、不以器幣。周人以諱事神，名終將諱之。故以國則廢名，以官則廢職，以山川則廢主，以畜牲則廢祀，以器幣則廢禮。晉以僖侯廢司徒，宋以武公廢司空，先君獻武廢二山；是以大物不可以命。㊵

綜合文獻所載，命名之限制應確有其事；而總計上述資料，則有八不宜之戒。郭沫若雖以彝銘證明諱不起於周人，認為

《左傳》、《國語》言諱諸事偶合傅會之成分大，㊶然而「大物不可以命」之概括原則應屬可信。蓋日月、山川，屬於自然界之大物，個人之私名不宜與之相比；國名為政治團體之大者，個人不宜妄自尊大；畜牲、器幣則為祭祀之重要備品，個人亦不宜與祭祀聖物混同為名。至於不以隱痛疾患為名，則旨在避其不祥。大夫、士之子不敢與世子同名，即旨在避免封建等級混淆。是故《大戴禮記》亦載有命名需注意「上無取於天，下無取於墜，中無取於名山通谷，無拂於鄉俗」㊷之原則，皆有相互呼應之功。

㈡取字類型

「字」由「名」衍生而來，是為人之次「名」，以備他人稱呼之用。「字」為成人之表徵，成於舉行冠禮之日，由家長或擔任加冠之來賓所賜。冠禮之後，世人以「字」稱之，乃藉以表達其禮敬成人之意。由於「字」有替代「名」之作用，因而二者間必有相應之關係，以為「聞名知字、聞字知名」之備。王氏研究周秦名、字關係，提出「五體六例」之說，以「通作、辨偽、合聲、轉語、發聲、並稱」之文字訓詁考證方法，而得「同訓、對文、連類、指實、辨物」為取字原則之結論。㊸其後，郭沫若研究彝銘中之名字，得其可解者三十有餘，而王氏所定之義類，已五體俱備。㊹今以王氏之說為本，易以文義更清晰可辨之類目名稱，並以郭氏所釋彝銘中之名字附於各類之後，以說明當時名與字之關係：

1.同義為訓

王氏以「予、我同義」、「常、恆同義」之例，釋

「予，字子我」、「常，字子恆」為「同訓」之現象。㊺此類「同義為訓」之取字實例為數最多，僅取數例以廣其義：

鄭公孫僑字子產，一字子美。王氏以「僑」與「產」皆「長大」之意，且「美，從大」，故「一字子美」。朱駿聲則謂：「產」為「彥」之借字，故又稱「子美」。「僑」則疑為「姣」或「嬌」，故為「美」。

晉郵無恤字伯樂，一字子良。《爾雅》云「恤，憂也。」，是故「無憂則樂」。而「良或作梁」，《淮南・要略》言「康梁沉湎」，高注謂之「康梁，耽樂也」，故知「無恤」、「樂」、「良」屬同義為訓。

齊慶嗣字子息。「嗣」者「子繼父」，「息」者「所生之子」，是故「嗣」與「息」皆為「子」之義。

魯子家羈字駒。《說文》以「羈」為馬絡頭，馬二歲曰駒。周法高以為即今之籠頭，而馬一歲則箸籠頭。故知「羈」、「駒」歸屬同義。

另外，俞氏以「豎為未冠者，乃幼小之稱，即孺子、豎子之義。有夫有婦，然後為家。」，因而「燕周豎，字子家」，蓋望其成立之意。㊻洪氏則以「伏生遠宗宓不齊，而字子賤」，㊼釋「思齊」之義。如此見賢思齊之義，實可視為由名而起之引申義，無須另立一類。

郭氏所錄彝銘資料，同義為訓者則有：

〈兮甲盤〉所載之甲，由於古人以月朔為吉，而甲為日之始，代表初吉，是故甲字伯吉父。〈伯孝盨〉之敳，讀為敳若豈，乃還師振旅樂之義；孝則有養而致其樂之義；是故凱字伯孝。〈曾師季榮〉之師季，取「師」之具有「眾」與「師旅」義；「移」之讀為「多」，且「戰功曰多」，是故師季字移。〈遽伯彝〉之還，以「還」與「遽」皆有「急」之義，是故還字遽伯。〈伯其父簠〉之慶，由於「其」為「祺」之假借，與「慶」相應，是故慶字伯其（亦作「麇字麒」）。

2.對文成義

王氏以「沒」、「明」相對，「偃」、「犯」相對，以釋「沒，字子明」、「偃，字子犯」為「對文」之義。下舉數例以廣是義：

宋樂傾字夷父。「傾」為仄、不平；〈繫辭〉云「危者使平，易者使傾」，故知「傾」、「夷」相反為義。

鄭駟蔑字明；楚唐蔑字明。《說文》：「蔑，勞目無精。」故知「蔑」、「明」相反為義。

鄭公語字子人。周氏謂「語」讀為「吾」。吾者，我也。故知「語」、「人」相對。

楚公子黑肱字子晳；鄭公孫黑字子晳；狄黑字晳；衛公子黑背字析。《說文》：「晳，人色白也。」「黑」與「晳」、「析」相反為義。

衛端木賜字子貢。自上與下謂之賜，自下奉上謂之貢，是「賜」、「貢」相對。

鄭豐卷字子張。俞樾以「卷」猶收也，有收束之義。張者，開也。是「卷」與「張」相對。

鄭良霄字伯有。黃侃以「霄」讀為「消」。《說文》：「消，盡也。」故「霄」、「有」相對。

郭氏所錄彝銘名字資料，以「對文」取義者有：〈伯武史彝〉之史，由於「史」表文事，因而與武備相對，是故史字伯武。〈單鼎〉之單，由於與「群」相對，且「君」可假為「群」，是故單字紫君。〈鐘伯侵鼎〉之侵，由於「伐，備鐘鼓，聲其罪也」，無鐘鼓，則曰侵，是知侵、伐二者相對，故而依對文之例，侵字鐘伯。

3.依類聯想

王氏以「包括、容受」與「旁側、反面」之連類，推想「括，字子容」、「側，字子反」之義。以下更舉數例藉廣此義：

晉公孫寧字子國。《左傳》謂「沈諸梁兼二事，國寧。」安寧與國家即為連類推想。

齊公子堅字欒。「堅」與「牽」通。牽者，引前。「欒」與「攣」通。攣者，繫也、綴也，牽繫不絕之名。是「堅」與「攣」依類聯想。

晉解侯字張。侯者，象張布。由「侯」而聯想其布之「張」，故曰連類。

楚仲歸、鄭公子歸生、魯公孫歸父、齊析歸父、蔡公孫歸生，皆字子家。由「歸」而聯想至「家」，可謂連其類。

宋公子圍龜字子靈。胡元玉以圍龜乃天子所用之龜，為龜之最大者。古人重卜，故由龜而聯想其靈。

秦百里視字明。視者，察而可見。可見而推想其明，可謂連其類。

郭氏所錄彝銘名字資料，以連類取義者則有：〈伯家父段〉之都，由於《周禮》時以「邦國都家縣鄙」連文，其論官敘封地亦「都家」連類，是故都字伯家。〈番匊生壺〉之生，由於匊讀為鞠育之鞠，而《爾雅．釋言》云「鞠，生也」，二者連類相續，是故生字匊。

4.指實明義

王氏以「古之皮革多染之以丹」，故云：「丹，字子革」；以常開者里門釋「啟，字子閭」之義，具有「指實」之作用。更舉數例如下：

卞仲由字子路，魯顏無繇字路。「繇」與「由」同。所「由」為「路」，即指其實而明其義。

楚屈禦寇字子邊。即以邊境指實寇之所在。

朱張字子弓。張者，施弓弦之謂。故由「張」而指其可施弓弦之實物「弓」。

魯展獲字禽。獸亦可謂之禽，故而以禽指謂田獵所得之獸。

宋司馬耕字子牛，一名犁；魯冉耕字伯牛。耕種犁田以牛為功，具指實之用。

郭氏所錄彝銘名字資料，指實明義者則有：〈伯索史盉〉之史，由於取義良史之能讀三墳、五典、八索、九邱，是故以「索」指謂「史」之實，因而史字伯索。〈伯玉盉〉之敎，由於敎假為穀，而古者玉以穀為計，亦即敎以玉指其實，是故敎字伯玉。〈滕虎段〉之敢，敢乃勇猛過人之稱，因而指其實則有「虎」當之，是故敢字虎。

5.辨物統類

王氏以鍼、鉆古字通，而鉆者，膏車鐵鉆，故鍼為滑車之器，因云：「鍼，字子車」，具有辨物統類之功。言「鱣，字子魚」，辨鱣之歸屬魚類亦明。更舉數例於下：

齊北郭佐字子車。王氏以佐車為戎車、獵車之副。朱駿聲以「左」假借為「輦」，屬於連車，是為辨物。

齊田廣字駢。駢讀為苹。廣車、苹車皆屬兵車，是為辨物統類。

齊陳瓘字子玉、衛籧瑗字伯玉、楚觀從字子玉。瓘者，玉石之名；瑗者，大孔璧；從讀為琮，琮者，瑞玉也。凡此皆歸屬玉類。

楚屈平字原。《爾雅・釋地》言：「大野曰平，廣平曰原。」則平之與原，亦屬辨物歸類之運用。

他如：衛史鰌字魚、晉羊舌鮒字叔魚、楚公子魴字子魚、衛祝鮀字子魚、梁鱣字叔魚、魯孔鯉字伯魚、衛公子鱄字子鮮、衛庾公鰌字子魚，皆以其名歸屬魚類而字之。

郭氏所錄彝銘名字資料，屬於辨物者則有：〈伯斿彝〉之舟，由於斿假為浮游之游，而舟者乃浮游之用，是故舟字伯斿以辨其物。〈貧鼎〉之貧，由於貧當是資斧之斧本字，古多假布為之。《詩・衛風・氓》載「氓之蚩蚩，抱布貿絲」，布即為貧，是故貧字公貿。

總此上述五類名、字相關實例，可知字之選取乃經由五種不同之向度，分別陳述名與字之關聯，再次呈現個體與周遭環境之牽繫，且從二者間之取義分類，可知影響二者關聯之類別者，實不包括字上如「伯、仲、公、孫、子」等之附加成份，且由於「名」多單言，因而其相應之「字」亦多單言，至於附加部份實另有指謂，將述之於後。

四、先秦命名取字所透顯之人文精神

所謂人文，簡而言之，凡屬人所創造、經營，以自別於其他自然生物之存在方式，而顯現人之精神特質者皆可謂之，是故一切屬於人之思想活動與文化表現，均可納入人文之範疇。由於人文之範疇包含廣泛，且可隨人之機體活動而呈現有機發展，因而人文之發展即各有相異之向度。雖以人文之向度多端，然而率本其初，則以個體生命之醞釀開其端，而以人之思想活動成其文，故知命名取字乃人類社會加諸個體之特殊文采，故而以下即透過此特殊文采以彰顯其精神特質：

㈠由命名典禮揭露人文之痕跡

「命名」乃人類社會對於新加入之個體賦予符號標誌之活動，此符號既經賦予，則個體與該符號即結合為一（除非經過特殊之改名），因而命名不可不謹慎、典禮不可不隆重。由於此禮之意義特殊，是故於此典禮前，更有其醞釀之先備時期，因此以下分由兩點陳述命名禮之人文色彩：

1.「人」文之準備

交配繁殖，為生物謀求其族類繼續生存之共同生理現象，此現象於人亦然。然而人之有別於其他生物者，則於胚胎之孕育時期，即已被待之以「人」之道，教之以為「人」之方，此即〈保傅〉所謂「胎教之道，書之玉板，藏之金匱，置之宗廟，以為後世戒。」文獻中還記載王后懷孕七月，即就宴室，由「太史持銅而御戶左，太宰持斗而御戶右」，專門負責后妃之生活與禮樂之教，更以周武王后妃邑姜孕成王之例，說明「立而不跛，坐而不差，獨處而不倨，雖怒而不詈」，凡此所載皆為胎教，可知古來極重胎教。㊽

待人之降生，則〈內則〉記載：「男子設弧於門左，女子設帨於門右。」此即向大地宣告生物個體已經來臨，且男女有別、使命有異。是故生三日，「始負子，男射，女否」，且「射人以桑弧蓬矢六，射天地四方」，表徵男人未來之使命當以頂天立地、經略四方為職志。甚且另闢孺子之室，並擇寬裕慈惠、溫良恭敬、慎而寡言者為孺子之師，其次為慈母，其次為保母，專門負責孺子之養育，他人無事則不得入內。㊾凡此做為皆超乎其他生物之自然發展，屬於人類社會之特殊文飾作用。儘管對此初生之個體投注如此多之心血，然而三月之中，孺子未有專名，尚未擁有人之標誌符號，因此凡所作為僅可稱之為自別於他物而為日後「人」文之準備。

2.命名典禮之人文意義

孺子生三月而無名，必待三月之末剪髮後始命名。剃去胎毛，代表告別原生之生物世界，進入另一符號世界。㊿然而保留部份胎毛，使男角女羈，則代表子女與父母骨肉相連。世子命名，意義非凡，因而卿大夫尚且還須特別裁製衣服參與其禮，命士以下，亦沐浴更衣，夙興夜寐，具視朔食。

當命名禮開始，夫即升自東方阼階主位，西向而立，妻則抱子出房，當楣而東向立，父子各居主客之位，以示主從有別。父執世子之右手，咳而名之；執右手，則表明未來將授之國事。由於世子地位特殊，因而命名時尚有夫妻代替世子互答「欽有帥」、「記有成」之辭，一表敬謝母親教導善道，一表謹遵父親命名之義，以便將來能擔當治國大任。

經歷此一慎重謹肅之命名禮，使參與典禮者之所有人士，由於感染此莊重之氣氛，皆可體認父母所命之名其義至尊。是故雖以三月之孺子無法確切記憶典禮內容，然而「天道一時，物有其變，人生三月目煦，亦能咳笑與人相更答，故因其始有知而名之」，51且子師隨時教以善道、使之明理，此即所以長其兼善天下之能力；慈母知其嗜欲，亦可以成因勢利導之功，勉其達成父母之期望。凡此皆在於透過鄭重之命名儀式，期許新加入之家族成員，將來能從事人文化成之大業，更藉以激勵在場之人士，俾使其能實際踐履人文精神。

至於庶子因非嫡長子身分，是故命名時不執右手，而撫其首以名之。其餘，公庶子或大夫、士之子，儀式雖小有差別，然而慎重肅穆則無二致，皆所以深致其對生命成長之期許、表達其對於家族命脈延續之倚重。此禮數有別、繁殺有等之命名禮，亦足以顯現宗法制度嚴別嫡庶、區分長幼之人倫義理。

㈡由冠禮取字進入成人之人文世界

經由莊嚴隆重之命名典禮，使父母所命之名榮獲至高之尊位。然而此至尊至親之名，面臨人生之重要轉捩點——成年，則亦當有所轉變，始能凸顯人生另一階段之意義與使命，因而「字」乃隨之而起，成為人之次名。論其義，《白虎通》即以「字」為「冠德、明功、敬成人也。」52為稱，雖僅寥寥數語，然而寓義頗深，今闡述於下：

1.踐行禮義以為成人

〈曲禮〉云：「男子二十，冠而字。」53〈冠義〉則言：「已冠而字之，成人之道也。」54女子則於笄禮後取字，故云「十有五年而笄」、55「女子許嫁，笄而字」，56凡此皆取義於男子「十六，然後情通，然後其施行」，女子則「十四，然後化成」，57可以為父母之準備，是故易其服備、取字代名，禮敬其躋升成人之林，成為士，擁有貴族統治庶民之權利。

人之所以為人，在於人能踐行禮義。而禮義之始，〈冠義〉謂之在於「正容體、齊顏色、順辭令」。58是故冠禮三易其服，遂使燕居之服以深衣易采衣，意在以素樸莊重得其宜，無使繽紛之色彩擾亂其心；參與戰伐田獵等武事，則有皮弁戎裝備其用，賴以實踐保疆衛土之重責大任；參與祭祀盛典，則有特別表意之爵弁服以為裝扮，助成典禮之隆重肅穆。有此三套服備，則於成人社會往來交際之場合，皆各有其適宜之服裝以為儀表，故而能因時因地因事各得其宜，以成容體之正。待穿衣納履有其度，動作云為得其體，則儀容端莊、態度穩重，待人處事表裡如一、誠懇質樸，與人說話溫婉和順、言必及義，處處表現成年人懂得自我節制、溫文有禮之特質，而無目光閃爍、言辭浮誇、輕佻淫蕩之行徑。能如此，則為知禮行義有其德，然後可以為人，可以告別童子幼稚隨性之習氣，而後方可行使治人之特權。59

2.男女有別以各竟其功

子生三日，即卜士負之，由射人以桑弧蓬矢射天地四方。進入成年之後，配合昔日期許男兒志在四方之意，因而加之皮弁，勉勵其培養武德，使之參與武事時，具有捍衛國土家園、足以建立戰功之能力。且經由習禮舞大夏之過程，兼備文武之才；從惇行孝悌之經驗，學習齊家治國之本事；自力學蓄德、謙遜善友之修為，磨練服務社會之韌性；如此方能成就絜矩有度、謀慮得當之從政士人，確立道合則從、不合則去之作風，則任官從政有氣度、知去取，可以成就男子經略大業之事功。

身處農業社會，實行男耕女織之社會分工，自有其客觀需要。因而女子及長，即學習織紝組紃、納酒漿籩豆菹醢之事，以備受聘為妻，可以行使助祭之禮，⑥⓪持一家之內事。為凸顯孺子與成年人之區別，因而以字代名，增益其文采，勉其為成人之準備，且以男女各成其事、各建其功為許。

3.冠德勵志以彰顯人文

成人與孺子之區別，在於成人懂得自尊、自重、自制、自許，因而既已加冠，即須捐棄幼稚心態，以謹肅威儀，順成仁德，藉由稱號之改變，使當事人深切體認儀式前後為相異之兩階段，由於階段轉變，是故人所應負之責任與擔當亦隨之有別，因而勵志成德，即所以實踐「成人之道」、責求「成人之禮」。既行冠禮，則「將責為人子、為人弟、為人臣、為人少者之禮行焉。」俾使「孝弟忠順之行立，而后可以為人。可以為人，而后可以治人。」，⑥①且由於既冠之後始有助祭天子、諸侯祭禮之資格，是故參與此盛大之祭禮，更足以體嘗薪盡火傳、祖德流芳之意義，懂得自我惕勵以成就仁德。是故〈郊特牲〉謂之「三加彌尊，喻其志也。」，⑥②

〈冠義〉謂之「三加彌尊，加有成也。」63皆有自我激勵之用。為求成年人能時刻戒警、自求惕勵，於是「冠而字之」，即藉以增文其名而誌其深義。

成年禮為個人進入成人社會之入會儀式，「冠而字之」即入會關卡。亦即透過取字代名之社會模式，強化、聖化「字」對自我之期許，且由於名與字之相應，故而稱人以字，即可達到「敬其名」之效果，64至於「父前子名，君前臣名」，65亦可藉以表達珍重其名之義，更由於賜字者為德高望重之長者或來自家長之期許，於是可以增益「字」所賦予之社會價值與意義，使成年人因深受他人尊重，而願意實踐「孝弟忠順」之成人之禮。66

(三)由當時之人物稱號凸顯其社會人文特質

自命以名、稱人以字，乃二人相對時之稱謂習慣，由於名為父母所命，字為成人加冠時所取，因而此稱謂習俗可藉以表徵個我對家族之認同，更可表示對他人社會關係之尊重。至於對第三人稱之習慣用法，則可客觀呈顯當時社會對人物稱號所採之態度，反應當時之人文現象。《白虎通》以為王者所以一質一文者，「所以成天地、順陰陽。陽之道極則陰道受，陰之道極則陽道受；明二陰二陽不能相繼也。質法天，文法地而已。故天為質，地受而化之、養而成之，故為文。帝王始起，先質后文者，順天地之道、本末之義、先后之序也。事莫不先有質性，后乃有文章也。」67是故由於殷商之重質，以致踵繼其後者，則有周家之重文，亦即周代本其先在之質，而後彰其文采，因此以三月之名為質為本，其後，冠而字之乃益之以文；故知名、字相應，即所以成質文相繼之實。若文之不足，則更益之以華，因而於名、字之外尚有附加之字以為文采之華。華者，義在警醒世人眼目以彰顯其德，是故自客觀稱人之習俗而分析其附加字之涵義，即可以凸顯其人文特質。

茲就方氏所歸納《左傳》人物名號條例（男子180條、女子42條）統計，與名、字有關者，計有83條，其中與名有關者53條，與字有關者15條，與名或字配（或連言名、字）者15條，可證春秋經傳多書其名，顯示對人之區別仍以名為本。亦即當時雖有冠禮後稱人以字之習慣，然而稱字之旨本在於敬名，是故於第三人稱之陳述時，即呈現此稱名以表之客觀現象，且於其上下更有不同狀況之附加字以增益其文采。因而透過此條例中對於名字之呈現方式，可以發現下列諸特質：

1.先字後名以示尊名之義

孔穎達疏釋經注，謂之「連言名字者，皆先字后名。」[68]其後，郭沫若研究彝銘，已證明此說之不易。[69]形成此一現象，則可說明當時之人際社會，既已通行以字表示對成人之尊重，是故稱呼人之時，即保留此一成人社會之習俗，更由於字者乃所以敬其名，於是連言名字時，乃以通稱之字置於前，而以所尊之名殿於後，實表徵其淵源有本、其來有自之義。

2.以敬美之稱標榜禮文世界

自當時之人物名號考察，「子」可置於名或字之上、下，「父」則殿於名或字之下，為男子之通稱或美稱，即今所稱「先生」之義。可見古今稱名稱字多附加敬詞以表達對人之尊重，此即表徵人相異於他物之處，在於彼此能相敬以禮、增益以文。

方氏更謂「子」亦有用於稱女子之例，如子叔姬、南孺子、魯昭公夫人吳女《春秋經》稱孟子，即以「子」為婦女之美稱，且齊靈公諸妾仲子、戎子與齊景公之妾均稱「諸子」，可見「子」亦可用以指稱婦女，⑩故知「子」亦可為女子之通稱或美稱，猶如今日亦可以先生為男女之通稱或敬稱。

追溯人之肇生，始於男女之交配繁衍，於是人類賴之有生生不息之現象，是故王國維就其研究彝銘所得，而謂：男子之美稱莫過於「父」，女子之美稱莫過於「母」，男女既冠笄，則有為人父母之道，故以某父、某母字之。⑪凡此稱名稱字而附加敬詞，皆用以表示對人之尊重，推崇其具有宇宙生化之能力，屬於人文之彩妝。

3.標明行次以注重家族倫理

《儀禮》記載加冠而字，其辭曰「伯某甫，仲叔季，唯其所當。」⑫可見取字已有注重長幼行次之實，《白虎通》更以「嫡長稱伯，庶長稱孟」，⑬區分嫡庶之別。王國維研究殷周制度，認為古聖人立制設物之義，本在於企求萬世治安之大計。為求朝政之長治久安，是以周之立為制度，其大別於商者，首曰立子立嫡之制，由是而生宗法及喪服之制，並由是而有封建子弟之制、君天子臣諸侯之制。由於兄弟之親本不如父子，且兄之尊又不如父，而天下之大利莫如定，其大害莫如爭，為謀息爭底定，於是舍弟而傳子，以立子立嫡為繼統之法，因而嫡庶之制生。⑭

由於嚴別嫡庶之分，因此命名典禮即有嫡庶長幼之別，此即藉以明天命繼統已定，嫡長子不可更易之理，以祛除僭越犯分、爭立篡弒之心，達到所謂「君君、臣臣、父父、子子」⑮權分各有所定之狀態；是故既冠取字，而附加以行次。至於稱人之名或字多附加行次者，則更藉以彰顯長幼順序無可踰越之義，是故年至五十而逕以伯仲代稱，一以表達對其數十年社會地位之尊重，更以此極高之禮敬，適時提醒其應盡長幼有序之倫常義理，凡此皆有止定息爭之寓義。

4.提示封建倫理

周代封建，以王室為核心而分封功臣子弟以眾建諸侯，於是王室與諸侯國之親疏遠近各有不同。是故人物名號之中，與王有關者冠以王字，與君有關者冠以君字，與公有關者則冠之公字，⑯不可紊亂使用；亦即自其所附加之字，可以推知其與王公貴族之相互關係。至於附加氏、地、國之稱號於名字之上者，亦可藉以遠溯其對周王室之功勳臣屬關係，顯示其於封建體系中之地位，更從封地區域之呈現，提示個人必須立足大地之不可分割關係。

透過附加之王族稱號，可以增強王族間之親情連鎖；藉由地緣關係之突出，則可開拓世人於空間發展之範圍。故知每一生命網點，皆有其四通八達之網際網路可尋，有血脈相連之血緣親情，更有患難與共、同創大業之群體發展關係，於此錯綜複雜之群性社會結構，標舉封建體系之設想，無疑具有提示宗族倫理與政治倫理之作用，可藉以穩定社會秩序與民心向背。

5.注重職官之社會地位

方氏統計《左傳》人物擔任樂師、宗、祝、史、卜、醫者，多以職官之名冠於名、字之上。⑰代表當時之職官分類已各有專屬，且由於人文精神之開展，因而懂得社會建設有賴各階層分工合作，是故於名、字之上增益其職官名稱，表示尊重各專業人員之工作。

宗、祝、史、卜四種職司，專長神事之職，乃天子建立天官之重要神職人員，⑱且需由具備特殊資質條件之人物擔任。⑲由於古代政教合一，祭祀之事更為施政教化之本，因而此類專員之地位愈形重要，是故於其名、字之上附加其職以明之。復以古代亦重樂教，設有樂官推行教化工作，因而於樂師之名、字上冠以「師」之專名。「醫」之行業，屬於特殊專技人士，關係人之生命安危，因而亦冠以職名表示尊重。

五、結論——理性發揚命名取字之人文精神

名之為物，陪伴人一生，因而命名之時自須唯敬唯謹，不應流於情緒作祟，尤其世子之名字關乎國政之治亂，更不可不慎。是故師服針對晉穆侯之命太子曰仇、其弟為成師，而議論命名之義曰：

> 夫名以制義，義以出禮，禮以體政，政以正民，是以政成而民聽，易則生亂。⑳

人有喜怒好惡之情，為人父母者亦無所逃於此，是故師服以穆侯名子之異，而知其偏愛少子，於是解名為諫，欲使其強幹弱枝，以消弭少子因黨羽之盛而肇亂傾國。蓋國君名世子，苟不得其宜，則禮教無所從出，政不出以禮，即無以正民而亂因之以起。亦即命名若違反禮義，則因為朝呼之、暮喚之，膚譖浸潤，盡是違禮之義，日久天長，無外乎淆亂是非之說，則民心背於禮而禍亂生，此乃江河日下順勢之所趨，是故孔子即認為「為政必先正名」，因為「名不正則言不順，言不順則事不成，事不成則禮樂不興，禮樂不興則刑罰不中，刑罰不中則民無所錯手足」，[81]國危政亂，自在其中。故知名字之選取若能符應天命所賦之深義，則有推正名分、自我惕勵之作用，故曰：「名者，人治之大者也，可無慎乎？」，[82]是故父母名子，務必以理性節制愛惡之私慾，則生子時雖有不悅之經驗，亦可隨日月之消逝而淡化；縱有怨懟之仇，亦可如冰雪受陽而消溶；而祥和之氣因之日漸增長，則鄭莊公不名為寤生、晉文侯不以仇為名。

命名取字為神聖之事，雖未必如李宗侗所說「名為個人圖騰」，[83]然而可確定者，則為名之命取，皆旨在求其能凸顯自我之本質，製造自期自許之情境氣氛，朝唸之、夕唸之，念之在茲，發揮人之主體能動性，開創人之采化、美化人生。是故申繻有積極五法、消極八避之命名原則以對，此乃人類理性歸納、演繹之功，循此以往，則名義通達、名定實辨，聞其名而知其字，且無孳孳於取「善名利字」以求苟免倖進之僥倖心理。

（本文原發表於1997年4月30日花蓮師院創校五十週年

學術研討會，雖於6月間出版論文集，然而該論文集並未申請ISBN，因此2001年3月間稍加修訂全文，2002年3月刊登於《煙台師範學院學報（哲學社會科學版）》第19卷第1期。）

註釋

①其詳參見宋．鄭樵：《通志》〈總序〉（北京：中華書局，1995），頁7；清．顧棟高輯，吳樹平、李解民點校：《春秋大事表》〈列國姓氏表．敘〉（北京：中華書局，1993），第2冊卷11，頁1149。

②《論語》〈八佾〉，見於魏．何晏等注，宋．邢昺疏：《論語注疏》，收入《十三經注疏》（臺北：藝文印書館，1985），頁28：「周監於二代，郁郁乎文哉！吾從周！」

③《禮記》〈檀弓上〉，見於漢．鄭玄注，唐．孔穎達等正義：《禮記正義》，收入《十三經注疏》（臺北：藝文印書館，1985），頁136。

④其詳參見丁山：《中國古代宗教與神話考》（龍門：聯合書局，1961），頁75。

⑤姓與圖騰之關係，其詳參見李宗侗：《中國古代社會史》（臺北：中華文化出版事業委員會，1954），頁1～42；劉節：《中國古代宗族移殖史論》（臺北：正中書局，1971），頁111～150。

⑥漢．許慎撰，清．段玉裁注：《說文解字注》（臺北：蘭臺書局，1972），頁618。

⑦《左傳》〈隱公八年〉，見於晉．杜預注，唐．孔穎達等正義：《春秋左傳正義》，收入《十三經注疏》（臺北：藝文印書館，1985），頁75。

⑧《左傳》〈昭公八年〉，見於《春秋左傳正義》，頁771。

⑨《左傳》〈昭公二九年〉，見於《春秋左傳正義》，頁922。

⑩《尚書》〈禹貢〉，見於漢．孔安國傳，唐．孔穎達等正義：《尚書正義》，收入《十三經注疏》（臺北：藝文印書館，1985），頁91。

⑪周．左丘明：《國語》〈周語下〉（臺北：里仁書局，1981），頁104、108。

⑫方炫琛：《左傳人物名號研究》，政大中研所，1983年博士論文，頁3。

⑬宋．鄭樵：《通志》〈氏族略．序〉，頁1～2。

⑭見於段玉裁：《說文解字注》，頁57。

⑮《管子》〈心術〉，收入《二十二子》（臺北：先知出版社，1976），頁514。

⑯《荀子》〈正名〉，見於王先謙：《荀子集解》（臺北：藝文印書館，1988），頁686～687。

⑰漢．班固撰：《白虎通》〈姓名〉，見於清．陳立：《白虎通疏證》，卷9，《續經解三禮類彙編㈠》（臺北：藝文印書館，1986），頁524。

⑱見於段玉裁：《說文解字注》，頁750。

⑲見於段玉裁：《說文解字注》，頁761。

⑳見於段玉裁：《說文解字注》，頁590。

㉑《白虎通》〈姓名〉，見於《白虎通疏證》，頁526。

㉒《儀禮》〈士冠禮．記〉，見於漢．鄭玄注，唐．賈公彥疏：《儀禮注疏》，收入《十三經注疏》（臺北：藝文印書館，1985），頁33：「冠而字之，敬其名也。」

㉓《大戴禮記》〈本命〉，見於清．王聘珍：《大戴禮記解詁》（北京：中華書局，1992），頁251。

㉔其詳參見《禮記》〈內則〉，見於《禮記正義》，頁535～537。

㉕《左傳》〈桓公六年〉，見於《春秋左傳正義》，頁112。

㉖《左傳》〈成公一三年〉，見於《春秋左傳正義》，頁460。

㉗《左傳》〈昭公元年〉，見於《春秋左傳正義》，頁706。

㉘《左傳》〈閔公二年〉，見於《春秋左傳正義》，頁190。

㉙《左傳》〈桓公六年〉，見於《春秋左傳正義》，頁112之鄭注、孔疏。

㉚《左傳》〈隱公八年〉，見於《春秋左傳正義》，頁75。

㉛《莊子》〈天地〉，見於《二十二子》，頁382。

㉜《禮記》〈樂記〉，見於《禮記正義》，頁682。

㉝《淮南子》〈齊俗〉，見於《二十二子》，頁447。

㉞其詳參見李宗侗：《中國古代社會史㈠》，頁39～40。杜師正勝：〈形體、精氣與魂魄——中國傳統對「人」認識的形成〉，《新史學》，1991年9月之文中亦有相類之說。

㉟《國語》〈晉語〉，卷10，頁356。

㊱其詳參見《史記》〈孔子世家〉，見於日．瀧川龜太郎：《史記會註考證》（臺北：洪氏出版社，1977），頁743～744。

㊲其詳參見《左傳》〈桓公六年〉，見於《春秋左傳正義》，頁114。

㊳《禮記》〈內則〉，見於《禮記正義》，頁537。

㊴《禮記》〈曲禮上〉，見於《禮記正義》，頁38。

㊵《左傳》〈桓公六年〉，見於《春秋左傳正義》，頁113～114。

㊶其詳參見郭沫若：《金文叢考．諱辨》（北京：人民出版社，1952），頁102～107。

㊷《大戴禮記》〈保傅〉，見於《大戴禮記解詁》，頁60。

㊸清．王引之：《春秋名字解詁》〈敘〉，收入《經義述聞》〈左傳〉，見於《皇清經解》，第17冊，頁13018～13019。

㊹其詳參見郭沫若：《金文叢考》〈彝銘名字解詁〉，頁109～125。

㊺以下五類取字現象說明，皆以王氏自敘所舉實例為首，其後，則就周法高撰輯之《周秦名字解詁彙釋》及其補編，分門別類以明其義。其釋義部份無特別註明出處者，則取法王氏之義而稍異其詞，為陳述方

便，仍先沿用前輩慣用之稱「字」法，其附加部份則等待後述。

㊻清．俞樾：《春秋名字解詁補義》，收入《皇清經解續編》（臺北：漢京出版社，不著年代），頁9780。

㊼洪恩波：《聖門名字纂詁》〈敘〉，見於周法高：《周秦名字解詁彙釋》（臺北：中華叢書，1958），頁13。

㊽其詳參見《大戴禮記》〈保傅〉，見於《大戴禮記解詁》，頁59～62。

㊾其詳參見《禮記》〈內則〉，見於《禮記正義》，頁534。

㊿其詳參見卡西爾（Ernst Cassirer）：《人論》（An Essay on Man）（臺北：結構群出版社，1991），上篇，認為應當把人定義為符號之動物。

51《白虎通》〈姓名〉，卷9，見於《白虎通疏證》，頁524。

52《白虎通》〈姓名〉，卷9，見於《白虎通疏證》，頁524。

53《禮記》〈曲禮上〉，見於《禮記正義》，頁39。

54《禮記》〈冠義〉，見於《禮記正義》，頁998。

55《禮記》〈內則〉，見於《禮記正義》，頁539。

56《禮記》〈曲禮上〉，見於《禮記正義》，頁39。

57《大戴禮記》〈本命〉，見於《大戴禮記解詁》，頁251。

58《禮記》〈冠義〉，見於《禮記正義》，頁998。

59其詳參見拙著：《古代生命禮儀中的生死觀——以《禮記》為主的現代詮釋》（臺北：文津出版社，1997），頁23～28。

60其詳參見《禮記》〈內則〉，見於《禮記正義》，頁539。

61《禮記》〈冠義〉，見於《禮記正義》，頁998。

62《禮記》〈郊特牲〉，見於《禮記正義》，頁504。

63《禮記》〈冠義〉，見於《禮記正義》，頁998。

64《儀禮》〈士冠禮．記〉，見於《儀禮注疏》，頁33。

65《禮記》〈曲禮上〉，見於《禮記正義》，頁39。

⑯《禮記》〈冠義〉，見於《禮記正義》，頁998：「成人之者，將責成人禮焉也。」

⑰《白虎通》〈三正．文質〉，見於《白虎通疏證》，頁511。

⑱《左傳》〈僖公三二年〉，頁288；〈文公一一年〉，頁329，孔疏謂之。

⑲郭沫若：《金文叢考．彝銘名字解詁》，頁109。

⑳其詳參見方炫琛：《左傳人物名號研究》，頁61。魯昭公之夫人本為吳女，其姓為姬。若以周代推行「同姓不婚」制度而言，則《經》稱「吳孟子」有避其姓，以為避魯國諱之義，而未必如方氏所言為「婦女之美稱」，然而若以諸侯夫人之地位而言，則以子為婦女之美稱亦有其合宜之處。

㉑王國維：《觀堂集林》〈女字說〉(臺北：河洛圖書公司，1975)，頁163～165。

㉒《儀禮》〈士冠禮〉，見於《儀禮注疏》，頁32。

㉓《白虎通》〈姓名〉，見於《白虎通疏證》，頁528。

㉔其詳參見王國維：《觀堂集林》〈女字說〉，頁453～458。

㉕《論語》〈顏淵〉，見於《論語注疏》，頁108。

㉖其詳參見方炫琛：《左傳人物名號研究》，頁65～68。

㉗同上註，頁74～77。

㉘《禮記》〈曲禮下〉，見於《禮記正義》，頁81：「天子建天官，先六大。曰：大宰、大宗、大史、大祝、大士、大卜，典司六典。」

㉙其詳參見拙著：《古代祭禮中之政教觀——以《禮記》成書前為論》(臺北：文津出版社，1997)，頁310～312。

㉚《左傳》〈桓公二年〉，見於《春秋左傳正義》，頁96～97。

㉛《論語》〈子路〉，見於《論語注疏》，頁115。

㉜《禮記》〈大傳〉，見於《禮記正義》，頁618。

㉝其詳參見李宗侗：《中國古代社會史》，頁180～183。

叁、從禮儀制度透視傳統文化之特質

——以「三禮」為討論中心

內容摘要

自周代制禮作樂、規畫政治制度以來，禮儀制度皆有其蘊藏之深刻意義，成為我國文化之主要內容。因而透過禮儀制度之呈現，並從中抽繹其禮義精神，則可開顯我傳統文化之特質。於是本文依循此理路，先談論禮儀制度與傳統文化之內涵；其次，則就吉、凶、賓、軍、嘉五禮之順序，歸納其禮制內容；復次，則整合禮儀制度中傳統文化之特質，分由下列四點闡明之：天人和融與物我相諧、禮樂相須與陰陽並濟、宗族倫理與崇德報功、敬老尊賢與敦睦邦里；文末，則以傳統文化非無用之包袱作結。

一、前言

唐君毅以吾祖先之不肖子孫，正視吾數千年之文化留存至今者為封建之餘毒，而不惜加以蠲棄，因懷昔賢之遺澤將毀棄於一旦，乃勉自發憤，作成《中國文化之精神價值》。由於該書原為《中西文化之精神價值》之下部，因而全書之內容與架構並非全在中國文化，然而其先行縱論中國文化之歷史發展，再論中國先哲之自然觀、心性觀、人生道德理想，更橫論中國文化之各面（人間世界、人格世界與悠久世界），其後則專論中西文化之融攝，①非僅全書各章皆自具經緯，各章文義亦復互相照映，可謂深得我文化之全體大觀。

此書之作，唐氏自謂與其昔日之見解最相左者，乃中國文化之精神當源自原始敬天之精神而開出，故知中國並非無宗教，而是將宗教融攝於人文，因此唐氏對天地鬼神之觀念更特為尊重，並謂此一觀念可以為中國未來新宗教之基礎。唐氏之論，當為觀覽古代禮學專書而後發為此言，惜為體例所限，而未言其詳。然而禮制實為我傳統文化之核心，若捨禮儀制度而不言，終難窺我古代文化之奧義，於是本文專從禮儀制度之角度，以言傳統文化之特質，冀望能為唐氏中國文化源自原始敬天之說作一註腳。

二、禮儀制度與傳統文化之內涵

古代所謂禮儀制度，涵蓋之範圍甚廣，舉凡政治體制、朝廷規章、國家祭典、祈禳祓除、教育措施、行政規劃、軍旅征戰、宮室建築、陵墓營造、宴饗飲食、婚喪喜慶，乃至人倫義理之提倡、行為規範之建立、個人道德之培養均可以包含於其中，亦即將國家一切之政經活動、社會建設與文化工作皆囊括於內。因此透過對於重要禮儀制度之內容分析，可以發現我傳統文化之特質，至於首要工作，則在於釐清禮儀、制度與傳統文化等名詞之涵義，謹先明之於下：

㈠禮儀與制度之相互關係

當人類群居共處、組織家庭，形成部落社會以後，由於朝夕相處往來頻繁，為聯繫彼此之感情且避免有所摩擦，以維護彼此生活方便，因而自然必須共同遵守某些原則。此原則起初或者僅為約定俗成之模糊概念，經過領導者之有心提倡，於是將原來模糊之抽象觀念具體化，使之成為可普遍遵行實踐之規則，制度於此建立。原始之抽象觀念即是「禮」之觀念，具有「名分」與「秩序」等內涵，此即〈曲禮上〉所謂「夫禮者，所以定親疏、決嫌疑、別同異、明是非也。」②之說；至於其後之具體化行為，即是「儀」之展現，此即〈禮器〉所謂「經禮三百，曲禮三千。」③〈中庸〉所言「禮儀三百，威儀三千。」④其內容專指當時生活細微末節之規矩，屬於行為舉止、儀容態度等禮儀規範，可供社會大眾普遍遵行實踐，此即禮儀制度之確立與施行。

能透過具體化之活動，抽象之觀念始可落實，亦即是抽象之禮義有待於具體之儀式活動以彰顯其精神，倘若抽離禮義之精神，則儀式活動僅徒具形式而不具意義，故知「禮」與「儀」可謂互為表裡，缺一不可；禮義亦必須等待此儀式活動形成固定而規律性之習慣，且能在現實生活中普遍推行，始可於社會廣收其實效，故知禮儀活動是否能達到預期之效果，有賴於「制度」之大力推動；因此，「禮」、「儀」與「制度」三者之關係十分密切。

由於代有因革，各時代訂立之儀節秩序，當各有其宜，然而推究其內涵及適應民情所需之根本精神，則為始終不變，是以雖然「禮」、「儀」並稱，然而二者實有本末、輕重之分。〈郊特牲〉所稱「禮之所尊，尊其義也；失其義、陳其數，祝史之事也。」⑤即明確說明禮之所重在於禮義而不在禮數，禮亦可相因轉化而傳之久遠，禮數則因損益變革而各成其別，若僅知固守禮數，則為助祭之祝史，而非真知禮義者。

從《左傳》之記載，可知春秋時人即已能區分二者之別，因而能以魯侯自郊勞至於贈遺無失禮，為「儀也，不可謂禮。」明白指斥徒有禮數不可謂知禮，更進而說明「禮，所以守其國，行其政令，無失其民者也。」⑥為其根本大義，乃維繫人民生活安定、促進國家社會發展之重要依據，因而此處所稱禮儀制度，實以禮義政制為重，而略於細微禮數之陳述。

㈡傳統文化之定義

周文郁郁，孔子為之稱歎不已。推其原因，即在於周之監於二代，⑦能對夏商文化做一歷史性之反省思考，且能尊禮先王，存二王之後，不私一姓，以明示天下非一家所有，顯現周王之謹敬謙讓，⑧更以明德、敬德自我惕勵，特別注重歷史文化傳承，故而在理性自覺下，標榜以禮制節、以人文化成天下之文化史觀，因此禮文稱備，成就郁郁文采，贏得孔子之極度讚賞。孔子甚且以久不復夢見周公為自己衰老之徵兆，⑨可見其一生以恢復周文之燦然大備為職志，意在追隨周公制禮作樂之聖事，以成就文化大國。

中國文化雖亦含融夏以前之部族文化與漢民族以外之各民族文化，然而論其主體，則仍然當以整合夏商二代文化之周文系統為中國之傳統文化。《說文》謂之「文，錯畫也。」⑩又言「化，教行也。」，段注則於「化」之下，稱「教行於上，則化成於下。」⑪，可知「文化」一事，本身即由於錯畫之多端而具有多向性，故而上之所教，可使在下者為之所化，是以「文化」之範圍，實屬包羅廣泛。然而幅員廣闊之文化事業，尋根究抵，實不外乎以「質文相變」成其經緯，於是質樸與文采相得益彰，匯成文化之長城。其間無論或為質樸、或為文采，而其所取法之對象，則以天地當其要，因此董仲舒認為「王者以制：一商一夏，一質一文；商質者主天，夏文者主地。」⑫亦即周王朝自武王克商後，即「偃武修文」，顯示武王之不復用兵，⑬而致其心力於王者之道，因此結合夏商文質之道，成就彬彬材質之王者風範，更以人子之仰觀天文、俯察地理，握天地之鑰於掌，因而有文王受命、武王成命，周公制禮作樂以立周文之宏模，更有孔子刪《詩》、《書》，訂《禮》、《樂》，作《春秋》之千秋大業，且自此一脈相傳，周文化成為我國傳統文化之主體，更奠定禮制為我傳統文化之重心。

三、禮儀制度之重要內容

《周禮》於西漢之前均稱為《周官》，為我國最早之行政法典，敘述官制職掌。王莽時曾上書立禮經博士，改《周官》為《周禮》，且為之設立博士，至鄭玄為之作注，則《周禮》成為定稱。鄭玄作《周禮》注時，即以之為周公攝政時所作六典之職掌，並付諸施政七年。當周公還政於成王，即以此禮授之，俾供作成王施政之藍圖。⑭至於後代學者對於《周禮》之作者多有所疑，⑮周師一田則以為《周禮》所載，其下限應可推至商鞅之時，而上限則為周公時代。該書本為適應當時社會國家所需之職官表，因而較為簡略，其後則為環境所需而隨時增添，至於戰國晚期，則有政治家為之賦予新生命，因而具有新價值，可以體現作者之政治理想。⑯儘管《周禮》之作者多有所說，然而均不礙於其為我國禮制之源頭，因此本文對於禮儀制度之分類，即以《周禮》〈春官·大宗伯〉所述五禮為依據：

㈠吉禮

吉禮為五禮之冠，所包括之內容最多，其目的在於透過祭祀之方式，而達到消災、祈福與報恩之效果，⑰因此吉禮又稱祭禮。〈祭統〉更明載「凡治人之道，莫急於禮，禮有五經，莫重於祭。」⑱因此，《周禮》於春官之下設有大宗伯，其主要職務即在於掌理建立邦國祭祀天神、人鬼與地祇（示）等事宜，以輔佐周王安邦定國，更設有其他官職與之配合進行典禮。以下即按照祭祀之三大類對象分別敘述之：

1.祭祀天神

人類對於天神之祭祀，起源甚早。卜辭所載，即有大量祭祀蒼天日月、風雲雨雪等自然天象之紀錄，且儀式隆重，用牲頗多。《周禮》所錄，則更有制度規模，今列舉如下：

⑴祀天

周郊祀天之禮，本於殷禮祭帝而來。「帝」之所指，就甲、金文之字形而言，吳大澂、王國維以及郭沫若等，均以「帝」象花蒂之形，乃「蒂」之初文。由於果實由花蒂而出，因此花蒂具有繁衍後代、生生不息的能力，「帝」則類推而具有操控生命之威權。⑲由卜辭，更發現「帝」擁有令風、令雨、授年、降嘆等權柄，影響農作物收成，且具有缶王、授佑、降若或降不若等主宰人間禍福之能力，亦可管轄戰爭、作邑與王之行動，可謂居於「至上神」之地位。⑳帝乙、帝辛則以荒淫無道之君而僭越「帝」之威名，因而「帝」之「至上神」角色，逐漸喪失其原來尊嚴崇高之地位，於是「至上神」之地位，不得不讓位於「天」。

周郊祭天，兼含圜丘正祭與祈穀之祭二禮（祈穀之祭詳見於祭后稷穀神），均為天子之禮。祀天之禮須取每歲歲首冬至之日，稟陽氣初生之時，具陽剛之象，生機蓬勃，因而迎南郊之正位以就陽氣。由於認為天圓地方，是故因圜丘以象天；由於以質為敬，因此掃地而祭。㉑祭祀用品，則器用陶匏、蒼璧禮天，皆取象天地質樸之性，且必以騂赤特牲獻祭，以小為貴，取其潔淨赤誠可以上通天道貴誠之意。

由於天道至尊，因而唯有人王能主持郊天大典。祭祀當天，喪者甚且不哭以免干預吉禮，更不敢以凶服出而妨礙祀天之進行。周王被袞戴冕盛裝以待，冠冕有璪飾十二旒；乘坐素車以貴其質，畫日月於旂，旂上亦有十二旒，皆所以取法天數。祀天大典，則點燃積架之薪柴，使馨香之氣上達於天，亦即表達由於「萬物本乎天」，因而郊天之祭，亦在於顯示「大報本反始」之至敬義。㉒

⑵祀五帝、五人帝與五人神

「五帝」究竟指誰，雖然《周禮》並未明指，然而祀五帝之說多見於《周禮》。㉓追溯五帝之起源，或當來自殷禮之祭五方神示。殷人之天神系統，於上帝之外，尚可確知其具有祭祀五方帝之習俗。㉔周初所謂五方之神，仍屬籠統之觀念，直至〈月令〉所載，始以五帝配五行，且以五帝、五人帝、五人神與五方相配，並以人王之帝分擔天神之帝之職責。

《周禮》設有小宗伯掌理「兆五帝于四郊」諸事宜，所謂「兆」，即是設壇而祭。孫詒讓因而謂之「于王城外，近郊五十里之內設兆位」，更稱「五帝四郊之兆，每帝各于當方之郊，黃帝則在南郊，其青帝迎氣之兆自于東郊。」㉕〈月令〉則記載天子於立春、立夏、立秋與立冬之日，皆須先行齋戒，然後服大裘而冕，親率三公、九卿、諸侯、大夫以迎氣。㉖五帝之祭，祭器、祭品也必須與各方位色帝一一對應相配。

由於「帝」為「氣」之主，㉗而「氣」又關係四時節候之調順，影響作物生長之豐欠，與人類生活關係密切，因而當四時迎氣之時，亦隨之祭祀各方主宰之帝，祈求節氣相調、國泰民安。又由於「帝廷觀念」影響，於至上之主宰天帝下，配合五行而有五帝之天神系統，主宰「氣」之運行；至於其下，則人間自然亦有相應之帝王與之相配，因此〈月令〉取曾經締造赫赫功勳之大皞、炎帝、黃帝、少皞與顓頊五大明王為五人帝，分別與春、夏、中央、秋、冬各時節相配，更與木、火、土、金、水五行之德相應。至其下，則帝王之下，仍須有人臣、工臣以為功，因此在五人帝之下，又有句芒、祝融、后土、蓐收、玄冥為五行之官，稱之為五人神，各以帝德臣功而名於世，配食於五方之帝，常享祭祀。

(3)祭祀日月

自然天體中，最明顯而且與人類生存關係最密切者，則非日月莫屬，因而祭祀日月，其來也早。卜辭即有祭「東母、西母」之紀錄，陳夢家則以其為日月之神。㉘祭祀日月之詳細儀節雖已不可知，然而《大戴禮記》則稱「三代之禮，天子春朝朝日，秋莫夕月，所以明有別也。」㉙〈玉藻〉亦記載天子「朝日于東門之外。」㉚〈祭義〉則云「祭日於壇，祭月於坎，以別幽明，以制上下；祭日於東，祭月於西，以別外內，以端其位；日出於東，月生於西，陰陽長短，終始相巡，以致天下之和。」㉛可知坎壇之祭為日月正祭。另有《周禮》〈春官・小宗伯〉有「兆五帝於四郊，四望、四類亦如之。」㉜之記載，而日月之祭亦在「四類」之祭中。

有關祭祀日月禮儀，《國語》載：「天子大采朝日，少采夕月。」㉝《周禮》則載：「王晉大圭，執鎮圭，繅藉五采五就以朝日。圭璧以祀日月。」㉞由於日月次於天地，因而祭祀之時間，選擇陰陽二氣正中之時，因此以春分、秋分為祭；由於日月歸屬天神，因而以實柴為祀，升煙達氣以享之。其餘，若主日而配月，㉟則為郊壇之從祭；禮日南門、禮月北門，㊱則為因覲而祭；祈年天宗，㊲則為因蜡而祭；風雨不時，㊳則因禜而祭；此皆非日月正祭。

⑷祭祀星辰

祭祀星辰，與日月同等，皆以實柴為祀，區分之，則為統祭星辰、祭祀特殊星體二類。鄭玄以為所謂「星」，指「五緯」；「辰」，指日月所會十二次。賈公彥則以東方歲星、南方熒惑、西方太白、北方辰星、中央鎮星為五緯星，以隨天左旋之二十八宿為經星。㊴秦蕙田則以為：「星」，兼經星、緯星而言；「辰」，乃上天之無星處，大略分之，則為十二次。㊵實則此處所祭星辰，乃統祭周天及星象之謂。由於天上星體星羅棋布，因而《爾雅》〈釋天〉稱「祭星曰布。」至於〈祭法〉則因眾星多在入夜後始見，故稱「幽宗，祭星也」。

其次，祭祀特殊星體，則《周禮》〈春官．大宗伯〉謂之「以槱燎祀司中、司命。」亦即其祭祀方式與實柴相似，而禮數較為簡略。秦蕙田以為司中主理、司命主氣，王者以其有功於天地，因而崇報以祀之。㊶另外，司民、司祿，亦在祭祀之星辰之列。㊷分野星之祭，則如商之祭辰星、晉之祭參星，皆有祭祀以求庇護之義。

⑸祭祀風雨

風雨與人類之生活關係密切，尤其對於農業社會之影響更為深遠，因而大宗伯之職掌，逕稱祭祀風師、雨師，且以槱燎之方式行祭。卜辭中，對於風神之祭祀方式，一般採用燎祭，亦即燃柴使煙氣上達於天。另外，尚有寧風之祭，即止風之禮，而《爾雅》〈釋天〉稱「祭風曰磔。」賈公彥即以為：狗屬西方金，金能制東方木之風，因而磔狗以寧風虐。㊸

關於祈雨之祭，有常雩、旱雩兩類。常雩，祭有定時，此即〈月令〉所載仲夏之月「命有司為民祈祀山川百源，大雩帝，用盛樂；乃命百縣雩祀百辟卿士有益於民者，以祈穀實。」至於因旱而祈雨者謂之旱雩，《周禮》〈春官〉謂之「司巫掌群巫之政令，若國大旱，則帥巫而舞雩。」亦即因旱求雨時，群巫辟踊而舞，以萬民窮苦困窘之狀舞於天帝之前，庶幾能感動天地，以降甘露蘇解民渴。

2.祭祀地祇（示）

由於大地生長五穀、養育萬物、無所不載，因而古來即有「父天而母地」之說，且早有對於土地之崇拜。有關地祇之祭祀，主要分為三大類：

⑴祭地

皇天皓皓，尊嚴顯赫，與之相對，則大地博厚，殷實敦篤。由於天無不覆、地無不載，且為獨一無二者，因而唯有天子得以主持祭祀天地之大典，且祭必以類取象。因此祭地之時間選擇夏日至，取類陰氣開始滋長；取北郊澤中，以象其屬於陰位；以方丘為祭，取象地形之方；凡此皆取陰道以祭地。

祭地之法，不用燔燎而用瘞埋於泰折之方式，取象其能下通於地。所祭，黃琮玉器，乃象徵大地黃黃之色；圓孔方柱之玉琮，象徵天地貫通之道；兩圭有邸五寸，象地有剛柔本著於一琮、象得一以寧，五寸則取象地有五方；皆有牲幣，各放其器之色。凡此，均用以成就同類相應、同氣交感之交感作用，使下能通於地祇，上能通達於蒼天，天地交泰而陰陽和，則乾坤變化之道可以盡在其中，因此唯有天子得以其尊位而祭天禮地。

⑵祭社

祭社活動，甲骨卜辭已有以土為社之祭祀紀錄，此類以土神為社神之信仰，即源於人類對於土地自然神之崇拜，且因各諸侯國均與周王室具有「政治血緣」，是故周代分封，即需先告后土，更以社神具有「民族守護神」㊹之功能，因而社神實為周人崇拜之重要神祇。

祭社活動，可大別為常祭與因祭兩類。常祭，則可再行區分為春祈與秋報兩類，定期於春季進行祈禱，祈求社神庇護農事生產順利、社會活動圓滿；秋季則行報德之祭，以感恩之心備妥祭品，酬謝社神之照顧，如《詩》所載「以我齊明，與我犧羊，以社以方。」㊺另外，尚有因事而起之不定期祭社活動，如田獵後獻禽祭社、出師戎征前之宜社、設軍社，㊻當國家遭遇災變時則禱祈於社，祈求社神能消災解厄，㊼如為救日，則以朱絲營社、鼓而用牲於社，其餘，則天子巡狩、諸侯出行、建立邦國之時，必先告諸社神，祈求佑護。㊽

(3)祭后稷

國家養民、育民，有賴於「土」、「穀」，而《尚書》謂之「土爰稼穡」，㊾因此以「社稷」為國家之代稱，是故於注重社神之祭祀外，亦注重穀神之祭祀。古之農神謂之「后稷」，為「黍稷之王」之代稱。㊿「稷」本為田正，掌管農事，〈祭法〉謂之「厲山氏之有天下也，其子曰農，能殖百穀。夏之衰也，周棄繼之，故祀以為稷。」51《左傳》亦載「有烈山氏之子曰柱，為稷，自夏以上祀之。周棄亦為稷，自商以來祀之。」52由於夏商二代之「稷」非同一人，因而杜佑以為社稷本無正神，53然而古來認為土穀之生長與神靈之主宰有關，為感念田正主掌稼穡之功，因而美報之，以「稷」之官職為農神之名，且以柱與周棄配食稷神。

祭祀社稷之神，其主要目的在於祈穀，因而仲春祈穀、秋收報祭為祭祀社稷之正祭。祭祀社稷，天子需服希冕，並以藉田千畝躬耕耒耜所得之穀物為粢盛。〈月令〉謂之「季夏之月，命四監大合百縣之秩芻以養犧牲。」至於所用之犧牲，則天子用太牢、諸侯用少牢，且須毛色純黑者，並以血祭開始，符應陰祀之原則。

⑷望祀山川

所謂「望祀」，乃遙祀名山大川之名。周師一田以為：域內土地廣運四方，名山大川不在一處，無法一時遍及，因而於郊外為壇，遙望而祀。至於「望」多稱「祀」，則或因郊禮每以「祀」為稱，因而郊禮後之「望」亦稱「祀」；或以祭祀名山大川多為遙不可及，與遙祀上天相類，因而以「祀」為稱。㊿因而若直言「山川之祭」，則所祭之山川必近且小，可以親臨其地而祭，55而天子所祭之山川必大且遠，如五嶽、四鎮、四瀆之類，無法直接祭於該地，因而名之為「天子四望」。

周代望禮，有常祀、特祀之分。常祀之望，一歲而周遍全境，唯有天子與魯國可以主持。天子四望之祭，則服毳冕，於四方築壇以行祭，且必立木為表以象徵其位，56所用犧牲幣帛仿照各方之色，玉用兩圭有邸。至於魯國之望祀，則以周公之緣故，獲享特賜，得享祈穀之郊，且於郊後亦行望祀之禮，祭泰山、河、海，闕於一方，南不及淮，黃以周謂之避王者南面之尊。57若國有特別事故發生，則行使特祀，如天子之巡守、受禪、出師、師成告祭與因災祈告之望。至於諸侯，則亦可因國內發生變故而舉行特祀，然而限祭境內山川，不得逾越國境而祭。58至於祭祀之法，《周禮》謂之「以貍沉祭山林川澤。」59《儀禮》則稱「祭山、丘陵，升；祭川，沉。」60《爾雅》亦載「祭山曰庪縣，祭川曰浮沈。」61皆採取因類設祭之法：瘞埋於山巔，以祈禱於山之神靈；沉之川流，以轉達禳除災害之心意。

3.祭祀人鬼

死亡，使生命回歸自然，骨肉斃為塵土，魂氣則發揚顯著而為精神之存有，於是人轉化為鬼神，成為祖先，常駐於子孫之心中。為安頓人子思親之情懷，於是立有祭祀之禮，使生者恍惚間可以達到與先人神魂溝通之效果。且從卜辭中所見，更明顯指出祖先具有神而明之之威靈，可以福佑後代或懲戒不肖，[62]因而可藉以成為萬民畏服之極則。於是聖人為之設立廟祧宮室，成為祖靈居住之場所，俾使萬民於祭祀祖先時，不僅停留於神靈光明之感覺意識層次，且可藉由外在有形之建築，使祖先無形之神貌有所憑藉，更經由此落實作用，則真情不致流於虛擲，且可增強生者敬事鬼神之堅定意志，強化倫理教化之功能。故〈祭義〉云：

> 眾生必死，死必歸土，此之謂鬼。骨肉斃于下，陰為野土；其氣發揚于上，為昭明、焄蒿、悽愴，此百物之精也，神之著也。因物之精，制為之極，明命鬼神以為黔首則，百眾以畏，萬明以服。聖人以是為未足也，築為宮室，設為宮祧，以別親疏遠邇，教民反古復始，不忘其所由生也。眾之服自此，故聽且速也。[63]

聖人提倡鬼神之祭，其旨即在於假神道以設教，教導人民懂得報本反始、敦厚人倫，更寄望能因而建立親疏有別、倫序有等之社會秩序觀，使民眾能自知服從在上者之所令，然後可以迅速推行政治教化工作，達成預期之理想。試行區分，則可自宗廟設置與宗廟祭禮兩方面以明祭祀人鬼之詳：

⑴宗廟設置

設置宗廟，即以有形之建築體現無形之祖靈存有，以維繫、鞏固子孫追遠先祖之心意。卜辭中，僅有「宗」而無「廟」，且「宗」之構形，即表象無所不在之祖神居於宮室之內，因而可用以指謂「宗廟」之義。周人除卻仍然保有此一用語習慣外，亦有稱為「廟」，更有以宗、廟連文者，故知「宗」、「廟」與「宗廟」實為異名同指。

逮至漢儒以聲訓之法詁訓宗、廟之義，則二者之名義更清晰可辨。《說文》謂之「宗，尊祖廟也。」、「廟，尊先祖貌也。」[64]《釋名》則以雙聲疊韻之關係，謂之「宗廟：宗，尊也；廟者，貌也，先祖形貌所在也。」[65]毛傳更詳言之：廟之言貌也，死者精神不可得而見，但以生時之居，立宮室象貌為之耳。[66]將宗廟之名義扣緊先祖之形貌而為說，為後世尊仰宗廟建立其形上根源。後以周代重文之緣故，取「宗」具有「尊」之義，因而以「宗廟」為通行之辭，更為表彰文王受命、武王成命之王朝特色，特立文、武二祧廟，永世不毀。

由於人之相處有親疏遠近關係之差別，先祖雖尊，然而累世累代之先祖眾多，無法祭以同禮，故有倫序之差等以符人情之所需，於是配合貴族階層之地位相異，而有廟數降殺有等之別，訂立天子七廟、諸侯五廟、大夫三廟、士一廟（適士二廟）之制度。此即〈祭法〉所言「天下有王，分地建國，置都立邑，設廟、祧、壇、墠而祭之，乃為親疏有別而定廟制多少之異。是故王立七廟、一壇、一墠，曰考廟、曰王考廟、曰皇考廟、曰顯考廟、曰祖考廟，皆月祭之。遠廟為祧，有二祧，享嘗乃止。去祧為壇，去壇為墠，壇、墠有禱焉祭之，無禱乃止。去墠為鬼。」⑰配合喪禮五服關係，四親廟指高、曾、祖、禰四廟，設之以存親統；始祖廟與文、武二祧為不毀之廟，設之以存尊統。於是親則親、尊則尊，卒以成就周禮之至文。而諸侯降殺於天子者，為文、武二祧，並不得以后稷之始祖廟為封國之祖考廟，而以始封之君為一國之祖考，世世不遷。大夫則立考、王考、皇考廟。士則設一考廟。由於士為貴族之始，人數最多，因而再行區分，以天子之士與諸侯之上士視為準大夫，多加一廟，故有適士二廟之設。廟之排列，以始祖廟居中，自始祖廟以下，則以二系區分，列居左右，左昭右穆，辨明世次，以明人倫。

既已妥為設立宗廟，則祖先之神靈已入於有形可象、有象可尊之層次，因此可藉由各種祭祀禮儀與頌讚謳歌，達到追養繼孝之目的，養成懂得報本反始之敦厚情懷。更由於廟之遷毀有制，雖然貴為天子、諸侯，德厚而流光，可以光宗耀祖，然而亦僅有親廟四，以為人倫之盡，過此，則五世而毀，毀廟之主藏於夾室，等待禘之祫祭，方升而合食，最能顯現親疏有等之倫常觀念。自天子至於庶人，雖然廟數相異，然而去廟之後，經由壇、墠而歸於鬼則同。至於庶人雖然無廟，然而死後亦歸於鬼，且亦薦於寢，皆為人情親親之表現。

(2)宗廟祭禮

設置宗廟，在於建立表象形式以供瞻仰憑弔，若無適時、適當之儀式活動，則無法持續思古之幽情，因而宗廟祭禮之設計，乃所以充實宗廟之內容，藉以凸顯建立宗廟制度之精神。檢乎載籍，則宗廟祭禮可以大別為因祭、常祀與特殊祭祀等項目：

所謂「因祭」，乃緣於某些特定事件而祭。舉凡王朝立君，宣告建國大要，巡守天下，諸侯來朝，參與會盟，宣告盟詛，進行田獵、征伐，舉行結婚、接子、立嗣典禮，祓除祈禳等諸多事宜，均須告祭祖廟，或祈告祖靈庇護。

所謂「常祀」，乃祭有定時、行有定制者，如〈周語〉所云：「日祭、月祀、時享、歲貢、終王。」⑱〈楚語〉所云：「古者先王日祭、月享、時類、歲祀。」⑲雖然名稱不盡相同，其為祭祀以「常」則十分明顯。然而「祭不欲數，數則煩，煩則不敬；祭不欲疏，疏則怠，怠則忘。」⑳為求能免於不敬或遺忘，因而於制定祭禮時，則依據與各類祭祀對象之親疏關係，配合祭祀之旨意，採取疏密不一之安排，並定為常規，立為制度。準此而言，則日祭之事其事頻繁，其失在「數」，其弊將為「不敬」，苟有「日祭」，則疑其禮當簡而易行，否則禮無以為繼，因而經籍所載，於「日祭」之禮付之闕如，月祭之事則以掌理朝政為主，至於專以祭祖為重者，則為時享之祭。

聖人因革夏商以來未有定制之宗廟祭享，法乎天地四時之交替變化，依時制舉，不疏不密，或薄或豐，隨時制宜，應乎人情之所需。《周禮》所言：「以祠春享先王，以禴夏享先王，以嘗秋享先王，以烝冬享先王。」㉑即以祭名配四時，且以四時之所生而祭祀先祖神靈。春祭之時，由於萬物始生，可薦者寡，然而由於為四時之首，是以所獻雖薄，然而禮意則隆，且多以文辭祝禱為主，㉒遍祭各廟，表達人子一年歲首對於祖先之虔誠敬意。夏禴之祭，須待麥熟方可舉行，㉓且由於百物尚未登成，因而祭物尚屬約薄，復以夏於五行屬火，故而夏祭以主揚升之「禴」為名，祭祀方式則或為分祭或為合祭，未有定制。秋收時節，百物紛登，可薦嘗者多，且以黍為尚，獻享隆盛，有美食、犧牲、萬舞，眾主合祭，人神共歡。⑭入冬時節，農家紛紛準備藏物過冬，因而乘農暇之隙進行盛大祭典，以告慰祖靈、慶祝豐收。⑮由於冬季萬物畢成，是以祭享所獻，以齊備眾物為主，稻穀與魚更為主要祭品，毀廟之主與未毀廟之主均合祭於祖廟之中，共聚一堂、其樂融融。

所謂「特祀」，指禘郊祖宗。禘為大祭，其禮盛大，其義尊隆，《禮記》因云：「王者禘其祖之所自出，以其祖配之。」⑯由於禘禮尊大，因而非王者則不能行祭，唯有天子可以以其最高之尊位，上祭於愈遠之始祖所從出。⑰周禘於合祭大廟時，無論遠祖、近祖，皆可相聚以合食共享，謂之「禘之祫」；至於合食大廟之外，更有特祭於親廟之禮者，謂之「禘之犆」，親則親、尊則尊，親疏遠近之別因而凸顯。周制祭禮，大禘之外，另有吉禘，為三年喪畢之專祭，每世一舉。周代郊禮，可分二類，一為圜丘之郊，旨於祭天以報反，配祖后稷以尊始；一為祈穀之郊，祀后稷農神以祈農事。由於萬物本乎天，人則本乎祖，因而為尊崇始祖之功德，於是推始祖后稷配天而祭之，⑱此即「嚴父莫大於配天」⑲之義。至於「祖」和「宗」，雖未以之為祭名，然而於王廟中，立義特別，周公以殷有三宗，因而特別指稱之，且另取一特殊祖廟與「宗」比配，代表特殊之精神象徵。王肅更以「祖有功而宗有德」⑳之相對稱呼，以凸顯「祖」、「宗」之特質。〈祭法〉所列，則四代之祭祀，皆以禘、郊、祖、宗之排列順序出現，㉑毫無例外。

另外，對於殤者之祭，〈祭法〉謂之「王下祭殤五：適子、適孫、適曾、適玄孫、適來孫。諸侯下祭三。大夫下祭二。適士及庶人祭子而止。」⑫說明特別注重嫡系傳承。祭適殤於廟之奧，謂之陰厭；王子、公子祭其適殤於其黨之廟，大夫以下庶子祭其適殤於宗子之家，皆當室之白，謂之陽厭。⑬亦即對於無後者以祔祭處之，並設立泰厲、公厲、族厲，供群姓祭祀。

㈡凶禮

凶禮之設，在於哀憫弔唁邦國之憂患，《周禮》〈春官·大宗伯〉記載：「以喪禮哀死亡，以荒禮哀凶札，以弔禮哀禍災，以禬禮哀圍敗，以恤禮哀寇亂。」亦即凶禮可大別為五：

1.喪禮

喪禮之設在於哀悼死亡，可大別為喪葬制度與喪服制度兩大項敘述之：

⑴喪葬制度

自古以來，送死為人生之大事，因而喪葬儀式多為人所關注，《儀禮》之〈士喪禮〉、〈既夕禮〉、〈士虞禮〉即專講喪禮儀式，今揀取重要儀式陳述之：

初終：病危之時，即將病人移於正寢，家屬守候於側，放置纊綿於口鼻之間以查驗氣息之有無，必待氣絕而可宣布命終，且男子不死於婦人之手，婦人不死於男子之手。

復禮：此為招魂儀式，乃生者祈求死者復生所做之最後努力。由招魂者穿著正式禮服，自象徵生機之東方上於屋脊之最高點，揮舞死者之衣裳，面向北方幽暗處，呼喚死者之魂魄歸來。竭盡心力反覆呼喊無效後，生者始由西方而下，承認死亡為無可挽救之事實。

沐浴、飯含：為死者淨身之前，需先掘坎以便處理所修剪之指甲、亂髮、角柶以及即將沐浴後之餘物。沐浴所用之潘水，需另築新堊燒煮，所用盆器必以新器為之，以防感染垢膩、褻瀆神靈，使能潔淨以歸。所使用之潘水，則「君沐粱，大夫沐稷，士沐稻」。⑭淨身之後，即行飯含之禮，使不虛其口，表達飽食之愛。飯含之物，則天子飯黍含玉，諸侯飯粱含珠，大夫飯稷含璧，士飯稻含貝。

襲尸與設冒：撤去飯含時覆面之巾，依循由上至下之順序，進行襲尸之工作，設掩、瑱、幎目，然後襲衣三稱，以褖衣在裡，親明衣，其次為皮弁服，而以爵弁服在外。仍然插笏於大帶，革帶更換為練帶緇辟，束衣之大帶，更改為無鉤之黑繒帶珠綠飾，僅以組束髮，不加冠笄。襲尸之後，則設冒套住全身以掩藏屍體，使整個形體裝裹於布袋之中，避免僵硬變形之屍體呈現眼前。

小斂與大斂：小斂於戶內，用衣十九稱，法天地之終數。著裝完畢，則以衾被裹尸、絞布收束。大斂後則入棺。先於棺內鋪席置衾，然後主人奉尸入棺。

停殯、成服：大斂入棺後，至出殯安葬前，謂之「停殯」。停殯之位置，三代各有不同：夏后氏殯於東階之上，殷人殯於兩楹之間，周人殯於西階之上。既殯之後，家屬分別按照自己與死者關係之遠近，穿著不同等級之喪服，謂之遵禮「成服」。

啟殯朝祖：下葬前一日，自殯宮啟殯朝祖，代表人子之禮，凡外出必面告父母，以盡孝子之情。由於順死者之孝心，且哀離其室，因而朝祖以辭行。殷朝而殯於祖，周朝而遂葬。

筮宅、卜日：春秋時期，不論貴族或庶人，均採族葬制。冢人與墓大夫，就墓地中昭穆位置適合死者身分者，選擇土壤厚薄、水泉深淺相宜者，提供死者葬處。墓地與葬期，皆須先行卜筮。古之土葬，有墓而無墳，周代以後，即封土為墳，且於墳前設立標誌以供憑弔。

執引、執紼與助葬：讀賵、讀遣之後，棺柩移上靈車。棺柩上安置三橫二直之大木棍，用粗繩綁緊，繩尾留長，以供下葬時執紼之用。另以大繩固定棺柩於靈車上，留下繩尾，以供弔於葬者能執引而行。二十至四十丁壯之人，則須助葬執紼、參與盈坎之事。

哭：從親始死，至三日而斂，由於痛哀至極，因而凡動尸舉柩，生者均「哭踊無數」。小斂之後，則配合情感變化，由「哭踊無數」而調整至「哭踊有節」，且可依官爵之順序或五服親屬之親疏關係，輪代哭泣，謂之「代哭」。大斂之後，停殯其間，早晚各有一次奠祭，謂之「朝夕奠」。奠祭之時，難免睹物思人而大哭一場，謂之「朝夕哭」。自壙而返，人事全非，則有盡情宣洩之「反哭」。虞祭之後，則為「卒哭」成事。

為銘、設重與作主：人死後，自天子至於士，均製作銘旌、書寫姓氏，以供辨識。襲尸之後，則行設「重」以為神魂之憑依。下葬之後，「銘」隨同入壙，「重」則代表「迎精而反」，隨主人返家進行虞祭，虞祭後，則作「主」以為神之象徵。

(2)喪服制度

完整之喪服制度，須兼含喪服與喪期而有之。設立喪服制度，即是以自我為中心，將所有環繞於我四周之族人，按照血緣關係之遠近、共同生活之久暫、彼此情感之厚薄，以上殺、下殺、旁殺之方式，規劃出各類親等，以便當喪事發生時，各不同親等之族人，可以穿著適合之喪服，藉以表達其哀痛之情，於是依據「親親以三為五，以五為九，上殺、下殺、旁殺，而親畢矣⑧⑤。」之原則，訂定斬衰、齊衰、大功、小功、緦麻之五服親等，規劃「親親、尊尊、名、出入、長幼、從服」為服術之六大原則，並區分「屬從、徒從、從有服而無服、從無服而有服、從重而輕、從輕而重」為從服之類別，⑧⑥於是服喪之制度因而確立。

至於喪期之畫分，主要以情感之厚薄為衡量原則，並配合自然界之運行變化，訂立至親以期斷之基準週期。然而子生三年，然後免於父母之懷，於是加隆其恩情，以父母為三年之喪，計二十五月而畢，可藉以圓滿人子更完整之思慕盡哀歷程。親屬間之恩情較淺者，則依次降等，於是期喪之下，有大功九月、小功六月、緦麻三月之等級變化，使人類情感變化之節度，可以與四時交替有常相配合。

2.荒禮

荒禮，乃指由於遭受自然災害，導致農作物歉收、受損與飢饉；或因疾疫流行，導致人民病亡，國家因而採行之救治措施。救濟荒札，則以減損禮儀、節制飲食為基本原則，此即《禮記》所云「歲凶，年穀不登，君膳不祭肺，馬不食穀，馳道不除，祭事不縣，大夫不食粱，士飲酒不樂。」⑧⑦

至於《周禮》則更提出荒政十二以救荒聚民：[88]

⑴散利：豐年時國家徵聚穀物，飢荒之年，則散之於民，或為種子、或為食用，至秋熟時歸還公庫。

⑵薄征：減輕歲賦。

⑶緩刑：由於饑寒所迫，人民容易犯法，為表哀矜之意，執法者應寬緩法律條款以為權宜。

⑷弛力：減免繇役。

⑸舍禁：開放平時禁止人民入內之山澤園囿，以供百姓採食，維持生計。

⑹去幾：廢除關卡徵稅。

⑺眚禮：減損吉禮中之禮數。

⑻殺哀：減損凶禮中之禮數。

⑼蕃樂：閉藏樂器而不作樂取樂。

⑽減損婚禮禮儀，使從簡結婚以互相救助、增殖人口。

⑾索鬼神：尋找造成凶荒之鬼神加以祭祀。

⑿除盜賊：與前之「緩刑」雙管齊下，穩定社會。

凶荒之後，多有疫癘滋生，因而大司徒之職，即謂「大荒、大札，則令邦國移民、通財、舍禁、弛力、薄征、緩刑」，採取節制飲食、減少娛樂之實際做為。

3.弔禮

災之範圍，所含甚廣，有日月薄食之天災，有山川崩竭之地災，亦有水旱疾疫之人災。若遭遇水火之災，則邦國之交有相弔之禮，且減損降殺禮數。亦有因災而行類祭、禱祠、巫舞歌哭以及祈禳之禮者。

4. 禬禮

若國之見圍、師之敗績，則同盟之國會合財貨以補諸侯之災，謂之禬禮。如澶淵之會，諸侯謀求歸送宋財，則是因禍災所致之禬禮。

5. 恤禮

若國家遭遇內亂外患，則當遣使存恤慰問之。

㈢賓 禮

賓禮，為接待賓客之禮，主要乃指天子與諸侯國以及各諸侯國間之交際禮儀，至於士之相見禮，亦為賓主相待之道，是故附於其後。究其類別，則可根據《周禮》〈春官．大宗伯〉：「春見曰朝，夏見曰宗，秋見曰覲，冬見曰遇。時見曰會，殷見曰同，時聘曰問，殷頫曰視。」所載，區分為朝覲禮、會同之禮與聘使之禮，另以相見禮附於其後：

1. 朝覲禮

賓禮之旨，在於和親邦國，而賓禮之大，則莫大於天子禮待前來朝覲之諸侯。朝覲之禮，乃所以明君臣之義，故曰：朝覲，然後諸侯知所以臣、所以教諸侯之臣也。㊾天子五載一巡守，諸侯則於其巡守之明年朝於天子為述職。諸侯朝天子，則四時有別，其儀有異，春夏朝宗之禮在朝，人君於堂下見之，以通上下之情；秋冬覲遇之禮在廟，人君於堂上見之，以正君臣之分。四時之朝各有旨意，因此〈秋官〉謂之「春朝諸侯而圖天下之事，秋覲以比邦國之功，夏宗以陳天下之謨，冬遇以協諸侯之慮。」[90]天子、諸侯雖名為君臣，位有尊卑，然而一往一來，禮無不答，天子且以賓禮親之，因而上下相通其情，而遠近交往和洽。

2.會同禮

會同之禮，於古無見，然而《尚書》有「四海會同」之文，[91]其義則為大朝覲。是故秦蕙田謂之：朝覲之禮，行於國中，所接見者，不過一方一服之諸侯，會同則六服偕來，為壇壝，宮於國外，五等諸侯同時旅見，又有祀方明及盟約之法，皆朝覲所無。[92]故知會同之禮，其義同於朝覲，至於規模則盛而大之，若會之於境外，則可與軍旅師田並舉。若天子、諸侯親自與會，則稱「大會同」，若各自派遣卿、大夫參加，則稱「小會同」。

會同之時，常有盟誓之儀。諸侯若有不順服者，王將征討之，則王於諸侯時見後，命為壇於國外，合諸侯而發九伐之法。王十二歲一巡守，若不巡守，則殷同。殷同，則六服盡朝，王亦命為壇於國外，合諸侯而明邦國之九法。因而大行人之職，當時會，則以發四方之禁；殷同時，則以施天下之政。

3.聘使禮

時聘，無常期，若天子有征伐之事，諸侯則遣大夫來問。殷覜，則有常期，諸侯按時使卿來聘，侯服年年朝，甸服二年一朝，男服三年一朝，采服四年一朝，衛服五年一朝，要服六年一朝。遣大夫來問，謂之小聘；使卿來聘，謂之大聘。因而大行人之職，即以時聘結諸侯之好，以殷覜除邦國之慝。

4.相見禮

〈王制〉載「司徒修六禮以節民性。」又言「六禮：冠、昏、喪、祭、鄉、相見。」93，以相見禮而與冠、昏、喪、祭並列，可見古人極注重交際之禮。可惜《儀禮》僅存〈士相見禮〉一篇，《禮記》中，亦僅存〈曲禮〉、〈少儀〉與〈玉藻〉留有遺跡。

今綜括上述資料，可知相見之禮，必經由介紹以通其誠，呈獻贄幣以厚其禮，彼此揖讓以致其敬，注重上交不諂、下交不瀆，相交以孚之誠信德性。因而贄見之禮，皆有象徵意義：士以雉為禮，取雉之能死其節；大夫以雁為禮，取雁之進退知時；卿以羔為禮，取羔之柔而有禮；諸侯以圭為禮，取圭之一度不易；天子以鬯為禮，取鬯之使德遠聞。彼此各能明志以相交，則天下治而社會平。

㈣軍禮

軍禮，主要指軍旅征伐之禮，若有違逆不馴之諸侯國，則以軍禮之威使其從。依據《周禮》所載，則軍禮之內容有五，94其中大均以平賦役、大役以興工作、大封以正疆域，論其職掌，當屬司徒、司空之職，其所以隸屬軍禮者，當以興師動眾，若能以軍法馭眾，則事易成，然而後世多不以賦役之事入軍禮，因而五種軍禮之中，又以大師與大田之禮最為重要。今述要於下：

1.征戰禮

出師征戰，其事盛大，需步步為營，因而出征前即須進行諸多祭祀活動，祈求出師順利：

(1)祀天：類祭。於郊外燔柴燎牲以上告天帝，表示恭行天罰以懲治罪人，並祈禱能凱旋歸來。

(2)祭地：宜社。征戰乃求保衛疆土，因而祭祀社神，祈求其庇護。

(3)告廟：造禰。告祭考廟（後代多祭於太廟），表示受命於廟，不敢自專。

(4)祭軍神、軍旗：禡祭。祭祀以牲，並以牲血塗抹軍旗、戰鼓。

經過一連串祭祀活動後，誓師於廟，並載遷廟主同行。凱旋榮歸，則需行祭於廟，將戰勝之功上報祖神。天子則宴享功臣，論功行賞，舍爵策勳，號稱「飲至之禮」。

2.田獵禮

在脫離以狩獵為主之生活型態，而進入農業社會後，進行田獵仍然有其重要價值，大而別之，田獵具有下列功能：為田除害，保護農作物不受禽獸之害；供給宗廟祭祀；藉以進行軍事訓練。周代四時田獵，分為春蒐、夏苗、秋獮、冬狩，乘農隙時進行，且以秋、冬為重，春、夏雖有其制，而未必皆行。

進行田獵前，需設奠於祖廟、禰廟，告知祖神即將有時田，表示慎重其事。田獵時，更需遵守相關規定，不得濫捕濫殺，倘若田不以禮，則謂之「暴天物」。田獵之禮，則如

〈月令〉所載：季春之月田獵，罝罘網羅畢翳餧獸之藥，毋出九門。孟夏之月驅獸，毋害五穀，毋大田獵。季秋之月，天子乃教於田獵，以習五戎，班馬政。仲冬之月，山林藪澤，有能取蔬食、田獵禽獸者，野虞教道之。其相侵奪者，罪之不赦。⑮而且如〈王制〉所載：天子不合圍，諸侯不掩群。獺祭魚，然後虞人入澤梁；豺祭獸，然後田獵；鳩化為鷹，然後設罻羅。不麛、不卵、不殺胎、不殀夭、不覆巢。⑯甚且可由田獵時包操圍捕之行動，訓練坐作進退疾徐疏數之節，進行教戰之準備。

另外，馬與征戰之關係密切，因而設有多類專職人員掌理馬政，且有春祭馬祖（天駟星，即房星，又稱龍馬。相傳馬之始生，其氣即本乎龍馬。）、夏祭先牧（養馬始祖）、秋祭馬社（始乘馬者）、冬祭馬步（災害馬者）之工作。

㈤嘉禮

嘉禮之設，在於和合人際關係，藉以溝通、聯絡彼此之感情，《周禮》謂之以親萬民，⑰今述其重要內容於下：

1.饗宴飲食禮

⑴饗（享）禮：行於太廟之內，烹太牢以享賓客，然而半解其體，設几而不倚，爵盈而不飲，肴乾而不食，藉以訓共儉。

⑵宴（燕）禮：行於寢宮，烹狗而食，體解節折，一獻四舉，旅降，脫屨升堂，無算爵，以醉為度，藉以示慈惠。

⑶食禮：通常指宗族之宴飫之禮，乃合宗族兄弟合族而飲，可區分為逢祭而食、以時而宴。

2.冠笄禮

冠禮為「成人」之禮，必須經過冠禮之儀式，始可正式參加家庭以外之社會活動，成為家族之正式成員，享有應有之權利與應盡之義務，因而古代極為注重冠禮。為求鄭重其事，在男子二十歲，生理趨於成熟，可以責以成人之道時，選擇黃道吉日，邀請德高望重之長者擔任加冠之嘉賓，為之舉行冠禮，期勉年輕人「為人子當知盡孝，為人弟當知敬長，為人臣當知盡忠，為人少當知尊長」，使具有孝悌忠順之優良品德。[98]

冠禮儀式中，前後加冠三次，每次加冠前，照例先有一番祝勉，然後再行加冠。始加緇布冠，代表正式授與「士」之身分，擁有「治人」之權利；次加皮弁，勉勵其培養武德，具有保疆衛土之能力；三加爵弁，期許其能體認家族生命之延續，增強對生命薪傳之歷史承擔。

為凸顯冠禮前後之不同，由擔任加冠之特別來賓為年輕人取字。經由「字」之取得，以增強其對於「冠德明功」之自我期許。

至於女子，則於許嫁時舉行笄禮，並為之取字，故稱男子二十冠而字，女子十五許嫁，笄而字。若未許嫁，則年二十而笄，由主婦為之著笄，而女賓以醴禮之。舉行過笄禮，亦開始以成人之禮待之。

3.昏禮

古代昏（婚）禮，須依循納采、問名、納吉、納徵、請期、親迎之六禮程序依次進行，亦即經由先之以媒聘、繼之以禮物、新郎御輪以崇敬、召宴僚友以重其別之公開儀式，而完成人生之大禮。

⑴納采：六禮之首。女方家長接受媒人致送之雁，表示接納男方采擇之禮。

⑵問名：問取女方之身分資料，以便於宗廟占卜吉凶。

⑶納吉：將宗廟占卜得吉之事通知女方。

⑷納徵：「徵」為「成」之意，表示婚事至此，已達成功階段。因此由男方準備厚禮以行聘，代表禮無虛拘之誠意；女方接受聘禮，代表信守不渝之承諾。以幣帛五兩，象徵陰陽和合、男女結褵祥瑞之意。

⑸請期：由男方挑選兩黃道吉日，再與女方商量以確定婚期。

⑹親迎：昏禮親迎，符應陽動陰靜之原理。新郎親自迎娶，代表對於女方日後幸福之承諾。新郎為婦御輪三周、揖婦而入，表現夫唱婦隨、夫妻親和之現象。

⑺成婦禮：在強調宗法之社會型態中，結婚非僅為男子娶妻，更為宗族娶婦，因而新婦必須經歷成婦之禮，受舅姑接納，始能成為此一家族之媳婦。亦即新婦必須於昏禮之次日，黎明即起，並以棗、栗、段脩為贄禮，表示日後將日日早（棗）起，以戰戰兢兢（栗）之戒慎態度，斷斷（段）然自我修（脩）飭，克盡為人婦之道。

4.射禮

射禮有四：一為大射，乃天子或諸侯將祭，因而於澤宮、射宮擇士所舉行之射禮。是故天子或諸侯與群臣射以觀其德，若其容體比於禮、其節比於樂，而數中者，則得與於祭；倘其容體不比於禮、其節不比於樂，而中少者，則不得與於祭。二為賓射，乃諸侯來朝，天子所舉行之射禮，或諸侯相朝所舉行之射禮。三為燕射，乃諸侯平日燕息所舉行之射禮。此三者為王公之「禮射」，乃臨時行禮之射。射禮之前，依照燕禮程序，先行納賓、獻賓、酬酢、奏樂或以歌唱娛賓，宴飲畢而後進行射禮。射箭之時，尚須以樂曲限制速度，天子以騶虞為節，諸侯以貍首為節，卿大夫以采蘋為節，士以采蘩為節。

至於第四種為鄉射，乃鄉大夫或州長平日於州序之習射，並於習射過程中，就下列五點考察射者之品德與能力，以供薦賢舉士之標準：射擊時是否志正體和、進退周旋時容貌是否中禮、射擊是否準確、射時是否與樂歌和節、射擊時之弓矢舞姿如何。鄭玄謂此鄉射禮為「散射」，且舉行鄉射禮之前，必先行鄉飲酒之禮。⑲

5.鄉飲酒禮

行鄉飲酒禮見於經傳者有四，前三種均見於《周禮》〈地官〉：

(1)鄉大夫：三年大比，獻德行道藝之賢能者於王，因而以禮禮待受薦舉者。《儀禮》〈鄉飲酒禮〉所載，即此鄉大夫禮賓之禮。

(2)州長：春秋之時以禮會民，而射於州序。進行鄉射禮前，則先舉行鄉飲酒。

(3)黨正：國索鬼神之年終蜡祭，則以禮屬民而飲酒於序。席位講求年齒長幼：如六十者坐，五十者立侍。又如：一命之官，按鄉里賓客中之長幼順序入座；二命之官，按同姓賓客中之長幼順序入座；三命之官，則不必與其他賓客比較年齡，可以入東首上位。

(4)鄉大夫、士飲其國中賢者：雖然經無正文，然而比類而推，〈鄉飲酒義〉所記鄉人、士、君子共飲之事，當大約與鄉大夫禮待賢能者相似。

6.養老尊老禮

養老，乃所以成尊老之實。此養老尊老之禮，自唐虞夏商以來，即已重之，至於周而大備。該禮散見於〈王制〉、〈月令〉、〈內則〉、〈樂記〉、〈祭義〉諸篇，〈文王世子〉則記之尤詳，今撮其要而言之：

凡大合樂，必遂養老。因而於每歲仲春，舍菜合舞，天子帥三公九卿諸侯大夫親往視之，擇公卿大夫之致仕、有賢德者為三老五更，以行養老之禮。而養老之禮，有虞氏以燕禮，夏后氏以饗禮，殷人以食禮，周人則脩而兼用之，因此天子有袒而割牲、執醬而饋、執爵而酳群老者。禮之始，先行奏樂以迎諸老入席，樂闋，則行養老之禮。獻食敬酒之後，則歌清廟之詩，歌畢，則言父子君臣長幼之理以合德音。禮成，而天子命諸侯卿大夫等，歸而行養老之禮於各國學。五十者養於鄉，六十者養於國，七十者養於學；此禮且上達於諸侯。至於季春之末，擇吉日而大合樂，亦行養老之禮；仲秋之月，則養衰老以順時令，並授之几杖而為之行糜粥飲食。故知天子一歲而三養老。

天子養老之對象有三：夏官之羅氏羅春鳥、獻鳩以養之者，為國老；司徒以保息養之者，為庶老；私門以其財養之者，為死政者之老。

養老之場所：有虞氏養國老於上庠，養庶老於下庠；夏后氏養國老於東序，養庶老於西序；殷人養國老於右學，養庶老於左學；周人養國老於東膠，養庶老於虞庠（國之西郊）。

尊老之舉：朝廷中——同爵則尚齒；年七十則可杖於朝；八十則不俟朝，若有君問，尚須就教於其居所。道路中——見有老者，則車避於道旁；有斑白者負重於途，則趨而代其勞。州巷內——居鄉以齒，老窮不遺，強不犯弱，眾不暴寡。軍旅中——同爵則尚齒。獀狩——五十不為甸徒，而頒禽則以長者為隆。

至於一般庶人之老，無法遍養於學，則為之制民田里、教之樹桑養畜，則老者可以衣帛食肉、不饑不寒。

四、禮儀制度所透顯傳統文化之特質

禮儀制度之設立，乃制禮者對於抽象禮義之落實，是以其主體精神，即在於體現天地之至理、人倫之大序，成就文化之內涵，因而透過禮儀制度中對於禮義之抽繹，可以凸顯我文化之特質。今謹述之於下：

㈠講求天人和融與物我相諧

殷商時期，中國已進入農耕時代，因而對於自然天象之變化，必須觀察入微，以期逃避天害、增加作物生產。由於實地觀測與經驗累積，商代對於預測氣象之變遷，已具備相當能力，因而對於變幻莫測、無時或已之皇皇上天，具有既畏且敬、尊崇欽仰之虔誠意識，是故唐君毅認為中國文化之特色，無論哲學、道德與政治之精神，皆直接源自原始敬天之精神而開出。[100]

由於農業生活講求長期安居、勤奮力耕，因而在生於斯、長於斯、樂於斯之自然情感下，容易培養重盡己力、喜好和平之民族特性；更由於農業生產與天象氣候之關係密切，因而容易養成盡人事聽天命、與自然和諧共榮、樂天以知命之文化性格。亦即以敬天祀天為主軸，連及其他天神、地祇等自然神亦皆有祭，從報本反始之祭禮，感受天人相融、物我相諧之情懷。

深入祭禮之現象，更可驗證天人相融、物我相諧之痕跡：

卜辭中，帝具有掌管自然天象、農業生產與人間禍福之無尚權威。而類似此帝之主宰權利，則少數先王先公亦擁有此能力，有些先妣、舊老臣亦可降災或賜福人間，亦即諸如此類之人間強權者，由於生前用物精多，則魂魄強、威能大，至其死後之神靈亦隨之強盛，因而其主宰能力可與帝相敵；此即由功能上顯示宗祖神與上帝天神之可接近性，說明天與人之非截然相隔。

至於地祇與人祖之合融，則卜辭多有以土為受祭主者，而殷之先公有相土，「土」為先公之名，則地祇土神與人祖相土亦有交攝之現象。而山川之祭，則先公先祖河、岳，於卜辭中所見，亦可能為山川之神，故知地祇之祭祀系統，雖本屬於自然神，然而亦與人祖有交融。是故陳夢家對於此天神、地祇與人鬼之合流現象，謂之：商周二代之天神擬人格化，及祖考之擬天神化，交流而成天人合一、天神並重之觀念。[101]

周代以後，由於人之理性覺醒，因而天神地祇之神權色彩亦相對削減，稱周王為天子，意謂人王為上天之子，代表天與人之合融一氣。且周王朝大力推崇周始祖之功德，注重飲水思源、報本反始之觀念，是故祀天而得以始祖后稷為配，祈穀而得以農神稷享食；等此而下，則祭五帝而有五人帝配享，且有五人神配食，使天神地祇更富人格化色彩，縮短天人間之距離，並以皇天、后土之對應關係，增強天時與人事之結合。

周文親親，尤其注重宗廟祭禮，將祭祀回歸於人子對祖先之認同、感恩、珍惜與回報，並注意人與天地萬物之和諧關係。因此祭祀之前須先行齋戒，摒除一切雜務，收束散放之心志，以專心思念親人。齋三日，由於思茲念茲，於是意之所在、象為之顯，斯可見其所為齋者。祭之日，入室，則僾然必有見乎其位；更配合祭尸之欣然醉飽，因而恍惚間親人如立在前，於是人子庶幾可與鬼神相感通，故而祭之時，「其立之也，敬以詘；其進之也，敬以愉；其薦之也，敬以欲。退而立，如將受命，已徹而退，敬齊之，色不絕於面。」[102]人子與祖神之相契交融，此時可以完全實現，於是事死如生、事亡猶存，祭者與享食者二者契合不隔。

祭祀所需之各項器物，則因時制節而各稱其宜、依事制舉而隆殺有秩，取法天象與地勢，所祭各以其方，顯現人與萬物之相諧。八蜡之祭，報本而反始，合聚萬物而享之，最能流露人對於萬物感恩之義，凸顯人與萬物相諧之情：主先嗇而祭司嗇也，祭百種以報嗇也，饗農及郵表畷、禽獸，仁之至、義之盡也。古之君子，使之必報之：迎貓，為其食田鼠也；迎虎，為其食田豕也；迎而祭之也。祭坊與水庸，事也。曰：土反其宅，水歸其壑，昆蟲毋作，草木歸其澤。[103]以此大報本之祭，饗萬物之神靈，更期望水土蟲木等皆能各得其所，因而人與天地萬物之關係，乃親和協調、物我相諧，凸顯我文化仁德愛物、厚德諧物之特質。

(二)注重禮樂相須與陰陽並濟

由於人本於自然而生，因而一切制作律法，必以天地為據，由此而觀陰陽之大變，而明四時之轉化，察日月星辰之運行，區以別之則有月分之自然輪替；察之於人世，則以鬼神為能感通之伴侶，析而區之則人與鬼神皆以五行為本質，故能感而相通；於是用世之道，則以禮義之原則為處世之工具，而以世人之情實為耕耘之對象。是故〈禮運〉謂之：

> 以天地為本，故物可舉也；以陰陽為端，故情可睹也；以四時為柄，故事可勸也；以日星為紀，故事可列也；月以為量，故功有藝也；鬼神以為徒，故事有守也；五行以為質，故事可復也；禮義以為器，故事情以為田，故人以為奧也。[104]

總觀聖人制作律法之依據及其所達成之效果，歸納其要，則以天地陰陽二氣之變化為主體，成就一切相反相異、相輔相成之現象，化為制度，則以禮樂成其實。是故禮樂思想，位居我文化之樞紐地位，涵蘊複雜之教化功能。故《周禮》載：

> 以天產作陰德，以中禮防之；以地產作陽德，以和樂

> 防之。以禮樂合天地之化、百物之產，以事鬼神，以諧萬民，以致百物。⑩⑤

《漢書》亦謂聖人之制作禮樂，云：

> 象天地而制禮樂，所以通神明、立人倫、正情性、節萬事者也。⑩⑥

由於禮樂取象天地之化，因而兼涵陰陽相異之二德。復以其能兼涵陰陽，遂以陰陽和合之故，以致可以協和萬民，並使人與天地鬼神可以相感通；更以陰陽別異之用，故而可以正人倫、致百物、節萬事。是故《禮記》云：

> 天高地下，萬物散殊，而禮制行矣。流而不息，和而同化，而樂興焉。春作、夏長，仁也。秋斂、冬藏，義也。仁近于樂，義近于禮。樂者敦和，率神而從天。禮者別宜，居鬼而從地。故聖人作樂以應天，制禮以配地，禮樂明備，天地官矣。⑩⑦

禮，取法於天，乃自然界之秩序在社會生活中之體現；樂，取法於天，為自然界之運動在社會生活中之體現。由於天體之運行周而復始，於是有四時之變化循環不已。春夏之間，陽氣發動，代表上天健動不已之仁德；秋冬時節，陰氣凝結，代表天地肅殺斂藏之義氣。於是作物在生長與收斂之兩種相對作用中，完遂其生長週期。天地間之萬物，就現象而言，實品類殊異而散居各處；然而就性質而言，則皆能應合陰陽變動之原則而生生不已。亦即萬物因宇宙之化分作用，而造就分殊有序之物類；復以各相異物類中之合同作用，而類聚相濟相須之統類。此「散殊」與「合同」之相異作用，即與天地之陰陽相對應，而統合於一更高之自然法則下，形成中和平衡之狀態。而此禮樂相須、陰陽並濟之現象，化為實際，則以禮規畫制度，且配合樂舞以行，因而五禮之施行，多以樂配之。今從大司樂之職，即可得禮樂相行之實：

> 乃奏黃鍾，歌大呂，舞雲門，以祀天神。乃奏大蔟，歌應鍾，舞咸池，以祭地示。乃奏姑洗，歌南呂，舞大磬，以祀四望。乃奏蕤賓，歌函鍾，舞大夏，以祭山川。乃奏夷則，歌小呂，舞大濩，以享先妣。乃奏無射，歌夾鍾，舞大武，以享先祖。凡六樂者，文之以五聲，播之以八音。凡六樂者，一變而致羽物及川澤之示，再變而致蠃物及山林之示，三變而致鱗物及丘陵之示，四變而致毛物及墳衍之示，五變而致介物及土示，六變而致象物及天神。[108]

由於禮樂之相對作用，因而可得天地陰陽之和氣以化生萬物，且於醞釀化育之中，呈現井然有序之理，是故推極禮樂至最高點，即可對萬物產生至精微妙之效，此即《禮記》所云：

> 大人舉禮樂，則天地將為昭焉。天地訢合，陰陽相得，煦嫗覆育萬物，然後草木茂，區萌達，羽翼奮，角觡生，蟄蟲昭蘇，羽者嫗伏，毛者孕鬻，胎生者不

> 殰，而卵生者不殈，則樂之道歸焉耳。⑽

由於統治者能掌握「窮本知變、著誠去偽」之至誠工夫，而達於「情理不可變易」之程度，以此至誠者推行具體之樂章儀禮，則其極致，可使各種生物感受天地間生生之德，而得以順適伸展，以達「樂」之最高境界——致於中和，而天地得其位，萬物成其育。因知禮樂之全體大用，即在於《禮記》所云：

> 及夫禮樂之極乎天而蟠乎地，行乎陰陽而通乎鬼神，窮高極遠而測深厚。樂著大始，而禮居成物。著不息者天也，著不動者地也，一動一靜者天地之間也。故聖人曰「禮樂」云。⑾

故知樂動而禮靜，代表天地之間更迭相續、相容相攝之相異作用，因而將禮樂推至極致，則可達於窮神知化之境界，可以繁衍庶物眾生，使天人相感、人鬼相通、物我相諧，掌握宇宙之律動，至於保和大和之境。

於此注重中和之禮樂思想孕育下，則人文之涵養，可上升而以「太一」之終極原理為最高依歸，因而表現於外之生活態度，則為雍容大度、寬和涵融，是故此一至廣大而極周遍之文化特質於焉成立。

㈢注重宗族倫理與崇德報功

宗法制度，將人與人之關係組合成縱橫交錯之人際網路，於此生命網路中，各成員間彼此具有血緣關係，且由於朝夕相處，因而自然具有感情，懂得彼此照顧與扶持，然而因相處所導致之摩擦，亦難以避免，是故如何敦睦宗族間之感情，即為古代生活之重心，故而推行宗族倫理，即為順當之道德要求。

由於以血緣為本位，因而宗族倫理即凸顯血緣道德之色彩，以「孝」為主體，講求「孝弟」道德之實踐。是故古者重冠禮、敬冠事，因而行禮於宗廟，將責其能行成人之禮，可以實踐孝弟忠順之德。昏禮，則為合二姓之好，上以事宗廟，下以繼後世；因而男女結婚，其義非主男子娶妻，實乃宗族取婦，是故古之昏禮特別注重成婦禮，以承認女婦為宗族婦；彰明婦順之道，要求女婦能順於舅姑、和於室人；又申之以著代，以明其具有延續宗族薪傳之重責大任。喪禮之設，儀式雖繁複瑣細，然而各項儀禮節目皆稱情而立文，以行孝子之志，而顯人情之實，藉以上報父母恩德。祭禮之行，則所以追養繼孝，[111]反本修古而不忘其初，[112]尤其大禘之所祭，上達遠祖、下及親廟，以仁昭穆，以和宗族，尊卑有等、長幼有節、宴飲有序，其禮尊大、其義深遠。故而追遠之祭禮，即在於表達對於親人長久不渝之感情、緬懷先人之德澤，從尊重歷史之傳承而體認生命薪傳之意義。倘若對於逝世之親人，尚能保有敬事仁愛之情，能事死如生、事亡猶存，則孝道之發散，即化為溫馨醇厚之人道展現，因此〈祭統〉謂之：

> 夫祭有十倫焉：見事鬼神之道焉，見君臣之義焉，見父子之倫焉，見貴賤之等焉，見親疏之殺焉，見爵賞之施焉，見夫婦之別焉，見政事之均焉，見長幼之序

焉，見上下之際焉。[113]

源於孝子思親情懷而有之祭禮，擴而充之，則為關乎人倫政教之禮儀，具有化民成俗之功用，故知祭禮為施行教化之本。相對於此縱向之血緣道德，則亦有橫向之血緣道德——弟，於平輩中講求兄友弟恭之德。本於自然情感之「孝弟」宗族倫理，則可類化至其他人際關係，藉以穩定社會秩序。是故《大戴禮記》謂之「未有君而忠臣可知者，孝子之謂也。未有長而順下可知者，弟弟之謂也。未有治而能仕可知者，先修之謂也。故曰：孝子善事君，弟弟善事長。君子一孝一悌，可謂知終矣。」[114]由於宗法制度之聯繫家族團體與政治團體，因而「孝弟」之自然道德，可以順利過渡至「忠順」之政治道德。

「孝弟」雖為宗族倫理之根本，然而宗族倫理並非僅有「孝弟」二德。所謂「父慈、子孝，兄良、弟弟，夫義、婦聽，長惠、幼順，君仁、臣忠」，《禮記》謂之「人義」，且言聖人必須制禮以修之，[115]可知此十大「人義」中，有本末先後之分，且欲言倫理道德，實須以自我之要求為始，因而舉其要、立其本，以「孝弟」為言，兩兩相對，各不同角色地位之成員，皆各有其應具之倫常義理，而始終未主張片面道德。

至於報祭之禮，起源甚早，展禽謂之可上推於虞夏之時，且可與禘、郊、祖、宗並列，成為五種國家祀典，並以崇德報功為最終依歸。[116]虞夏之時，為傳說時期，不知其所傳之說確實與否，然而卜辭中則確有報祭之事，且報祭之對象不以先祖為限，而廣及有功舊臣。由於接受報祭之先公先王，多為英明賢能、功績卓著之先祖，故知報祭即為報德之祭。至於周代，由於注重人文崇祀，因而更重視受祭者之德業事功。對於有功者，當其在世時，即書之於王旌、載之於太常，使眾人得以識其人與功；當其沒時，則於對先王進行大烝祭時，一併祭祀此對邦國有功者，使後代子孫得以念念其德。於功臣而言，由於死後能有配享之尊隆，因而可以激勵為人臣者致力國事，使具有鞠躬盡瘁、死而後已之決心，因而《禮記》記載制祀之標準云：

> 夫聖王之制祭祀也，法施于民則祀之，以死勤事則祀之，以勞定國則祀之，能禦大災則祀之，能捍大患則祀之。帝嚳能序星辰以著眾，堯能賞均刑法以義終，舜勤眾事而野死。鯀障鴻水而殛死，禹能脩鯀之功；黃帝正名百物以明民共財，顓頊能脩之；契為司徒而民成，冥勤其官而水死，湯以寬治民而除其虐，文王以文治，武王以武功去民之災。此皆有功烈於民者也。非此族也，不在祀典。(117)

由於慎制祀，因而能入於國之祀典者，皆屬有功烈於民者。當其生，王贈之以功勳；當其沒，王賜之以配享。王之厚報此功德，可以慰答功臣、勸進後之來者，亦可以彰顯為政者仁親、敬臣、愛民之仁德，敦厚王者為政以德、敬臣以禮、使民以仁之王者風範。除卻此對於人之報祭，更有圖報天地萬物之功者：天地有生民、養民之功，因而取材於地、取法乎天，乃藉以尊天而親地，教民美報其功。至於天地所附之諸多神祇，亦皆以其有功於生民與作物，是故祭以報其功。

至於歲末年終之蜡祭，更可以培養珍惜物力、有恩必報之厚德。

由〈祭法〉與〈魯語〉所載禘、郊、祖、宗之對象，可知各氏族所祭，乃各族之英雄人士，亦即祭祀對象之選擇，先以親親為原則，再擴而推之，遂有尊尊之禮。至於融貫親親與尊尊之核心，則以賢賢之義居其要，於是確立周代以道德為尊、人倫為本之政治教化原則。更由於文、武二王，乃周王朝受命、成命之功德主，於周族為親親；五代之後，則由於遠親之故而為尊尊；且其功勳近而可見，當為賢賢；是故周文立教，極力崇揚文、武之德，為之設立祧廟，永世不毀，於是融親親、尊尊、賢賢三者於一爐，永垂後世典範，成為周文重德之最佳表徵。

㈣注重敬老尊賢與敦睦邦里

人生三十為壯，四十為強。壯與強為人生之極盛，過此則衰，是故自此以往，當有養老尊老之禮以扶其衰，以明王者親仁之義。然而觀乎古代人才之培養，成年後，經歷壯年時期之歷練，則四十可出而為官、服務大眾；五十則以官政經驗豐富，且能通情練達，而可授與爵位、封為大夫；六十則漸入老年，體力日衰，因此奔走之役有所不適，然而由於各項行政經驗豐富，且能洞察人情世故，因而適合指導後進之士；年至七十，則已邁入衰老期，適宜功成身退、卸去職務而傳棒後人，[118]若人君有垂詢，尚須親赴居所以表禮敬。故知人於年五十以後，則由於德性已日趨圓滿，且漸掌要職，成為社會之重要人力資源，因而尊禮此長者，即擁有發展社會之後盾。是故唐虞三代之文獻所載雖然各有所貴，如有虞氏貴德、夏后氏貴爵、殷人貴富、周人貴親，然而若夫年齒之尚，則行乎萬世而不變；[119]其中原委，即在於年齒之增長與人才之養成具有極大之正相關。

天子養三老五更，尊之如父兄，其旨在於陳孝悌以教天下，此即〈大學〉所言「上老老而民興孝，上長長而民興弟。」[120]百姓能行孝弟，則家族倫理鞏固，社會秩序安定，故云：「先王之所以治天下者五：貴有德，為其近於道也；貴貴，為其近於君也；貴老，為其近於親也；敬長，為其近於兄也；慈幼，為其近於子也。」[121]亦即敬老尊賢之美德，其實已得治天下之道者四：衰老，為生命轉化之必經歷程，因而踐履敬老之美德，實乃凸顯人對於生命成長與衰退現象之尊重與關懷；更從實踐人倫親親、長幼有序之家族倫理中，可以養成仁厚之德性、建立人倫秩序之觀念，且由天子起而行之，上行下效，更能收風吹草偃之效果。尤其天子能養死政者之老，更能凸顯仁君恤民之王者風範，藉以鼓舞天下為人父母者，當教導子弟具有盡忠職守、鞠躬盡瘁之死事態度，為社會大眾服務，得到為政之實質效益。

在「為政以德」之政治原則下，「有德者宜在高位、且應在高位」為古代施政之理想，因而「貴有德」、「貴貴」即是對於德位之尊崇，亦即是尊賢之事實。是故《白虎通》以所謂「三老」者，乃明於天地人之道而老者；所謂「五更」者，言其明於五行之道而更事者。[122]能明乎天地人三才之道與五行變化之理，則能洞悉宇宙變化之至理、古往今來人世變遷之大道，而為「知道」者。是故尊崇賢者能明天下之至道，且能以其近於君之職位，實現治道之原理，因而可以使政道更趨近於天下之大道。至道之發揮與闡揚，實為文化之主體內容，因而實踐尊賢之事實，即可顯現我文化以尊德明道為本質之特色。

另外，凶禮中之荒禮、弔禮、禬禮、恤禮，賓禮中之朝覲禮、會同禮、聘使禮、相見禮，嘉禮中之饗宴食禮、射禮，以及鄉飲酒禮，皆具有敦睦鄰邦、親和鄉里之作用。至於軍禮中之田獵禮，其最高宗旨，則在於培養真正具有仁德與武德之人才，從網開一面、不趕盡殺絕之實際行動，說明最高之武德，在於擁有停止戰事，且與鄰邦能和睦相處。

五、結論——傳統文化非無用之包袱

天之所覆、地之所載，而人生於天地之間，是故人須立足於天幕之下，以大地為活動舞臺，仰賴天地間一切資源而生存。因而如何順應天地自然之道以自求發展，且思索以人文之方式化成天下，即為人生之重要課題。傳統文化之締造，即由於古聖先賢之仰觀俯察，而明天地造化萬物、生養萬民之事實，於是開出「敬天法地」之文化系統。至於人，且唯有人，方能盡心知性以知天，因而可以繼體天地之生生大德，上體天道至誠無息之性，秉承元亨利貞之德，成就載物成物之特性，開務成物而化成天下，以人德而繼天德。因而天地人三者之關係，乃互為連鎖，並以人為樞紐，且因天地人並稱三才，故三者相輔相濟以成宇宙之大業。是故文化之內涵，若能注重和諧此三者之關係，懂得講求和諧天地自然之道，且能開展人文化成之人道者，則能立於不敗之地，其間縱有短視近利者橫加鄙薄，然而終有其不朽之價值。

天地之道，高明博厚、悠久無疆，不見而章、不動而變、無為而成，⑫③故為生民之本。⑫④甚且由於天德可以統地德，因而一言「敬天」、「法天」，即所以禮敬此天地生民之大本，且可以將此天地生生之德，內化為一己之仁德與厚德，以立文化之大本，進而開出一切政治、道德與哲學等人文系統，並孕育各種德業慧命之人格類型，造就多向度之文化性格。復以此天德之仁，禮敬自我生命所從出之本源，則尊祖孝親之仁愛之情，可以類化為仁民愛物之敦厚情懷，可以體會生命薪傳不絕若縷之歷史意義。至於人與人之橫向對待關係，則表現於日常生活與一切社會政治等活動中，因而在講求敬慎勿怠、寬容勿矜之自我道德涵養外，更益之以禮讓忠信之道德要求，於是以朝覲聘問之禮儀，實踐禮尚往來、相交貴誠之相處之道。至於藉由鄉飲酒禮、養老禮，更可以培養敬老尊賢之美德、實踐長幼有序、尊卑有等之倫常，化戾氣為祥和，達到親和鄰里之目的。更由於禮儀之進行，乃禮樂相行、詩舞相伴，因而遵行禮儀制度，可以涵融優游自得之藝術情操，藉以培養溫文儒雅之氣質。

凡此種種，皆禮儀制度和諧天人之例，其蘊藏之義理，乃所以成天地之理序與人倫之規章，雖運諸萬世，有不可易者，至於其可變者，則僅在於「禮數」耳。因而如何更易古代禮制之「禮數」以適應時代之需求，而闡揚其「禮義」精神以提昇人倫之義理、體現天地之理序，則為關心人類文化者所應致力之事，切不可因未加認識、不明其義，即以傳統文化皆為過時之毒瘤，去之而後快。當韋伯強力推薦儒家倫理對於穩定社會秩序之效果，我輩是否應當思索：吾等對於我傳統文化之認識，所知有幾？或許，當吾等能深切體認我傳統文化之包袱內，隱藏有先聖先賢之生命智慧，足茲藉以轉化我生命型態時，則我傳統文化之包袱，將是甜蜜之負擔！

（本文原載花蓮師院86年10月慶祝50週年校慶《國際人文年刊》第7期）

註釋

① 其詳參見唐君毅：《中西文化之精神價值》（臺北：正中書局，1953初版，1991二版八刷）。

② 《禮記》〈曲禮上〉，見於漢．鄭玄注，唐．孔穎達等正義：《禮記正義》，收入《十三經注疏》（臺北：藝文印書館，1985），頁14。

③ 《禮記》〈禮器〉，頁459。

④ 《禮記》〈中庸〉，頁897。

⑤ 《禮記》〈郊特牲〉，頁504。

⑥ 《左傳》〈昭公五年〉，見於晉．杜預注，唐．孔穎達等正義：《春秋左傳正義》，收入《十三經注疏》（臺北：藝文印書館，1985），頁745。

⑦ 《論語》〈八佾〉，見於魏．何晏等注，宋．邢昺疏：《論語注疏》，收入《十三經注疏》（臺北：藝文印書館，1985），頁28：「周監于二代，郁郁乎文哉！吾從周！」

⑧ 《禮記》〈樂記〉，頁696：「武王克殷，反商。下車而封夏后氏之後于杞，投殷之後于宋。」漢．董仲舒：《春秋繁露》〈三代改制質文〉，見於清．蘇輿：《春秋繁露義證》（臺北：河洛圖書公司，1963），頁140：「下存禹之后于杞，存湯之后于宋，以方百里，爵號公，皆使服其服，行其禮樂，稱先王客而朝。」漢．班固：《白虎通》〈論存二王之後〉，卷8，見於清．陳立：《白虎通疏證》，收入《續經

解三禮類彙編(一)》(臺北:藝文印書館,1986),頁511,更有詳細討論。

⑨《論語》〈述而〉,頁60:「甚矣,吾衰也!久矣,吾不復夢見周公!」

⑩清·段玉裁:《說文解字注》(臺北:蘭臺書局,1972),頁429。

⑪清·段玉裁:《說文解字注》,頁388。

⑫漢·董仲舒:《春秋繁露》〈三代改制質文〉,見於清·蘇輿:《春秋繁露義證》,頁144。

⑬其詳參見《禮記》〈樂記〉,頁696。

⑭其詳參見《周禮》〈天官·冢宰〉,見於漢·鄭玄注,唐·賈公彥疏:《周禮注疏》,收入《十三經注疏》(臺北:藝文印書館,1985),頁10之鄭注。

⑮歷來學者對《周禮》的作者問題,主要採取三種說法:周公所作、戰國時之作、劉歆偽作。

⑯周師一田:〈周禮述要〉,見於高師仲華編:《群經述要》(臺北:黎明圖書公司,1985),頁59~71。

⑰《禮記》〈郊特牲〉,頁508:「祭有祈焉,有報焉,有由辟焉。」

⑱《禮記》〈祭統〉,頁830。

⑲其詳參見李孝定:《甲骨文字集釋第一》(臺北:中研院史語所,1991),頁25~31。郭沫若:《郭沫若全集·歷史篇》〈先秦天道觀之進展〉(北京:人民出版社,1984),頁329。

⑳其詳參見胡厚宣:〈殷卜辭中的上帝和王帝〉,《歷史研究》,1959年第9期,頁24~25;《甲骨學商史論叢初集(上)》〈殷代之天神崇拜〉(臺北:大通書局,1973),頁283~290。陳夢家:《殷虛卜辭綜述》(北京:中華書局,1988),頁582。

㉑《禮記》〈禮器〉,頁455:「有以下為貴者,至敬不壇,掃地而祭。」

㉒ 郊天之祭，其詳參見《禮記》〈郊特牲〉，頁497～500。

㉓ 如〈天官．大宰〉，頁35；〈地官．大司徒〉，頁162；〈地官．充人〉，頁197；〈春官．小宗伯〉，頁290；〈春官．司服〉，頁323；〈秋官．大司寇〉，頁518；〈秋官．小司寇〉，頁525；〈秋官．士師〉，頁527。

㉔ 其詳參見胡厚宣：〈殷卜辭中的上帝和王帝（上）〉，《歷史研究》，1959年第9期，頁48；周師一田：《春秋吉禮考辨》（臺北：嘉新水泥公司，1970），頁123～124，亦有詳載方帝之祭。

㉕ 清．孫詒讓：《周禮正義》（臺北：藝文印書館，不著年代），卷36，頁3447。

㉖ 其詳參見《禮記》〈月令〉，頁286、307、323、341。

㉗ 清．秦蕙田：《五禮通考》，卷1，頁11，引程子言：「帝者，氣之主也。」

㉘ 其詳參見陳夢家：《殷虛卜辭綜述》（北京：中華書局，1992），頁573～574。

㉙《大戴禮記》〈保傅〉，見於清．王聘珍：《大戴禮記解詁》（北京：中華書局，1983），頁53。

㉚《禮記》〈玉藻〉，頁543。

㉛《禮記》〈祭義〉，頁812。

㉜《周禮》〈春官．小宗伯〉，頁290，賈公彥疏：「後鄭注云：『四類，日月星辰者，以其言類，明以氣類而為位以祭之。』故知是日月之等。」

㉝《國語》〈魯語下〉（臺北：里仁書局，1981），卷5，頁205。

㉞《周禮》〈春官．典瑞〉，頁313。

㉟《逸周書》〈作雒〉，收入《四部叢刊正編》第14冊（北京：商務印書館，1979），頁30。

㊱《儀禮》〈覲禮〉，見於漢．鄭玄注，唐．賈公彥疏：《儀禮注疏》，收入《十三經注疏》（臺北：藝文印書館，1985），頁331。

㊲《禮記》〈月令〉，頁343。

㊳《左傳》〈昭公元年〉，頁706。

㊴《周禮》〈春官．大宗伯〉，頁270，鄭注、賈疏。

㊵清．秦蕙田：《五禮通考》（臺北：聖環圖書公司，1994），卷35，頁3。

㊶清．秦蕙田：《五禮通考》，卷35，頁5。

㊷《周禮》〈春官．天府〉，頁311：「若祭天之司民、司祿，而獻民數、穀數，則受而藏之。」

㊸《周禮》〈春官．大宗伯〉，頁273，賈疏。

㊹其詳參見金景芳：〈中國古代思想的淵源〉，《社會科學戰線》，1981年第4期。

㊺《毛詩》〈小雅．甫田〉，見於漢．毛公傳，鄭玄箋，唐．孔穎達等正義：《毛詩正義》，收入《十三經注疏》（臺北：藝文印書館，1985），頁468。

㊻《周禮》〈春官．大祝〉，頁389；《禮記》〈王制〉，頁236。

㊼《周禮》〈春官．大祝〉，頁389。

㊽《周禮》〈春官．大祝〉，頁389；《禮記》〈王制〉，頁235。

㊾《尚書》〈周書．洪範〉，見於漢．孔安國傳，唐．孔穎達等正義：《尚書正義》，收入《十三經注疏》（臺北：藝文印書館，1985），頁169。

㊿其詳參見杜師正勝：《古代社會與國家》（臺北：允晨圖書公司，1992），頁114～116，指出《詩》之〈良耜〉、〈信南山〉、〈甫田〉、〈大田〉、〈楚茨〉諸篇章，均描寫周代黍稷農作之事。

51《禮記》〈祭法`，頁802。

(52)《左傳》〈昭公二九年〉，頁925。

(53)其詳參見唐．杜佑：《通典》（臺北：鼎文書局，1935），卷45，頁429。

(54)其詳參見周師一田：《春秋吉禮考辨》（臺北：嘉新水泥公司，1970），頁67、69。

(55)其詳參見清．秦蕙田：《五禮通考》，卷46，頁1。

(56)《國語》〈晉語〉（臺北：里仁書局，1981），卷14，頁466：「昔成王盟諸侯于岐陽，楚為荊蠻，置茅蕝、設望表，與鮮卑守燎。」韋注：「望表，謂望祭山川，立木以為表，表其位也。」《周禮》〈春官．男巫〉，頁400：「望衍授號，旁招以茅。」

(57)清．黃以周：《禮書通故》〈群祀禮〉（臺北：華世出版社，1976），頁386。

(58)《禮記》〈祭法〉，頁797：「諸侯在其地則祭之，亡其地則不祭。」《公羊傳》〈僖公三一年〉，見於漢．何休注，唐．徐彥疏：《春秋公羊傳注疏》，收入《十三經注疏》（臺北：藝文印書館，1985），頁157：「諸侯山川有不在其地者，則不祭。」

(59)《周禮》〈春官．大宗伯〉，頁272。

(60)《儀禮》〈覲禮〉，頁331。

(61)《爾雅》〈釋天〉，頁99。

(62)其詳參見董作賓：〈中國古代文化的認識〉，見於朱歧祥編：《甲骨四堂論文選集》（臺北：學生書局，1990），頁104。

(63)《禮記》〈祭義〉，頁813～814。

(64)清．段玉裁：《說文解字注》，頁345～450。

(65)漢．劉熙：《釋名》〈釋宮室〉，見於清．王先謙：《釋名疏證補》（臺北：商務印書館，1968），卷5，頁265。

(66)《毛詩》〈周頌．清廟．序〉，頁706毛傳。

67《禮記》〈祭法〉，頁799。

68《國語》〈周語上〉，頁4。

69《國語》〈楚語下〉，頁567。

70《禮記》〈祭義〉，頁807。

71《周禮》〈春官・大宗伯〉，頁270～273。

72清・段玉裁：《說文解字注》，頁5：「祠，春祭曰祠。品物少，多文辭也。」《五禮通考》，卷85，頁3，引鄭鍔曰：「春以詞為主。」清・陳立：《白虎通疏證・宗廟》，頁580：「春曰祠者，物微，故『祠』名之。」

73其詳參見《白虎通》〈宗廟〉，頁580；《公羊》〈桓公八年〉，頁59何注。

74其詳參見《毛詩》〈魯頌・閟宮〉，頁778。

75《毛詩》〈周頌・豐年〉，頁731。

76《禮記》〈喪服小記〉，頁592；〈大傳〉，頁616。

77其詳參見《儀禮》〈喪服〉，頁358。

78其詳參見《毛詩》〈大雅・生民・序〉，頁587：「尊祖也。后稷生于姜嫄，文武之功起于后稷，故推以配天焉。」

79《孝經》〈聖治章〉，見於唐・玄宗注，宋・邢昺疏：《孝經注疏》，收入《十三經注疏》（臺北：藝文印書館，1985），頁36。

80其詳參見《禮記》〈祭法〉，頁796孔疏引。

81其詳參見《禮記》〈祭法〉，頁796。

82《禮記》〈祭法〉，頁802。

83其詳參見《禮記》〈曾子問〉，頁381～382。

84《儀禮》〈士喪禮〉，頁415；《禮記》〈喪大記〉，頁770，則作「士沐粱」。

85《禮記》〈喪服小記〉，頁591。

⑧⑥《禮記》〈大傳〉，頁619。

⑧⑦《禮記》〈曲禮下〉，頁77。

⑧⑧《周禮》〈地官‧大司徒〉，頁157。

⑧⑨其詳參見《禮記》之〈樂記〉，頁697；〈祭義〉，頁824；〈經解〉，頁847。

⑨⓪《周禮》〈秋官‧大行人〉，頁560。

⑨①《尚書》〈禹貢〉，頁90。

⑨②清‧秦蕙田：《五禮通考》，卷224，頁1。

⑨③《禮記》〈王制〉，頁256、269。

⑨④《周禮》〈春官‧大宗伯〉，頁276～277：「大師之禮，用眾也；大均之禮，恤眾也；大田之禮，簡眾也；大役之禮，任眾也；大封之禮，合眾也。」

⑨⑤分別見於《禮記》〈月令〉，頁303、307、338、346。

⑨⑥《禮記》〈王制〉，頁237。

⑨⑦《周禮》〈春官‧大宗伯〉，頁277～278：「以飲食之禮親宗族兄弟，以昏冠之禮親成男女，以賓射之禮親故舊朋友，以饗燕之禮親四方之賓客，以脤膰之禮親兄弟之國，以賀慶之禮親異姓之國。」

⑨⑧其詳參見《禮記》〈祭義〉，頁998。

⑨⑨其詳參見《儀禮》之〈鄉射禮〉、〈大射儀〉、〈燕禮〉；《禮記》之〈射義〉。

⑩⓪唐君毅：《中國文化之精神價值》（臺北：正中書局，1991），自序。

⑩①陳夢家：〈古文字中之商周祭祀〉，《燕京學報》，第19期，1936年6月，頁149。

⑩②《禮記》〈祭義〉，頁810。

⑩③《禮記》〈郊特牲〉，頁500。

⑩④《禮記》〈禮運〉，頁436。

⒂《周禮》〈春官‧大宗伯〉，頁282。

⒃漢‧班固：《漢書》〈禮樂志〉（臺北：鼎文書局，1976），頁1027～1028。

⒄《禮記》〈樂記〉，頁671。

⒅《周禮》〈春官‧大司樂〉，頁339～341。

⒆《禮記》〈樂記〉，頁684～685。

⑽《禮記》〈樂記〉，頁672。

⑾《禮記》〈祭統〉，頁830。

⑿《禮記》〈禮器〉，頁469。

⒀《禮記》〈祭統〉，頁834。

⒁《大戴禮記》〈曾子立孝〉，見於清‧王聘珍：《大戴禮記解詁》（北京：中華書局，1992），頁82。

⒂《禮記》〈禮運〉，頁431。另外，《左傳》〈昭公二六年〉，頁906：「禮之可以為國也久矣：君令、臣共，父慈、子孝，兄愛、弟敬，夫和、妻柔，姑慈、婦聽，禮也。」

⒃《國語》〈魯語上〉，卷4，頁166。

⒄《禮記》〈祭法〉，頁802～803。

⒅《禮記》〈曲禮上〉，頁16：人生十年曰幼，學。二十曰弱，冠。三十曰壯，有室。四十曰強，而仕。五十曰艾，服官政。六十曰耆，指使。七十曰老，而傳。」

⒆其詳參見《禮記》〈祭義〉，頁823。

⒇《禮記》〈大學〉，頁987。

(121)《禮記》〈祭義〉，頁811。

(122)《白虎通》〈養老之義〉，見於清‧陳立：《白虎通疏證》，頁472。

(123)其詳參見《禮記》〈中庸〉，頁896。

(124)《荀子》〈禮論〉，見於王先謙：《荀子集解》（臺北：藝文印書館，

1988)，頁587：「禮有三本：天地者，生之本也；先祖者，類之本也；君師者，治之本也。」

肆、禮與普遍倫理的關係

——以《禮記》為例

內容摘要

起於事神祈福的「禮」，因為周代人文的覺醒與社會群體生活等需要，在儀式之外更加入禮義的精神，遂使「禮」成為維繫社會秩序、建立人倫義理的綱繩，禮儀制度更成為實踐倫理的途徑，因而以「致中和」為最高境界的「禮」，與人類對於倫理社會的普遍需求合流，且以實現普遍倫理為「禮」的最終目的。本文透過禮的起源，說明禮乃是人文精神開展下，適應群體生活之所需，與人類要求倫理的需求相應；然後從禮的內涵，說明禮本於天地之理序，而以「致中和」為終，與「倫理」要求在穩定中和諧發展的本質不謀而合；之後，再從禮的外延，說明禮儀規範與活動即是倫理的實踐；更從禮的目的，說明從實踐家族、社會與國家倫理之一貫大道，乃至於參贊天地化育，以實現普遍倫理，各有其一定的次第。最後，則呼籲不可輕忽禮儀規範，因為禮義必須在生活中實踐，倫理更須化為實際的行動，然後才能成就倫理道德的價值。

一、前言

中國文化之主體，向來以「倫理」為核心。根據《說文》所載：「倫，輩也。從人，侖聲；一曰道也。」、「理，治玉也。從玉，里聲。」①可知從本義而言，「倫」指謂人與人之間的輩分，「理」則指依循璞玉之紋理，治之使成玉器。然而「倫理」合為一詞，則始見於《禮記》所謂：「凡音者，生于人心者也；樂者，通倫理者也。」又說：「唯君子為能知樂。審樂以知政，而治道備矣。知樂則幾于禮矣。禮樂皆得，謂之有德。德者，得也。」②綜合《說文》與《禮記》所載，可知「倫理」所探討的內容，以闡明人與人之間的相互關係為基礎，並以「推乎情，使至于無憾而有理」為為人處世的準則，因此倫理可與禮樂相通相諧，且以擁有德行為依歸。由於古代之「樂」經常依附於禮儀活動而呈現，並且經由禮制之推行，而達到「中和」之最高境界，因此單言「禮」，其實可以概括「禮樂」之義而兼之。於是本文藉由「理序」之串聯，說明禮與普遍倫理的關係，並說明基於人性普遍需要，藉以維繫人倫義理的倫理，其實與「禮」的義涵最為相近，且以禮儀制度之貫徹為實踐倫理之主要途徑，更以「萬物並育而不相害」為最終目的。以下即分別言之：

二、禮的起源

禮肇始於遠古時代的儀式行為，可謂淵源極早。從大量考古挖掘的資料以及人類學者、民族學者的田野調查，可以顯示舊石器時代的居民已有埋葬死者並給予死者殉葬品的習俗，因而當時應該已有自成一套的宗教觀念及生活儀式；至於新石器時代前期的仰韶期，祉祭更已明顯躍居於重要地位，而代表新石器後期文化的龍山期，則不僅已有制度化的祭祖儀式，擁有一套足以堅定族人信仰的神話傳說，具有特定的儀式制度、祭品祭器與祭祀的地點和對象，同時也已出現專業性的巫師。③因此《說文》早已清楚地解釋「禮」為：「履也，所以事神致福也，從示從豊，豊亦聲。」④並解釋「豊」為：「行禮之器也，從豆，象形。讀與禮同。」⑤而王國維則綜合卜辭所見，認為：卜辭「豊」之眾多字例雖然形體間或有異，不過諸字皆象二玉在器之形。由於古者行禮以玉，所以《說文》曰：「豊，行禮之器。」此之所謂「器」，當為兼含祭品與祭器而有之，不過，「豊」從玨在凵中，從豆，乃會意字，而非象形字。盛玉以奉神人之器謂之豊，若豊；推之，而奉神人之酒醴亦謂之醴；又推之而奉神人之事通謂之禮。⑥從王氏之詳細解說，可知「禮」始終與祭祀之行為有關，且為人類「趨吉避凶」心理下所產生的各種「祈求福祉」儀式。

由於原初之祭祀行為乃發自人內心情感之普遍需求，以致當人類開始進入最原始、最簡單之飲食生活，同時也應該已發生祭祀之行為，因而〈禮運〉就有如此之記載：「夫禮之初，始諸飲食，其燔黍捭豚，汙尊而抔飲，蕢桴而土鼓，猶若可以致其敬于鬼神。」⑦就人情而言，每一向神獻禮的人，總會消極地企求身心的和諧安頓，同時還會積極地希望能獲得天地鬼神的庇蔭與賜福。然而此一原始而自發的禮敬鬼神的行為，隨著人類生活與欲求之日趨於複雜化，勢必要發展出一套更周延完備的儀式系統，以滿足人在信仰上的需求，於是自然興起逐漸趨於嚴密的祭祀體系；同時由於人際往來愈趨於直接與頻繁，於是彼此的摩擦與衝突亦日漸明顯與嚴重，不過幸而有郁郁稱文之周禮，由於特別著重禮之「義」，所以能轉化提煉原本屬於「事神祈福」的禮儀，使成為具有維繫社會秩序、提昇人性價值的「禮」。

透過荀子所說的「人生而有欲，欲而不能，則不能無求，求而無度量分界，則不能不爭。爭則亂，亂則窮。先王惡其亂也，故制禮義以分之，以養人之欲，給人之求，使欲必不窮乎物，物必不屈于欲，兩者相持而長，是禮之所起也。」⑧一段話，正好說明禮之發生不離乎人情欲求之根本特質，然而由於人必須處於群居社會中，為適應社會需要，彼此之欲求必須有一定的節制，於是先知先覺者起而以禮義協調情與理之分殊，並以情理之和諧發展為最高指標，於是將原本單純的「儀式」加入「理義」，使轉化為具有深刻涵義的「禮儀」。荀子對於禮的起源之簡要說明，其實已明確勾勒出《禮記》對於「禮」的主體把握，同時也隱然指出「禮」的目的在於實現一有秩序、有條理的人生與社會。

三、禮的內涵——秩序的真諦

單純之「儀」而能轉化為深刻的「禮」，就在於先聖先王能洞見人類要求延續發展的普遍需求，因而在原始的事神祈福儀式之外，另外賦予「理義」，使履行儀禮活動不但可以養人之情，同時又能以理深入人心，達到影響人倫義理之效果。而探討「禮」的內涵，自然以人對於「情」、「理」的調和為核心，不過析而言之，則可以自以下四大特質而瞭解之：

(一)呈現天地的理序

孔子極力推崇周公，並以久之不復夢見周公為憂，其道理就在於周公能總結夏、商之禮，並且透過人性之自覺與反省，重新規畫組合夏、商兩代之禮，使禮儀活動具有教化人心之作用，還可以提昇人文之價值，因而終能成就郁郁之周文，⑨遂使「禮」成為個人道德判斷、辨別是非善惡之標準，同時更是訂定社會組織規則、施行國家政策制度的根據。「禮」能具有如此功能，其根本原理，簡而言之，就在於「禮」具有「禮也者，理也。」⑩、「禮者，天地之序也。」⑪的特色，由於「禮」所掌握的是天地的理序，因此「禮」可以成為權衡人間規範的基準。

禮之所以能夠體現天地之理序，就在於先聖能詳察天、地、人之根本特質，因而可以瞭解人處於天地之間的地位與限制，然後才能進而遵循一定的理序，以開發人性的潛能，展現人文之特色。因此〈禮運〉記載：「人者，其天地之德，陰陽之交，鬼神之會，五行之秀氣也。」又說：「人者，天地之心也，五行之端也。食味、別聲、被色而生者也。」⑫可知人是兼含物質與精神兩大層面的複雜統一體。人為「五行之秀氣」、「五行之端」，代表人為客觀性的物質性存在，且以「食味、別聲、被色」之知覺作用形成各個不同的個體，同時由於是五行中的「秀氣」與「端緒」，因而是萬物中之最靈秀傑出者；而「陰陽之交」與「鬼神之會」，則代表人處於宇宙中對立卻又相互依存、互為消長卻又相生相續之異質狀態中，看似矛盾然而卻又十分統一，所以個人如何尋求與自我以及外在環境、廣大群體取得和諧與平衡，即為個人的生存與發展之道；至於「天地之德」、「天地之心」則代表人具有主體性之精神意識，乃宇宙中擁有思想，可以發揮主宰作用的力量，且以穩定天地間的秩序，更以參贊萬物之化育，使萬物各遂其生，為人類應盡之職責。人唯有能產生如此之「自覺」，方能突破生物之限制，不以滿足生理需求為自足，也不以獲得心理快活為自慊，而是必須承擔持續萬物之「生生不已」為一己之責任，如此，人才時時刻刻需要面對道德與否的兩難抉擇，必須判斷「應該」與「不應該」的問題，也就是人這種生物必須達到講求「倫理」的層次，方能凸顯人性價值之特性。因此說「禮也者，義之實也。協諸義而協，則禮雖先王未之有，可以義起也。義者，藝之分，仁之節也。協於藝，講於仁，得之者強。仁者，義之本也，順之體也，得之者尊。」⑬可知先聖先王以「禮」為治國之本，且以「義」來規畫人的「倫理」問題，其最深層的原動力其實來自「生生之仁」的充量發揮。

既然「禮」以「義」之具現為主，且以達成人類普遍實踐倫理為目的，因此子產說：「夫禮，天之經也，地之義也，民之行也。天地之經，而民實則之，則天之明，因地之性，生其六氣，用其五行，氣為五味，發為五色，章為五聲。淫則昏亂，民失其性，是故為禮以奉之。」⑭可知「禮」乃是效法天地運行之常道，順應萬物本然之性而設，因此可以普遍行於全國之中。而〈禮運〉則說：「夫禮，先王以承天之道，以治人之情。故失之者死，得之者生。」又說：「夫禮，必本于大一，分而為天地，轉而為陰陽，變而為四時，列而為鬼神。其降曰命，其官于天也。夫禮必本于天，動而之地，列而之事，變而從時，協於分藝。其居人也曰養，其行之以貨、力、辭讓、飲食、冠、昏、喪、祭、射、御、朝、聘。」⑮可知「禮」之究極原理，要歸本於太極之恆常理序，至於當其化為世上的各種活動，則各事有各事之理、萬物有萬物之序，因而倘若欲與萬事萬物交接而不相亂，則人與萬物之間的分際更要嚴加遵守，如此方能使人與各項事物各安其理序。由於「禮」特別講求天地之「序」，因而連帶地強調群物之「別」，於是先聖效法天高地下、萬物散殊之自然狀態，制而為禮，使人各知所別，且能各得其宜，至於其施行重心，則以中正無邪為禮之本質，而以莊敬恭順為禮之體制。⑯

㈡凸顯人禽的分別

凡是生物即必須滿足生理的需求；凡是動物則有心理等情緒的發動；倘若人而僅停留在「只要我高興，有何不可以？」的感官生活層次，不知反省思考、前瞻精進，也不必考慮何謂道德與責任，則人與禽獸亦無差別。《詩》尚且有云：「相鼠有皮，人而無儀？人而無儀，不死何為？相鼠有齒，人而無止？人而無止，不死何俟？相鼠有體，人而無禮？人而無禮，胡不遄死？」⑰老鼠尚且還有其特殊的體貌與象徵，以自別於其他類別的生物，倘若人而無禮，則何以凸顯人與其他生物的差別，何以自詡為「萬物之靈」？人之可貴，就在於人是重情義、有理性、懂得反省思考的動物，不過雖然以情為主，還好源自天地之理序的「禮」，正可用以修飾內心充沛之情感，使情感能以「如理」之方式適當地表達。因此荀子即認為「禮義文理所以養情也」，⑱又說：「人道莫不有辨，辨莫大于分，分莫大于禮。」⑲同時〈曲禮〉也記載：「鸚鵡能言，不離飛鳥；猩猩能言，不離禽獸。今人而無禮，雖能言，不亦禽獸之心乎？夫唯禽獸無禮，故父子聚麀。是故聖人作，為禮以教人。使人以有禮，知自別于禽獸。」⑳可知人與禽獸的最大差別，就在於能不能行禮而已。由於「禮」是人的根本大體，因此倘若發育不健全，就無法成其為人，所以說：「禮也者，猶體也；體不備，君子謂之不成人。」㉑可見人之習禮行禮不可不勤。

雖說禮具有定親疏、決嫌疑、別同異、明是非的四大功用，㉒對於維繫社會秩序具有絕大的功能，不過這種功能乃是積漸而至、隱微難見，無法立刻標竿立影、坐收成效的，然而「能見已然，不能見將然」又是人的弱點，因此禮雖有防範罪惡發生的功效，但是往往由於人之短視，因而片面地將罪惡並未曾發生，逆推至先前的防範工夫為多此一舉，於是後世對於禮的規範不但輕之忽之，甚至於欲去之而後快，因此禮之規範難以切實履行於今日即十分明顯，㉓遂使原來先王用以教民平好惡而反人道之正的禮樂日漸崩頹，㉔於是社會風氣敗壞、人性沉淪日趨嚴重而不自知，所以說：「夫禮禁亂之所由生，猶坊止水之所自來也。故以舊坊為無所用而壞之者，必有水敗；以舊禮為無所用而去之者，必有亂患」。㉕

能否實踐道德仁義經常被用為鑑別人與禽獸行的標準，然而道為通物之名，德為得理之稱，仁是施恩及物，義是裁斷合宜，人而欲行使此四項大事，則須藉由「禮」之深入事物之極致，因而能於細微之處區分其等級次序，於是能由於「通物」而懂得「理物」，則無論施仁或行義皆能順理而得當。㉖準此而言，由於「道德」為萬事之本，「仁義」為群行之大，尚且仍須依附於禮而成其用，則其他世間之諸多事物，亦必有賴於「禮」之居中調解，俾能從其中薰陶孕育出恭敬、謙抑、退讓等溫文儒雅之氣質。因此〈曲禮〉記載：「道德仁義，非禮不成；教訓正俗，非禮不備；分爭辯訟，非禮不決；君臣上下、父子兄弟，非禮不定；宦學事師，非禮不親；班朝、治軍、蒞官行法，非禮威嚴不行；禱祠、祭祀、供給鬼神，非禮不誠不莊。是以君子恭敬、撙節、退讓以明禮。」㉗而人禽之別即由於人能否運用「禮」而得以判明。

㈢注重實地踐行

「禮」雖然通於天地之理序，具有維繫社會秩序、穩定大眾人心的作用，但是如果不能切實履行，其效果不但無法積漸而至，甚且還會因為陷入蹈空之虛談而敗壞國事；因而難怪孔子要慷慨陳詞，大嘆當時之人行不由禮，徒知貪好貨財而不知饜足，荒淫放蕩而態度傲慢，為政者更是勤於搜括民力，不願意實踐合理之行，甚且為求填補自己無窮之私慾，還不擇手段地侵犯有道之人。因此孔子要說：「言而履之，禮也。禮之所興，眾之所治也；禮之所廢，眾之所亂也。」㉘倘若知而不行，縱然有再多的良言美意，亦只是空中樓閣而無濟於事。

弘道在人，行禮更在於人，因此〈仲尼燕居〉有「制度在禮，文為在禮，行之其在人乎！」「君子無物而不在禮」之載，㉙所以實踐「禮」之途徑與方式，孔子認為首先必須使「禮」的觀念深入於事事物物之中，而後方能使人處事各有其一定之條理準則，於是說：「非禮無以節事天地之神也；非禮無以辨君臣、上下、長幼之位也；非禮無以別男女、父子、兄弟之親，昏姻、疏數之交也。君子以此之為尊敬然，然后以其所能教百姓不廢其會節。有成事，然後治其雕鏤、文章、黼黻以嗣。其順之，然后言其喪筭，備其鼎、俎，設其豕、腊，脩其宗廟，歲時以敬祭祀，以序宗族。即安其居，節醜其衣服，卑其宮室，車不雕幾，器不刻鏤，食不貳味，以與民同利。昔之君子之行禮者如此。」㉚可知徒託空言不足以成禮，而是必須點點滴滴地在生活細節中實地履行合乎禮儀的生活，以便逐漸從儀式活動中型塑勤懇精進、謙遜虔敬等人格特質，使這種由事神之禮所激發出的恭敬虔誠之心，能轉化於日常生活的為人處世當中，使親疏遠近的各種人際往來，皆能和諧對待而各得其宜，進行喪祭等各項生命禮儀活動時，還能常保虔敬謙遜之心，促使人倫有序，長此以往，即可因日積月累而使禮義長存，以致絕惡於未萌、起敬於微眇，使民日日徙善遠罪而不自知、日日趨向良善和親而不自覺。㉛

「禮」雖然注重實地踐行，不過光是講求鋪几筵、明升降、獻酌、獻酒、相互酬酢不爽失，行禮如儀無差錯，還不能謂之知禮行禮，因為真正的知禮行禮，應在於能修身踐言以實踐禮義的本質，達到行修言道之內聖境界；㉜擴而充之，更應達到「禮所以守其國，行其政令，無失其民。」㉝之外王地步。能如此，則自修身乃至於齊家、治國、平天

下，皆能以禮義之精神貫串於其間，而可以成就光輝的人文世界。㉞

㈣講求和諧平衡

恭敬、謹慎、勇敢與直爽，本來都是世人難得的美德，然而行動時如果不能以禮裁斷，則將陷於孔子所說的：「恭而無禮則勞，慎而無禮則葸，勇而無禮則亂，直而無禮則絞。」㉟的境況，不但不再是美德，而且還可能是敗壞事情的最大因素，因此《禮記》記載孔子告誡子張、子貢與子游等高門弟子說：「敬而不中禮謂之野，恭而不中禮謂之給，勇而不中禮謂之逆。」又說：「夫禮，所以制中也。」㊱可知無論是過或者不及，都非屬中道，也無法當於事理，有心修德之人都應深以為戒。

〈樂記〉並且有言：「人生而靜，天之性也；感于物而動，性之欲也。物至知知，然后好惡形焉。好惡無節于內，知誘于外，不能反躬，天理滅矣。」㊲由於「禮」具有因人之情而為之節文，且使情不踰乎節的作用，㊳因而此所謂「節」，即是以通於天地之序的「禮」節制外在的誘惑，以使萬物復歸於理，並使人之舉措亦能合理得宜。此即所謂：「禮也者，合于天時，設于地財，順于鬼神，合于人心，理萬物也。」㊴亦是所謂：「凡禮之大體，體天地，法四時，則陰陽，順人情，故謂之禮。」㊵凡此皆可以說明「禮」是順應天地四時的變化，考慮人世間相輔相成的相對現象，合乎人類心理需求，且要求能與主、客觀環境彼此和諧發展，而設立的原理原則與生活規範，因此「禮」之大用勢必將融於人倫日用之中，且與詩、樂合為一體，從言談舉止中表現出來。㊶所以孔子說：「禮也者，理也；樂也者，節也。君子無理不動，無節不作。不能詩，于禮繆；不能樂，于禮素。薄于德，于禮虛。」又說：「達于禮而不達于樂，謂之素；達于樂而不達于禮，謂之偏。」㊷可知「禮」之最高境界，在於能運用其「以理為節而至于中正」之本質，在生活中與「詩」、「樂」融合，使歸於「平和」，且與周遭各界達成平衡而和諧之狀態。㊸

四、禮的外延——倫理的實踐

「禮」雖然有豐富而深刻的內涵，然而若不在生活中實踐，則終歸為空中樓閣，虛妄而不切實際。因此先聖先王將「禮」的精神融入各種儀式活動中，主要藉由典禮莊嚴肅穆、祥瑞平和的氣氛，以培養世人恭敬謙遜、感恩關懷等美德，於是配合一個人生命中的重要歷程，安排相關的禮儀活動，遂使禮義的精神由於儀式的表現而得以落實，儀式更因禮義的賦予而獲得意義，所以《禮記》記載：「夫禮始于冠，本于昏，重于喪、祭，尊于朝、聘，和于鄉、射；此禮之大體也。」㊹除卻這八大重要禮儀活動以外，冠禮之前更有一段重要的禮儀規範養成期，透過如此周延的外延設計，方能孕育出「禮」的深刻內涵，世人方能實踐倫理的習慣，進而實現倫理的社會。以下即從禮儀規範與禮儀活動兩方面，說明禮的外延範圍及其意義：

㈠禮儀規範

「習慣成自然」乃世人耳熟能詳之事，因而在成年以前養成的生活習慣與態度，往往可以影響人一輩子。雖然古今的生活方式變遷甚為劇烈，不過〈曲禮〉所載一些日常生活起居中待人接物的禮節，㊺仍然可以成為現今生活的指南：

在生活習慣的養成上，〈曲禮〉提醒凡為人子者，應注重「冬溫而夏凊，昏定而晨省」的問安之禮，以表達關懷父母之意，與平輩相處更要融洽和樂，做到「醜夷不爭」，免得父母疲於排難解紛，同時要謹守「出必告，反必面，所遊必有常，所習必有業。」的原則，以免父母擔心掛念。平常要注意「居不主奧，坐不中席，行不中道，立不中門。不登高，不臨深。不苟訾，不苟笑。」等生活瑣事，養成事情雖小，必先考慮他人是否方便；心中雖有所思，也不口出狂言、不隨便譏評嬉笑他人，避免惹來不必要的麻煩。同時，要懂得愛惜自己的生命，「父母存，不許友以死。」不亂逞英雄，免得製造白髮人送黑髮人的人間悲劇。要拜訪他人，更應懂得禮貌，不可粗魯莽撞，做到「將上堂，聲必揚。戶外有二屨，言聞則入，言不聞則不入。將入戶，視必下。入戶奉扃，視瞻毋回；戶開亦開，戶闔亦闔；有后入者，闔而勿遂。毋踐屨，毋踖席，摳衣趨隅。必慎唯諾。」倘若遇到有人並坐或並立，更要注意「離坐離立，毋往參焉。離立者，不出中間。」以免因行動唐突而引人不悅，甚至招惹麻煩。與他人相處，不可以「老」自居，而須時刻注意與周遭大眾的長幼輩分關係，實踐「年長以倍則父事之，十年以長則兄事之，五年以長則肩隨之。群居五人，則長者必異席。」的待人之道。以上所述的生活習慣其實並無高論，不過卻能使生活獲得理序，其中的道理也能貫通古今，只可惜明顯受到現代人輕忽，遂使現代人的生活多有脫序之現象。

這正足以說明「禮」與生活的密合性，而且凡是合理有序的生活習慣都是有「禮」的表現，同時也是實現倫理社會的必要條件，不過卻必須從日積月累的生活「習慣」中慢慢陶鑄而成，絕對無法轉瞬見效。

另外，從小養成的生活態度，總是如影隨形地跟著人渡過一生，因此不可不慎，所以從小就不可有驕縱狂妄、志得意滿的習性，也不可有巧言令色、誇大不實的作風，因此〈曲禮〉記載：「敖不可長，欲不可從，志不可滿，樂不可極。」又說：「不妄說人，不辭費。不逾節，不侵侮，不好狎。」都有規勸警醒世人的作用。在為人處世上，更應隨時謹記「臨財毋苟得，臨難毋苟免。很毋求勝，分毋求多。疑事毋質，直而勿有。」不但可以避免人際之間的猜忌與紛爭，還可以因自己的犧牲負責、謙遜退讓而促進彼此的團結合作。同時，處於複雜的人世中，還必須常懷恭敬之心、懂得時時詳加思考，以分別賢愚智不肖，因此〈曲禮〉又有「毋不敬，儼若思，安定辭。」、「賢者狎而敬之，畏而愛之。愛而知其惡，憎而知其善。」之說，至於所謂「富貴而知好禮，則不驕不淫；貧賤而知好禮，則志不懾。」又可以提醒世人無論富貴或貧賤，都必須從小培養知禮好禮的生活態度，方可締造安詳和諧的人生。

㈡禮儀活動

古代注重冠禮，男子年滿二十，則為之舉行成人的加冠大典，正式成為成人社會的一員。由於重視冠禮，因此必須鄭重其事地在祖廟舉行，使成年人感受承先啟後、薪火相傳之責任與意義。因為冠禮之後始為成人，所以個人一生中所需的各種禮服，亦必至於舉行此典禮而後始告完備，且通過此成年禮，就可以在適當的時候與場合穿著得體的服裝，以一番新氣象凸顯成年人應有的風格與氣質，此即所謂：「凡人之所以為人者，禮義也。禮義之始，在于正容體，齊顏色，順辭令。容體正，顏色齊，辭令順，而后禮義備，以正君臣，親父子，和長幼。君臣正，父子親，長幼和，而后禮義立。」㊻使人先從整飭裝束、穩定情緒、言談和順等方面實踐禮義，推而至於外，則產生長幼和、父子親、君臣正之效果，對於和諧家族氣氛、向外開創事業，具有心理建設的重大意義。

成為成人以後，才可要求其履行成人應盡之責任與義務，亦即要求為人子者能盡孝，為人弟者能悌長，為人臣者能盡忠，為人少者能順從長輩，以切實實踐家族倫理。必待「孝、弟、忠、順之行立，而后可以為人，可以為人，而后可以治人也。」將家族倫理擴充至服務社會的態度，於是類化為忠君慎職而敏於行事的君臣倫理，平輩同僚之間則能發揮和善友愛的對待之道。能具備此四項德行，始知為人處世應有的分寸，而有治人的資格，懂得將實踐家族倫理的習慣與態度，推而廣之，以實踐於社會倫理與政治倫理之中。

婚姻關係後代子孫之繁衍，夫婦更為建立人倫之核心，因此古代以昏禮為禮之根本，又說：「昏禮者，將合二姓之好，上以事宗廟，而下以繼后世也，故君子重之。」由於看重昏禮，因而必須以敬慎重正之態度在祖廟舉行。古人之所以先要敬慎重正地舉行昏禮，還要鄭重其事地進行「成婦禮」的儀式，主要在於標榜「婦順」的重要，對於嫡婦並且還有「著代之禮」，表明其日後具有接替主婦的資格。由於家族之興衰與主婦之關係極為密切，因此說：「婦順備而后內和理，內和理而后家可長久。」於是強調媳婦的最大任務在於恭順舅、姑，和於室人，而后才講求夫妻之親愛。

因為昏禮具有「成男女之別，而立夫婦之義」的作用，而正常的婚姻關係更是一切人倫關係的基礎，所以不但要使男女雙方明瞭「家」與「室」之涵義，更要求夫妻雙方對於彼此應切實負起該有的責任與道義。必待「男女有別，而后夫婦有義；夫婦有義，而后父子有親；父子有親，而后君臣有正。」㊼由於「家」是人格養成的搖籃，更是培育倫理道德的溫床，因而「夫婦」這一倫遂成為五倫之樞紐，因此昏禮之地位一躍而為諸禮之根本，所以〈經解〉還語重心長地說：「昏姻之禮廢，則夫婦之道苦，而淫辟之罪多矣！」㊽一旦夫婦的關係不正常，則家庭的氣氛難以和諧融洽，而父子之關係亦難以親和，生活在這種不穩定環境中的子女，其人格發展與生活習慣、態度，亦容易產生偏差現象，推而遠之，社會倫理與道德規範都較難建立。

儒家最重喪禮，無論從僅存的十七篇《儀禮》或《禮記》的叢編中，有關喪禮的紀錄都佔有相當多的篇幅。因為喪禮的舉行，是人從有形而歸於無形的決定性轉折，所以凡有血氣之屬遭遇此事，莫不感到哀痛欲絕，而且，人乃是血氣之屬中的尤知者，因而其哀傷悲痛之程度又當遠較他物為勝，所以喪禮的儀節就因為要適應人情所需而趨於繁複與細密。古代喪禮的設計，即是透過一連串對死者肢體的接觸與處理，從實際接觸死亡，體會死亡已成事實；經由招魂的復禮、沐浴、飯含、襲斂、停殯、埋葬與葬後的虞禮安魂，以實際的身體關懷與妥善的靈魂安頓，表達生者對死者的真誠情感，並藉此盡心盡意為死者付出的做法，稍稍紓解生者對死者激烈而悲痛的情緒。因此所謂「喪禮，忠之至也；備服器，仁之至也；賓客之用幣，義之至也。」㊾最足以說明古代喪禮繁複細密的理由，因為生者對死者的忠誠之意與仁義之情，是很難割捨與斷絕的，因而喪禮之進行倘若能依據「事死如生，事亡如存」的原則，則由於對待親人能終始如一地盡孝，㊿則這份由孝道所激發出的溫情仍將滿布人間，而使人道良善的一面長存於社會。

祭祀，包含祭祀天神、地祇與人鬼三大系統，用以周遍天、地、人三才之關係。其中天神系統包括對於天與天上之日月星辰、風雨雷電等自然天象之祭禮；地祇系統包括對於地、社與后稷，以及山川河岳之祭祀；人鬼系統則以祖先之祭祀為主軸，而旁及殤與無後者的終極安頓；其目的，主要在於促成「神道設教」[51]之措施，亦即透過天子上承天命之聖哲觀念，體現周代注重人文之精神，且以人文崇祀之態度，取代殷商以來迷信鬼神之觀念。祭祀祖先尤其強調親親之情的人倫大義，更以崇德報功之提倡以樹立政壇典範，還以圖報天地萬物之禮以淳厚人性，可謂融合政治、道德與宗教三者為一體，而達到以政治推行教化之最終目的，且隨時提醒世人應與宇宙中的萬事萬物保持共存共榮的微妙關係。

就祭祀祖先而言，祭禮實為喪禮之延長；乃基於生者對於死去的親人，始終保有長久不渝的情感與深沈的孝思而來，具有曾子所謂「慎終追遠，民德歸厚。」[52]的作用。然而欲使民德能長期歸於淳厚，則祭禮必須傳諸久遠，且必須努力發揚其「追養繼孝」的功能，觀察祭祀者是否能祭祀以時、祭之以敬。[53]為求祭禮之舉行能達成思親、孝親與敦厚民德的最佳效果，因此祭祀之前必須先行齋戒，使「齊之日，思其居處，思其笑語，思其志意，思其所樂，思其所嗜。齊三日，乃見其所為齊者。祭之日，入室，僾然必有見乎其位；周旋出戶，肅然必有聞乎其容聲；出戶而聽，愾然必有聞乎其嘆息之聲。」54亦即經由虔心齋戒之作用，心靈已達到澄淨靈明之狀態，再加上祭祀會場的安排與莊嚴肅穆氣氛的凝塑，於是親人彷彿臨降於祭尸身上，此時此刻最能令人感受人死並非如燈滅，而是轉為祖先、化為神靈，常在子孫之左右。另外，配合詩歌之讚頌與吟唱，徜徉於祖先胼手胝足、篳路藍縷辛苦經營之點滴回憶中，當能常懷感念祖宗恩德之心情，且懂得珍惜與認同目前擁有的一切，具有消融貪婪怨懟心理之作用。

日常生活中，總有賓主相互宴飲應酬之機會，因而亦有鄉飲酒禮之規範。從主人拜迎賓客於門外，然後三揖三讓而升，即所以表達尊、讓之意。盥、洗、揚觶，表達絜淨之意。宴飲當中賓主相互拜謝，則表達彼此尊重之意。可知舉行鄉飲酒禮，可以促使人實踐尊、讓、絜、敬等生活準則，而聖人設立此制，更基於「君子尊、讓則不爭，絜、敬則不慢，不慢不爭，則遠于鬥、辨矣，不鬥、辨，則無暴亂之禍矣。」55此乃君子避免人禍的道理。

進行鄉飲酒禮之規則，採取「六十者坐，五十者立侍，以聽政役」的方式，表明尊長之義。所進獻的菜餚，則「六十者三豆，七十者四豆，八十者五豆，九十者六豆」，表明養老之義。民知尊長養老即是人倫義理的實踐，因此當其入而於內，自然也懂得實踐孝弟之禮，於是說：「民入孝弟，出尊長養老，而后成教；成教而后國可安也。」所以孔子要說：「吾觀于鄉，而知王道之易易也。」因為施行鄉飲酒禮，可以培養「貴賤明，隆殺辨，和樂而不流，弟長而無遺，安燕而不亂」等五種重要的生活習慣與態度，足以達到修養身心與安定國家的作用，對於促進社會祥和、發揚倫理道德，具有實際的功效。

射、御之術是古代男子必備之技術，因此比賽射箭不但可以做為宴飲之後的餘興節目，同時也可用為天子以射禮選拔諸侯、卿、大夫、士之標準。由於射箭時必須講求「進退周還必中禮。內志正，外體直，然后持弓矢審固。持弓矢審固，然後可以言中。」的技術與原則，因而從一個人的射箭情形，可進而推測其心術與德行如何。深入而言，此即由於古代進行射禮時必須按照射者身分的差異，分別配合不同篇旨的樂章以為節奏，致使各人於射箭之時，一方面要注意心志純正與動作合拍，還可因詩篇的內容而提醒個人所應有的志節，例如「天子以備官為節，諸侯以時會天子為節，卿、大夫以循法為節，士以不失職為節。」因而倘若能「明乎其節之志，以不失其事，則功成而德行立。德行立則無暴亂之禍矣，功成則國安。」[56]所以說由射禮之施行，可以觀測個人的德行。同時由於射箭之時，採取各人各射自己鵠的之方式，亦即「為人父者以為父鵠，為人子者以為子鵠，為人君者以為君鵠，為人臣者以為臣鵠。」所以觀測其射箭情形，還可探察射箭者是否具有仁者之風，因為「射求正諸己，己正而后發，發而不中則不怨勝己者，反求諸己而已矣。」難怪孔子要說：「君子無所爭，必也射乎！揖讓而升，下而飲，其爭也君子。」將這種由射箭所孕育出「君子之爭」的風度，運用到實際的為人處世態度上，亦可以醞釀出難能可貴的競爭倫理來。

天子雖然號稱為天下之共主，不過王畿所轄之範圍畢竟有限，而各諸侯於其封國之內即為君主，擁有發號施令之權，因此諸侯國之間能否敦睦邦交，對於維繫天下安定關係相當重要，於是天子為各諸侯制定彼此交相聘問之禮，以防各國時以兵戎相見，此即所謂：「比年小聘，三年大聘，相厲以禮。使者聘而誤，諸君弗親享食也，所以愧厲之也。諸侯相厲以禮，則外不相侵，內不相陵。此天子之所以養諸侯，兵不用而諸侯自為正之具也。」亦即各國進行聘問之禮時，諸侯均以「輕財重禮」相勉勵，藉以激發百姓廉讓之風氣，然而對於來使則饋贈特別豐厚，表示特別看重聘禮之意。其實「古之用財者不能均如此，然而用財如此其厚者，言盡之于禮也。盡之于禮，則內君臣不相陵，而外不相侵，故天子制之而諸侯務焉爾。」[57]倘若諸侯能遵照天子所制定的聘問制度切實施行，則各國之間必能相待以禮而不會互相侵犯。至於一國之內，則由於國君能輕財重禮，因此群臣間由於上行下效，亦不以互相欺凌為尚。可見聘禮的規畫與施行，即是國際道義的實踐，亦即將倫理的規範打破國界的拘限，成為普遍於全天下的共理。

五、禮的目的——實現普遍倫理

由於禮具有呈現天地之理序、凸顯人禽區別、注重實地踐行與講求和諧平衡之內涵特質，而人又不可避免地必須在天地間群居而生，所以亦必須依循一定的倫常理序始可發展，因此顯而易見的，彰顯人類特質的「禮」，其目的即在於實現人世間的普遍倫理。由於「禮」講求實地踐行，亦即必須藉由具體行為之實踐，而後始可達成抽象之禮義價值，因此行為主體對於禮儀的實踐，亦必須依循先後順序而行，由己及人、由近而遠，至於其對於世間倫理的實現，亦必有其次第順序，先從實現家族倫理，然後實現社會倫理與國家倫理，更從盡物之性以參贊天地之化育，以實現人世間普遍長存的倫理：

㈠實現家族倫理

天雖然無所不覆、地亦無所不載，然而「地氣上齊，天氣下降，陰陽相摩，天地相盪，鼓之以雷霆，奮之以風雨，動之以四時，煖之以日月，而百化興焉。」[58]亦即自然之運行總依循一定之軌道而使萬物因而化生，按照春生、夏長、秋斂、冬藏之順序，周而復始，以成「生生不息」之萬象。而人生於天地之間，與天、地並稱三才，更應上體天道運行之有常，認清人世之活動亦必有其應該遵守之規範與常軌，因而上述列舉的禮儀規範，即是先聖先賢體天道之周行不已而採取的人事對應，其用意不外乎先使人及早養成合於倫理道德的行為與態度，以建立「以德為本、以恕為用」的人道之常，促進人倫關係之和諧發展。

關係個人一生最密切的冠、昏、喪、祭等生命禮儀，從儀式的安排與進行，處處都可顯示人情的關懷與溫暖，且隨時在提醒世人生命各階段所應擔負的責任與意義。由於個人的生活與家族的關係最為密切，因此各種重要的生命禮儀，都在交付個人對於家族應有的任務：舉行冠禮，正式對成年人要求踐行禮義，還必須履行孝、弟、忠、順之家族倫理。

舉行昏禮，則成年人從此須負起傳宗接代、祭祀宗廟的重責大任，同時還特別曉以男女有別、夫婦尚義的人倫大義，使男女能各安於家室，避免淪於淫辟之境而不自覺。舉行喪禮，即透過綿密細微的儀式安排，使生者體會死亡之不可逆轉，更由於儀式的慎重繁複，藉以撫慰生者受創的心靈，並凸顯人與其他萬物之差異，[59]同時還以喪服制度的配合實施，明瞭五服之內同為一家人，藉以凝聚家族成員「血濃於水」的情感，理解個人絕非孤立的存在，而是處於一個規模龐大的親屬網路之中，因而一個人的生死榮辱並非單純的個人事件，而是機體網路中牽一髮而動全身的一環。能理解人於天地間、家族中的獨特地位，自然會更懂得關懷周遭的親人、珍惜可貴的親情，增進家族間的和諧與團結。舉行祭禮，藉由四時的祭享，定期追思已逝的親人，不但可以慰藉生者思念已逝親人的愁緒，更可以做為後代子孫尊親敬親的榜樣，從追念先祖之功德偉業，還可以激發個人對家族的責任感與榮譽心，具有增強家族倫理的功能。

(二)實現社會倫理與國家倫理

家族的結構其實就是小型的社會；而一般所謂的社會，就是眾多家族的廣泛結合，並在結合的過程中，彼此還相互影響、滲透，且依靠群體的共識以建立各種機制關係；至於國家，雖然組成的分子與社會並無不同，但是國家不同於社會之處，主要在於國家必須具有一定的典章制度，在政府組織的架構下，推動各種政策之執行，以達到養民、教民與化民的責任。因而就人類必須經營群體生活的特質來說，人類要有光輝的遠景，實必須借助大規模的群體組織與力量。所以個人由家族而社會而國家，乃由小到大、由近而遠的一脈發展，相對於此，由實現家族倫理到實現社會倫理與國家倫理，亦是順向之擴張性發展。

先聖先賢設為鄉飲酒之禮，從其禮儀規範中，培養君子尊讓不爭、絜敬不慢等行為特質，俾能類化為以客為尊、相待以禮、貴禮賤財的生活準則；更從尊長養老的儀節涵泳敬老的孝道；還配合賓介的貴賤有等，而行使隆殺有等的酬酢之禮，以建立尊卑有序之節；配合樂歌以招待賓客，且立為司正以節制放肆，因此宴飲能和樂有節而不至於失禮；主人與眾賓介之酬酢雖有隆殺先後，不過無論少長皆能有飲而無人向隅，最能實現眾樂樂之愉悅氣氛；撤俎之後，則可登堂暢飲不計爵數，僅以「朝不廢朝，莫不廢夕」為度，然而不辭賓主告別之禮，因此雖飲酒甚多，卻能安得宴飲之樂而不為亂。可見於談笑宴飲中增進彼此的情誼，化戾氣以為祥和，藉以改良社會風氣，敦厚社會倫理，正是設置鄉飲酒禮之目的。

至於聘禮與大射之禮則關係國家體制，不但禮節繁複，而且耗時費力，因此僅有勇敢及強有力者能全程參與典禮。不過全程參與典禮之人，卻能因為謹守「酒清人渴而不敢飲，肉乾人飢而不敢食，日莫人倦，齊莊、正齊而不敢解惰」之禮，而可以成就自我節制、克盡職守的美德，所以易於實現「以正君臣，以侵父子，以和長幼」之人倫義理。此眾人以為難之事，君子卻能因其合乎禮義而勇敢以行之，所以可謂之有德行。當天下有事，則能以此毅力參與戰事且戰無不克；天下無事，則能因其力行禮義而使國家之治理順利，此即是德行盛大之表現。[60]這種由於行使盛大禮儀而孕育、磨練出的堅毅果敢氣質，正可以促使人走出家庭倫理的狹小範圍，達到能伸張正義、促進國際間呈現倫理之地步；因此說「禮」具有實現國家倫理的作用。

玉，為山川之精英，具有靈秀俊美之特質，不但深受人喜愛，自古以來，眾人多稱美其德，並以君子難得之美德比附之。至於古代各國進行聘問之禮時，均以圭、璋為禮，主要即取類於玉具有君子之德。針對此事，孔子還說：「溫潤而澤，仁也；縝密以栗，知也；廉而不劌，義也；垂之如隊，禮也；叩之，其聲清越以長，其終詘然，樂也；瑕不揜瑜，瑜不揜瑕，忠也；孚尹旁達，信也；氣如白虹，天也；精神見于山川，地也。圭、璋特達，德也。天下莫不貴者，道也。」[61]可見國際之間相互往來，遵循道義、德禮與忠信等準則而行，始終是最根本也是最重要的，因此使節出使聘問，首先出示圭、璋以明其德，旨在隨時提醒國之相交必以德義相期，國際之間更須以倫理相許。

㈢參贊天地之化育以實現普遍倫理

〈大學〉之首，以「明明德」為先，乃用以啟示人對於彰顯天賦靈明之德的重要，而此所謂「天賦靈明之德」，即是天道生生不已之精神，亦就是天道之「誠」，因而以「萬物之靈」自居之人，自當有責任與義務遵行此「生生之仁」的「善」，並且還應率行「擇善而固執之」的「人之道」。[62]然而不明乎「善」，則無法固執以行之，而「生生之仁」即無法呈顯。因此扼要言之，「生生之仁」的「善」，其關鍵在於「和」。

《國語》記載：「夫和實生物，同則不繼。以他平他謂之和，故能豐長而物歸之，若以同稗同，盡乃棄矣。」⑬可謂道盡「萬物之生機在于和」之至理，亦是返歸於〈中庸〉所說：「誠者，自成也」的天之道，⑭而且此所謂「誠」，還並非成己而已，同時還要求所以成物。因為成己為仁，而成物則為知；至於性之德，則必須兼合此外內之道，成己且又成物。因此〈中庸〉可以進一步說：「唯天下至誠，為能盡其性。能盡其性，則能盡人之性。能盡人之性，則能盡物之性。能盡物之性，則可以贊天地之化育。可以贊天地之化育，則可以與天地參矣。」亦即「至誠之人」必須要做到「萬物並育而不相害，道並行而不相悖，小德川流，大德敦化」之「和」的局面，方能成就天地之偉大，也才能凸顯人與天、地並稱三才之特質。不過此所謂「和」，並非為和而和，更非「同流合污」之「和稀泥」，而是「君子和而不流；中立而不倚；國有道，不變塞焉；國無道，至死不變」的真正強勇，是愛惡分明、是非明辨的「中和」。而〈中庸〉首章所說：「中也者，天下之大本也；和也者，天下之達道也。致中和，天地位焉，萬物育焉。」即言簡意賅地呈現人應以「中」為本、以「和」為用，則天地各居正位，萬物各遂其生，如此各成其長的理想之境，當是人世間普遍倫理的實現；亦即人不僅要對人講求倫理，還需要對周遭之天地萬物講求倫理。

祭禮中對於天神與地祇系統之祭祀，主要在於彰顯先聖先賢對於實現普遍倫理的周全考慮，而並非傳播「萬物有靈」的信仰，因為人是行為的主體，具有反省思考的理性，所以必須對於周遭所處的人、事、物採取和諧的對待方式，取得彼此的平衡點，以盡人倫、以合物理，而成普遍倫理之極致。由於天子具有為「天之子」的特殊角色，因此以天子主持郊天之祭與祭地之禮，一方面代表人頂天立地之可貴，另一方面則代表人必須懂得「報本反始」，懂得感謝人賴以生存的憑藉。另外，對於自然天象、山川河岳、社稷之神等足以影響風調雨順、可以左右五穀收成者一併有祭，其實旨在提醒世人應當特別關心外在的環境；至於歲末年終舉行之蜡祭，凡是對農事有功的無不有祭，則最能表現世人對萬物仁至義盡之情。同時，適時地對大自然禮敬，可以使人不妄自尊大、不暴殄天物，還能培養懂得收斂謙遜、感恩圖報的美德，可以積極促成人與萬物的和諧關係，是實現普遍倫理不可或缺的一環。

六、結論

「禮」以調和情感與理性，使歸於中庸平衡為最高宗旨，因此與探究人生意義、闡明群己相互關係、確立人類行為準則的倫理之學兩者的關係最為密切。簡要言之，禮以實現人類之普遍倫理為最高目的，而倫理道德的實現主要又以禮儀制度的施行為途徑。雖然〈中庸〉早有記載：「生乎今之世，反古之道，如此者，災及其身。」因此在即將邁入二十一世紀的今天談禮與倫理，又談一連串的禮儀制度，其目的當然不在於開歷史的倒車，欲將古代的一套禮儀制度重新搬上今天的舞臺，而在於探求禮儀制度中可以行之久遠的禮義精神，因為「禮之所尊，尊其義也。」⑮而且只要人類在滿足基本的生理需求之後，仍然有安全的需要、情感的需要、受尊重的需要與自我實現的慾望，則禮義精神就永遠有它值得重視之處，同時也唯有貫徹禮義的居中協調，世間方可發散倫理的光輝。當然，古今有別、時代各異，禮義雖然不可變易，不過禮數總是要調整的；倫理的精神與需要是無法替代，然而行為的細節也是要重新規範的。尤其在科學的發展日新月異、追求民主自由的浪潮波濤洶湧之下，倘若以為提倡禮義、強調倫理僅為食古不化的腐朽之見，則二十一世紀的人類所要面對的，恐怕還要甚於目前人類所遭遇的臭氧層破壞、癌症與愛滋病充斥、暴力犯罪氾濫、黑道公然橫行等令人憂心忡忡的現象。

實踐禮義、發揮倫理精神，其實只在於回復天之所命的「性」，且依循此性之所在的「道」而行，而這段鼓吹實踐禮義、發揮倫理以回歸於性之道的過程，就是「教化」的重心。由於禮義的最高目的、倫理的至高指標都在於「致中和」，因此遵行「中庸之道」應是最切近之途徑，然而孔子卻早已大聲嘆息：「中庸其至矣乎！民鮮能久矣。」又說：「道之不行也，我知之矣：知者過之，愚者不及也。道之不明也，我知之矣：賢者過之，不肖者不及也。」㊅由於賢者與知者終日高談理論而不務實際，且不屑於瑣事；不肖之愚者更以倫理道德為人間笑話而不願行；過與不及的結果，則導致禮義束之高閣、倫理處於虛位之地位，因此「道」自然是不得而行。於今之計，迫切需要賢者與知者能即知即行，以身教引領不肖之愚者起而效法之，使社會大眾不再以禮儀節度瑣碎而輕之忽之。因為禮義總在事情隱微之處見得真章，倫理更在人倫日用之交接處發揮功用；禮義必須經由實踐才能開出燦爛的火花，倫理更須化為實際的行動方可顯現其卓越的功能。

（本文原載於2000年國際儒學聯合會編《紀念孔子誕辰2550週年國際學術討論會論文集（中冊）》）

註釋

① 分別見於漢．許慎撰，清．段玉裁注：《說文解字注》（臺北：蘭臺書局，1972），頁376、15。

② 《禮記》〈樂記〉，見於漢．鄭玄注，唐．孔穎達等正義：《禮記正義》，收入《十三經注疏》（臺北：藝文印書館，1985），頁665。

③ 其詳參見張光直：〈中國遠古時代儀式生活的若干資料〉，《民族學研究所集刊》，第9期，1960年3月，頁253～268。

④ 《說文》〈示部〉，一篇上，見於《說文解字注》，頁2。

⑤ 《說文》〈豊部〉，五篇上，見於《說文解字注》，頁210。

⑥ 其詳參見清．王國維：《觀堂集林》〈釋禮〉（臺北：河洛圖書公司，1975），卷6，頁290～291。

⑦ 《禮記》〈禮運〉，頁416。

⑧ 《荀子》〈禮論〉，見於王先謙：《荀子集解》（臺北：藝文印書館，1988），頁583。

⑨ 《論語》〈述而〉，見於魏．何晏注，宋．邢昺疏：《論語注疏》，收入《十三經注疏》（臺北：藝文印書館，1985），頁60：「子曰：『甚矣，吾衰矣！久矣，吾不復夢見周公！』」〈八佾〉，頁28：「子曰：『周監于二代，郁郁乎文哉！吾從周！』」

⑩ 《禮記》〈仲尼燕居〉，頁854。

⑪ 《禮記》〈樂記〉，頁669。

⑫ 分別見於《禮記》〈禮運〉，頁432、434。

⑬ 《禮記》〈禮運〉，頁439。

⒁《左傳》〈昭公二五年〉，見於晉・杜預注，唐・孔穎達等正義：《春秋左傳正義》，收入《十三經注疏》，頁888～889。

⒂分別見於《禮記》〈禮運〉，頁414、439。

⒃其詳參見《禮記》〈樂記〉，頁669～671。

⒄《毛詩》〈國風・鄘・相鼠〉，見於漢・毛亨傳，漢・鄭玄箋，唐・孔穎達疏：《毛詩正義》，收入《十三經注疏》，頁122。

⒅《荀子》〈禮論〉，頁587。

⒆《荀子》〈非相〉，頁211。

⒇《禮記》〈曲禮上〉，頁15。

㉑《禮記》〈禮器〉，頁459。

㉒《禮記》〈曲禮上〉，頁14。

㉓《大戴禮記》〈禮察〉，見於清・王聘珍：《大戴禮記解詁》（北京：中華書局，1992），頁22：「禮者禁于將然之前，而法者禁于已然之后。是故法之用易見，而禮之所為生難知也。」

㉔《禮記》〈樂記〉，頁665：「先王之制禮樂也，非以極口腹耳目之欲也，將以教民平好惡而反人道之正也。」

㉕《禮記》〈經解〉，頁847。

㉖此處「道德仁義」之說，依循鄭玄「道多才藝，德能躬行」之理路而來，而孔穎達於「道德仁義，非禮不成」之處，即認為「道者通物之名，德者得理之稱。」以此解說，則可與〈禮器〉所載「禮也者，物之致也。」相互發明，亦即必須深入觀察事物之細微曲折之處，然後能通於物而得其理，於是能以禮為據而行仁義。

㉗《禮記》〈曲禮上〉，頁14。

㉘《禮記》〈仲尼燕居〉，頁856。

㉙分別見於《禮記》〈仲尼燕居〉，頁855、854。

㉚《禮記》〈哀公問〉，頁848。

㉛《大戴禮記》〈禮察〉，見於《大戴禮記解詁》，頁22：「禮云禮云，貴絕惡于未萌，而起敬于微眇，使民日徙善遠罪而不自知也。……以禮義治之者積禮義，以刑罰治之者積刑罰。刑罰積而民怨倍，禮義積而民和親。」

㉜《禮記》〈曲禮上〉，頁14：「修身踐言，謂之善行；行修言道，禮之質也。」

㉝《左傳》〈昭公五年〉，頁745。

㉞《白虎通》〈性情〉，見於陳立：《白虎通疏證》，收入《續經解三禮類彙編》（臺北：藝文印書館，1986），頁516：「禮者，履也；履道成文也。」

㉟《論語》〈泰伯〉，頁70。

㊱《禮記》〈仲尼燕居〉，頁852。

㊲《禮記》〈樂記〉，頁666。

㊳《禮記》〈曲禮上〉，頁14：「禮，不踰節。」〈樂記〉，頁667：「禮，節民心。」〈坊記〉：「禮者，因人之情而為之節文。」〈表記〉，頁912：「禮以節之。」

㊴《禮記》〈禮器〉，頁449。

㊵《禮記》〈喪服四制〉，頁1032。

㊶《論語》〈泰伯〉，頁71：「子曰：『興於詩，立於禮，成於樂。』」

㊷分別見於《禮記》〈仲尼燕居〉，頁854、855。

㊸《論語》〈學而〉，頁8：「有子曰：『禮之用，和為貴；先王之道，斯為美，小大由之。有所不行，知和而和，不以禮節之，亦不可行也。』」

㊹《禮記》〈昏義〉，頁1000～1001。

㊺以下有關禮儀規範所引〈曲禮〉之記載，分別參見《禮記》，頁12～37。

㊻有關冠禮之事，其詳參見《禮記》〈冠義〉，頁998。

㊼有關昏禮之義，其詳參見《禮記》〈昏義〉，頁999～1000。

㊽《禮記》〈經解〉，頁847。

㊾《禮記》〈禮器〉，頁474。

㊿《禮記》〈中庸〉，頁887：敬其所尊，愛其所親，事死如事生，事亡如事存，孝之至也。

(51)《周易》〈觀卦・彖傳〉，見於魏・王弼、韓康伯注，唐・孔穎達等正義：《周易本義》，收入《十三經注疏》，頁60：「觀天之神道，而四時不忒。聖人以神道設教，而天下服矣！」

(52)《論語》〈學而〉，頁7。

(53)《禮記》〈祭統〉，頁830：「祭者，所以追養繼孝也。孝子之事親也，有三道焉。生則養，沒則喪，喪畢則祭。養則觀其順也，喪則觀其哀也，祭則觀其敬而時也。」

(54)《禮記》〈祭義〉，頁807。

(55)有關鄉飲酒禮之義，其詳參見《禮記》〈鄉飲酒義〉，頁1004～1008。

(56)有關射禮之義，其詳參見《禮記》〈射義〉，頁1014。

(57)《禮記》〈聘義〉，頁1028～1029。

(58)《禮記》〈樂記〉，頁672。

(59)《禮記》〈祭法〉，頁798：「大凡生于天地之間者皆曰命，其萬物死皆曰折，人死曰鬼。」另外，〈曲禮下〉，頁99：「天子死曰崩，諸侯曰薨，大夫曰卒，士曰不祿，庶人曰死。」

(60)其詳參見《禮記》〈聘義〉，頁1030。

(61)《禮記》〈聘義〉，頁1031。另外，稱道玉之美者，尚可見於：《說文》，頁10：「玉為石之美，有仁、義、知、勇、潔五德。」《管子》〈水地〉，收入《二十二子》（臺北：先知出版社，1976），頁541～542，稱玉有九德：仁、知、義、行、潔、勇、精、容、辭。《說苑》

〈雜言〉，卷17，收於《四部叢刊正編》第17冊（臺北：商務印書館，1979），頁179，稱玉有六美：「栗理聲近、徐而聞遠、折而不撓、闕而不荏、廉而不劌、有瑕必示之于外。」

⑫《禮記》〈中庸〉，頁894：「誠者，天之道也；誠之者，人之道也。誠者，不勉而中，不思而得，從容中道，聖人也！誠之者，擇善而固執之者也。」

⑬上海師大古籍整理組校點：《國語》〈鄭語〉（臺北：里仁書局，1981），卷16，頁515。

⑭以下有關《禮記》〈中庸〉之記載，其詳參見頁879～902。

⑮《禮記》〈郊特牲〉，頁504。

⑯《禮記》〈中庸〉，頁880。

伍、「嫂叔無服」的文化意義

——以《儀禮》〈喪服〉為討論中心

內容摘要

「禮」雖然緣於人情而作，但是對於同族共居的嫂叔而言，根據禮書記載，當其生，則須遵守「嫂叔不通問」之限制；至於死，竟然還是「嫂叔無服」的安排，因而歷來屢遭不近人情之責難。至於唐代，則為之立為小功之服；但是清儒針對此問題，則明顯分為兩大派別，一派主張以「情義」為重，一派主張以「服制架構」為根本，各持己見，紛爭不休，其根本癥結在於無法區分何者為「禮之義」，何者為「禮之數」。然而，倘若追溯服制訂定之本源，且參照禮書「無服而為位者，唯嫂叔。」等記載，則知其中深深蘊含「男女有別」禮義觀念之必須確立。因而本文從禮制與民情風俗之互動入手，首先將「嫂叔無服」的服制規定，從民俗的角度作文化溯源之工作；其次，則從該禮制規劃所欲達成之目的，說明當時在生活上的配套措施；然後，進而檢驗訂定該服制的動機、手段以及目的是否合理順情；繼此之後，更說明唐律對於嫂叔服制之改變及其改變之理由；文末，則從制禮原則說明嫂叔之間無論無服或有服，皆有其各時代特殊之需要。

一、前言

「禮」雖然向來號稱緣於人情而設，不過，對於聚族而居、同爨共生的嫂叔而言，當其同在屋簷下，尚且必須遵守「嫂叔不通問」①的生活限制，至於死，禮制上甚且還竟處於「嫂叔無服」的安排；不但與緣情立禮的原則不合，倘若從近現代標榜情感應該在禮教枷鎖的束縛中解放的立場而言，根本就是違反人情之措施，因此「嫂叔無服」自唐代以來，即遭受不少的責難。然而，看似不近人情的嫂叔服制，若能參照「無服而為位者，唯嫂叔。」②之相關記載，則可進而推知該禮制之規劃必定蘊藏特殊之用意，值得關心情與理的平衡機制以及情慾與禮教的折衝協調等問題者，作深入一層的研究與討論。

當初在進行「喪服制度的文化意義」研究時，③就已發現嫂叔服制之議題值得深入探討，不過由於篇幅安排所限，僅能點到為止，只提出從民情風俗的觀點看待此一狀似「情理衝突」之現象，更可以凸顯聖人制禮之深思熟慮與細密考量，至於詳情，則有待來日。近日閱讀張壽安先生在「禮教與情慾」學術研討會中發表的〈嫂叔無服，情何以堪？——清代「禮制與人情之衝突」〉一文，④發現該論文客觀而詳實地呈現清儒對此議題的相對說法，頗值得研究清代禮學者之參考。不過就其全文之內容而言，與標題中「情何以堪？」強烈訴諸情感表達的方式明顯不同，或許作者之目的在於透過醒目的標題以呼應「禮制與人情衝突」之主題，並藉此以激發社會大眾閱讀之興趣。另外，由於該文以清儒討論嫂叔有服、無服為主軸，因而僅上溯至造成該服制改變之唐代律令，並不再向上溯源至嫂叔服制訂定之始；然而正由於唐代改制以及清儒對於嫂叔服制之爭論，僅僅著眼於當時當代社會情境之所需而立論，並未曾回歸於服制訂定之始的根本立義，以致學者們各持己見，遂有毛奇齡（1623～1716）、徐乾學（1631～1694）、萬斯同（1638～1702）、朱軾（1665～1736）、沈欽韓（1775～1831）等諸多學者，主張嫂叔應以「情義」為重而「有服」；另有顧炎武（1613～1682）、姚際恆（1647～1715）、程瑤田（1725～1814）、胡培翬（1782～1849）等諸儒，則主張嫂叔應以「服制架構」為準而「無服」，一時形成人情與禮制有嚴重衝突之現象，而有「禮教吃人」之偏激言辭。

因此，本文即將問題回歸於原點，從嫂叔訂定之源起，乃在於要求確立人與人之間應該「男女有別」的「禮之義」，至於落實於實際生活中，嫂叔究竟應當「無服」、「有服」，倘若有服，則該服何種喪服，又該服喪多久之問題，則屬於「禮之數」的問題，應該因「時」因「事」之差異而制其宜，不可一成不變，也不須多逞口舌之爭與文辭之辯。值此之故，本文的主要論點即從禮俗文化與禮制訂定的連鎖性出發，檢驗「嫂叔無服」的禮制規劃是否合理，並進而討論唐代律令對此服制的修訂是否合適，一來藉此以償宿願，再來則以補敘這段歷史因緣，或可使嫂叔服制的演變脈絡更為完整。以下即一一論述之：

二、禮制與民情風俗的互動

由《說文》「禮，履也，所以事神祈福也。」⑤的記載，可知「禮」的淵源肇始於遠古時代事神祈福的儀式行為，而其目的則不外乎企圖藉由儀式行為以解決存在之問題、增進生活之福利，因此倘若某種儀式「合適」、「有效」，便可以被保留下來，成為群眾採行的模式，且逐漸蔚成風氣。這種逐漸形成的民風、民儀，由於必須考慮其是否對實際生活合適有效，於是又得配合生民居處環境的地理狀況、飲食器用等生活習慣的差異現象而設計，加上民情風俗的形成與改變乃是日就月將緩慢薰染而成，因此制禮者懂得各地不同的民俗就相當重要，同時還必須遵守「禮從宜，使從俗。」、「君子行禮，不求變俗。」⑥的原則，若非原有的民情風俗有違情理，或者為求群體永續發展而必須另作特別的調整，則應該努力實踐「入境而問禁，入國而問俗，入門而問諱。」⑦的消極要求，方可因時、因地、因事、因人皆能各制其宜，而卒能各得其禮，以免造成生民在生活上過大的震撼與不適應。另外，制禮者還必須隨時謹記「凡居民材，必因天地寒暖燥濕，廣谷大川異制，民生其間者異俗：剛柔、輕重、遲速異齊，五味異和、器械異制、衣服異宜。脩其教不易其俗，齊其政不異其宜。中國、戎夷，五方之民皆有性也，不可推移。」之事實，⑧在規劃禮儀制度時，不強使差異者必歸於同。

由於原本的禮淵源於生民自然而然、約定俗成的生活「慣習」，此即所謂「禮也者，理也。」⑨、「禮者，天地之序也。」⑩所顯示的「禮」本來所具有之先驗性。然而這種自然形成且影響寬泛的「禮」之概念與行為，當人類社會日趨複雜，人與人的接觸與相互影響逐漸頻繁之時，則有必要在此「先驗」的基礎上，再加上更多的「後設」規範以供各界遵循，使生民在生活運作上更為順暢；亦即必須由「俗」入「禮」，使有「禮」的行為能成為萬民奉行之制度。由「俗」入於「禮」的過程，即先由「聖人制禮」，然後賢人推動倡導禮儀，俾使眾多的君子皆能順而行禮，更透過政治力量之主導，使流風廣播，達到移風易俗、潛移默化人性之效果；由於「非天子，不議禮，不制度，不考文。」而且「雖有其位，苟無其德，不敢作禮樂焉；雖有其德，苟無其位，亦不敢作禮樂焉。」⑪，因而周公能以特殊的因緣際會為周代制禮作樂，奠定周王朝長治久安最重要的條件。這種「後設的」、「人文化」的禮，則可產生以下的作用：

> 禮之于正國也，猶衡之于輕重也，繩墨之于曲直也，規矩之于方圜也。故衡誠懸，不可欺以輕重；繩墨誠陳，不可欺以曲直；規矩誠設，不可欺以方圜。君子審禮，不可誣以姦詐：是故隆禮、由禮，謂之有方之士；不隆禮、不由禮，謂之無方之民；敬讓之道也。故以奉宗廟，則敬；以入朝廷，則貴賤有位；以處室家，則父子親、兄弟和；以處鄉里，則長幼有序。孔子曰：「安上治民，莫善于禮。」此之謂也。⑫

這種「人文化」的禮直接關係治國安民之道，而其最終目的，則在於實現全民普遍有禮、人人盡倫盡性的倫理世界，因此禮制雖然本於民情風俗而來，但是其定為制度的最高指標，仍然在於走入全民的居家環境，影響全民的實際生活，亦即禮制與民情風俗是相互循環、彼此密切影響的。禮制訂定後，即希望藉由居家禮儀規範的全面實踐，培養良好的家庭倫理情境，使全民能在日常生活中深受禮儀的薰陶，推而廣之，始可以進而實現社會倫理與國家倫理，更進而能參贊天地之化育，促使萬物並育而不相害、道並行而不相悖的中正平和境界。

以服喪的民情風俗而言，當死亡發生時，初民由於無知與恐懼，生存者時常會有激烈的反常反應，不但在生活習慣上大異於平常，往往還會對自己的身體做出特殊的處置與裝扮，甚至於抓亂自己的頭髮、割傷自己的身體，穿上怪模怪樣或者有意扯破的衣服，聽憑激烈而複雜的情緒自由發洩，並藉由祓除的巫術以躲避不祥、不潔物的盯睄。⑬這種以巫術進行祓除不祥的習俗，從「君臨臣喪，以巫、祝、桃茢、執戈，惡之也，所以異于生也。」⑭之記載，可知至於周代尚且保留部分巫術之痕跡。然而這種本於巫術祓除的原始習俗，在周代理性覺醒、普遍強調人文化成的文化風潮下，喪服的穿著由於具有特殊的象徵作用，於是成為喪親者最明顯的喪誌，透過有無喪服之分殊以及喪服輕重粗密程度不同的變化，更配合喪親者自我設限的居喪生活，以符應喪親者內心的悲傷之情；《白虎通》所載「喪禮必制衰麻何？以副意也。服以飾情，情貌相配，中外相應。」⑮之說，最能概括喪禮中制定喪服之初衷。由於結構謹嚴的喪服制度，其訂定的基準本於規劃精密的人倫關係網路，因而喪親者服喪的輕重、喪期的短長，均配合當時家族成員群居共處的情況以及相關的民情風俗而定，依據彼此相處感情的厚薄與關係的親疏遠近，作層次不同的分殊區隔。所以，欲明訂定嫂叔服制的道理，必須先從其相關的文化背景而溯其源：

三、嫂叔服制的文化溯源

要追溯訂定嫂叔服制的文化本源，必須先明《儀禮・喪服》中有關嫂叔喪服的規定，並參酌《禮記》中的相關說明一併討論，然後就其所訂內容作相關的文化背景溯源工作，⑯以下即分別論述之：

㈠嫂叔服制的內容

由於嫂叔之服在服制規劃中隸屬於無服之類，因而在〈喪服・經〉之服喪條例中並無相關的記載，僅在〈喪服・大功〉經文「夫之祖父母、世父母、叔父母。」的服喪條例下，以傳文的形式作如下的補充說明：

> 何以大功也？從服也。夫之昆弟何以無服也？其夫屬乎父道者，妻皆母道。其夫屬乎子道者，妻皆婦道也。謂弟之妻婦者，是嫂亦可謂之母乎？故名者，人治之大者也，可無慎乎？⑰

另外，在〈喪服・記〉中，還有一則「夫之所為兄弟服，妻降一等。」⑱的記載。雖然敖繼公即根據此記載而斷定嫂叔不但有服，同時還應該服大功之服，⑲萬斯同亦大大推廣此說，⑳但是姚際恆卻從服喪條例所載，歸納出「妻之從夫降一等，單言小功者；蓋大功以上有不降一等者，如昆弟之子與夫同期、長子與夫同三年是也。降一等，惟大小功為畫一，故以言之。」之服喪體例，[21]且從此差異現象說明此處所謂「夫之所為兄弟服」乃指謂代表兄弟服制的大、小功服總稱，而與夫之兄弟無關。姚氏以〈喪服〉所載內容論證當時服喪應有之條例，應屬可信之說。此條記載既然已經證明與夫之兄弟無關，因而也無關乎嫂叔服制問題，所以不再列入以下的討論範圍。

再其次，則為《禮記》中的相關記載：「子思之哭嫂也，為位。」、「嫂叔之無服也，蓋推而遠之也。」「嫂不撫叔，叔不撫嫂。」以及「無服而為位者，惟嫂叔。」[22]從此四條有關嫂叔服喪之紀錄，可以發現其皆與〈喪服・經〉不立嫂叔服制之條例相吻合，然而亦可從此處發現嫂叔之間的確具有「無服而有哭位」之特殊事實。喪禮中設有「哭位」，代表哭喪者與死者具有相當程度之關係，但是如此具有親近關係者竟然為死者無服，此實為不甚尋常之處。而針對此特殊現象，書中已有「嫂不撫叔，叔不撫嫂。」哭喪時的補充規定，更有「推而遠之」的扼要說明。此「推而遠之」之解釋雖然無法完全滿足唐代以後學者專家之胃口，但是此四條文獻資料彼此並無矛盾之處；同時，若與上述〈喪服・大功・傳〉從「名分」的角度合併來看，至少足以證明此「推而遠之」的理由在當時是成立的，「嫂叔無服」在當時並無異議。

「嫂叔無服」雖然本無疑義，但是此一條例之規劃既然引發後世眾多爭議，則有必要將此條例設計時所持之理由詳加說明。總計上述所載，可以分由兩方面說明如下：

1.嫂叔之名分並無定屬

根據〈喪服・大功・傳〉的記載，鄭玄首先為之作注：「婦人棄姓無常秩，嫁于父行，則為母行；嫁于子行，則為婦行。」鄭玄此處即已指出周代由於採行外婚制，且深受父系宗法社會的影響，女子自出嫁之後，即隸屬於夫家之宗族系統，成為夫族家中的一份子，而將其本家改稱為「外家」，自此而有內外親之分。同時由於「夫妻一體」，㉓因此女子嫁為人婦後，女子即以其夫之中介關係而成為夫族之本宗親屬，所以該女子在夫族中的角色地位，專憑其夫在家族中的輩分地位而定，而無任何稱名之主動性。

因為既嫁的女子在夫家並無獨立的名分地位，所以女子與夫之兄弟，礙於男女之防，以致在親屬的稱謂上並不特別為此女子與夫之兄弟另立彼此的稱謂，故而姚際恆即認為制禮者乃借用《爾雅》「女子謂兄之妻為嫂，弟之妻為婦」㉔之名，而言女子與夫之兄弟間為兄嫂與弟婦之關係，並以此關係為基礎而言彼此的服制，然而由於「弟之妻為婦」僅為名義上的借稱，因此夫之兄與弟之妻之間並不可真行舅與婦道之喪。㉕由於姚氏既已指出「嫂」與「婦」均為借稱，則習俗上女子稱夫之兄為「伯」、夫之弟為「叔」，亦應只是借代之稱，可見嫂叔之間的尊卑長幼本無一定。由於喪服制度的訂定乃根據宗法社會的人倫關係而來的，因此〈喪服・傳〉要以「故名者，人治之大者也，可無慎乎？」的反詰語勢，說明嫂叔之間無法制服的不得已。

固然嫂叔有不得制服的困難，不過同爨共居、共祀一祖的親近情誼畢竟無法忽視與抹煞，於是制禮者必須為此宗族親情尋找出路。因此子思哭嫂而有哭位，即以事實說明「禮緣人情而設」並非虛言，而「無服而為位者，惟嫂叔。」之記載，更證明嫂叔乃是互為哭位以弔喪的。此處單以「嫂叔」為稱，而不論及與此相對應的「伯兄與弟婦」，其原因乃專為配合〈喪服．傳〉說明女子為夫之兄弟服而作的補充。既然該紀錄所載乃已嫁女子為夫族之服制，由於以女子為主，於是以代表女子尊嚴之稱的「嫂」掛名，而以夫之弟的「叔」相對為稱，於是以省文的方式舉「嫂叔」以概括相對的「世伯與弟婦」，說明男子對於嫁入本家兄弟之妻雖然亦是無服，不過仍然必須設位以哭。

2. 男女有別推而遠之

「嫂叔無服」除卻在宗法上輩分行屬本無一定的尊卑長幼關係外，同時，此措施之目的即在於貫徹喪服之隆殺降等，必須嚴守「親親、尊尊、長長、男女有別」之人道最高原則而定。㉖由於此四者為「人道之大」，所以此四大原則亦不應僅止於服制之訂定原則，而理應通貫於人生在世時彼此相互對待的原則，亦即應該生死一貫彼此相通，前後無任何矛盾；且不應僅止於觀念之層次，而應落實在實際生活當中。基於此「男女有別」之考量與禮制應與行為實踐相貫通的需求，於是「嫂叔無服」於焉而立。

另外，藉由《禮記》中對於生之時男女有別之事實記載，亦可以相應說明何以死之時「嫂叔無服」之規劃：對於子女之教養，雖然在七歲之前男女尚無大別，然而七歲之後，則「男女不同席、不共食。」㉗至於一般日常生活，則要遵守「男女不雜坐，不同椸枷，不同巾櫛，不親授，嫂叔不通問，諸母不漱裳，外言不入于梱，內言不出于梱。女子許嫁，纓；非有大故，不入其門。女子子已嫁而反，兄弟弗與同席而坐，弗與同器而食。父子不同席。男女非有行媒，不相知名；非受幣，不交、不親。」㉘、「男女授受不親。」、「非祭，不交爵。」㉙、「非祭非喪，不相授器。其相授，則女受以篚；其無篚，則皆坐奠之而后取之。外內不共井，不共湢浴，不通寢席，不通乞假。」㉚、「為宮室，辨內外，男女居外，女子居內，深宮固門，閽寺守之，男不入，女不出。男女不同椸枷，不敢縣于夫之褌椸，不敢藏于夫之篋笥，不敢共湢浴。夫不在，斂枕篋簟席襡器而藏之。」㉛等瑣細的生活守則。這些區隔雖然今日看來近乎可笑幼稚，甚至有些還有不近人情之處，不過當時竟然被不厭其煩而且是鄭重其事地列為生活準則，甚且還要苦口婆心地強調「男女無辨，則亂升。」㉜、「昔聖帝明王諸侯辨貴賤、長幼、遠近、男女、外內，莫敢相踰越。」㉝，若以古人注重生活經驗累積、講求生活實踐的特色而論，如此將男女「推而遠之」的措施，必定曾經遭遇過歷史苦痛的教訓。至於該活生生、血淋淋的歷史教訓，則為以下所要討論的當時之文化背景：

㈡訂定嫂叔無服時的相關文化背景

喪服制度的訂定，從思想的醞釀到規劃成熟，並形成嚴密的系統制度，其中自然經歷一段相當長期的補充與修正，㉞牽涉到相當複雜的文化演變情形，其中直接關係嫂叔服制的，主要有下列事實：

1.「烝」、「報」與「叔接嫂」的特殊婚俗

儘管我國歷來的結婚方式很多，然而「烝」與「報」的婚俗卻十分特殊，雖然不能算是正常的婚姻關係，但是卻存在著類同於婚姻的事實，且同屬於收繼現象，其相異處僅在於「烝」乃指人子接收除卻生母以外的亡父之妻妾，而「報」則為子侄接收世母、叔母的特殊關係。總計《左傳》中載有五則「烝」、一則「報」以及一則類似「叔接嫂」的事例：

桓公十五年：初，衛宣公烝于夷姜，生急子，屬諸右公子。為之娶于齊而美，公取之，生壽及朔，屬壽于左公子。夷姜縊。

莊公二八年：晉獻公娶于賈，無子。烝于齊姜，生秦穆夫人及太子申生。

閔公二年：初，衛惠公之即位也少，齊人使昭伯烝于宣姜。不可，強之，生齊子、戴公、文公、宋桓夫人、許穆夫人。

僖公十五年：晉侯（惠公）烝于賈君。

成公二年：楚之討陳夏氏也，莊王欲納夏姬。申公巫臣曰：「不可！」王以予連尹襄老。襄老死于邲，……其子黑要烝焉。

宣公三年：（鄭）文公報鄭子之妃，曰陳媯，生子華、子臧。

哀公十一年：冬，衛大叔疾出奔宋。初，疾娶于宋子朝，其娣嬖。子朝出，孔文子使疾出其妻而妻之。疾使侍人誘其出妻之娣，置于犁，而為之一宮，如二

> 妻。文子怒，欲攻之，仲尼止之。遂奪其妻。或淫于外州，外州人奪之軒以獻。恥是二者，故出。衛人立遺，使室孔姞。

顧頡剛（1893～1980）從上述文獻中，衛宣公原本屬意將急子以及壽立為世子，晉獻公烝於齊姜所生之子女可以為秦穆夫人及太子，以及昭伯烝於宣姜所生之三男二女中有兩位為衛國君主、兩位為國君夫人的記載，歸納出當時的社會並不因其是由「烝」所生的子女而降低其社會政治地位。同時，當時貴族的婚姻對象，並不在乎某一個人，而在乎某一家族的地位與產業，因此宣姜雖然原本聘於急子，不過無礙於其轉嫁宣公，且當宣公既薨，又可再轉嫁於公子頑。顧氏並且蒐集漢代匈奴、烏孫、西羌等少數民族仍然保持父兄死後，由其子或弟妻其群母與嫂之習俗的豐富材料，於是認定「烝」與「報」的婚姻制度盛行於春秋前期而消失於春秋後期。㉟至於陳筱芳則從更嚴謹的角度，透過「烝」、「報」當事人及其親屬對這類事件所採取的態度和行為，說明「烝」、「報」並非春秋「公認」的「婚姻制度」，而是「不合乎婚制的事實婚姻」。㊱

比「烝」、「報」是否為春秋時期正式之婚姻制度更重要的，則為當時的確還留存有此類原始婚俗，並且不止於此，民間則由於經濟因素，另有更普遍的「叔接嫂」習俗。而且正因為此類原始婚俗所產生的弊端極多、極大，所以關心人類發展前途的聖賢之人，當然會處心積慮地思索如何移其風、化其俗，而「嚴男女之坊」則是最直接、最全面的轉化管道，於是「嫂叔不通問」就成為一項最實際的措施。

首先，衛宣公以翁之尊而烝於本為兒媳的宣姜，不但導致前一任所烝之夷姜失寵，且危及急子之世子地位與可貴的性命，甚且公子壽還因為欲代替急子死而犧牲自己（雖然於此可見此兩異母弟之間具有難得的手足感情，但是卻也更令人惋惜何以此有情之兄弟，竟然雙雙死於其不仁不慈之父。）。由於壽為急子而犧牲，急子自然更無法獨自偷生，也間接促使夷姜自縊身死。㊲釀成此三條人命的人倫慘劇，不能不說與「烝」的不正常男女關係有關。宣公既薨，少子朔即位，齊竟然勉強朔之庶兄昭伯烝朔之生母宣姜。雖然宣姜日後所生之戴公、文公都繼承衛之君位，但是總計戴公在位之日其實不過十數日之久，所以許穆夫人有〈載馳〉之詩以悲痛衛國之亡而歸唁之不可。㊳顯而易見的，衛國由於長期淫亂之風，導致政治局勢極端不穩定。其次，晉國方面，先有獻公烝於齊姜在前，後有獻公子惠公烝於賈君在後。獻公更因驪姬之讒而殺世子申生，逼使夷吾、重耳出逃；但是獻公一死而晉國大亂。㊴其後，夷吾因秦穆公之助而入晉。夷吾入晉，卻烝於賈君，又不納群公子，於是穆姬怨之，再加上晉之背盟，遂引來秦之攻伐，殘害不少生靈百姓。由此可知晉國多年之戰亂亦與不正常的男女關係有關。另外，則為環繞於夏姬這一「尤物」所引發的一連串不幸事件。叔向之母以夏姬殺三夫、一君、一子，而亡一國兩卿，不可不懲。雖然將此罪過完全加諸夏姬身上確實也有失公平，不過這些男人由於亂搞男女關係、爭風吃醋而惹禍上身，則為不爭之事實。其更甚者，禍患尚不僅止於與夏姬直接有關的男人，而且還殃及巫臣無辜之族人，實為憑空而降之災。不過仔細思索叔向之母所謂「夫有尤物，足以移人，苟非德義，則必有禍。」㊵之說，實為千古不易之定論，且應深深引以為後世戒；因為倘非德義之秉性堅定者，則一旦見色即忘義、睹色即悖德，其所行，更少有中禮合軌之事，因而如何防止男女悖德非義，實為治禮者之一大要事。

另外，發生「報」事件的鄭文公，其所「報」的對象，根據杜預之說，則為文公之叔父子儀妃。文公既「報」陳媯之後，雖然生有子華、子臧。然而子臧先因得罪文公而離開鄭國，其後，文公又誘殺子華於南里，並再使盜殺子臧於陳、宋之間。㊶此又是一樁活生生的人倫悲劇。

最後，則為類似「叔接嫂」的婚姻關係。之所以說孔姞先嫁大叔疾、再嫁其弟大叔遺為「類似叔接嫂」的行為，乃是有別於一般之「叔接嫂」為兄亡而弟收兄之妻為妻的現象。此一事件則因為孔文子已先怒奪孔姞返家，其後因大叔遺繼立，遂再令孔姞為遺之妻室，因而僅能稱為「類似叔接嫂」的模式，而不直接以「叔接嫂」為稱。雖然大叔遺再以孔姞為妻室，其最主要的考量仍然基於政治地位之因素，不過這種「叔接嫂」（伯收弟婦）的平輩收繼習俗，至少已經減少一分「亂倫」之惡罪。這種「叔接嫂」的平輩收繼方式雖然不再紊亂倫輩關係，同時也可以協助解決兄嫂與弟婦的經濟問題，因而亦具有某種程度的正面意義，但是由於嫂叔年齡相近，想法容易溝通，倘若彼此無別，同處在一屋簷下，日久天長，由於近水樓臺的關係，則極其容易因為缺乏自制力，遂產生不正常的感情，以致連帶破壞兄弟手足之情，造成嚴重的家庭糾紛，而影響家族之間的和諧，不可不嚴加防範。倘若兄弟之間有心懷不軌者，還會因為覬覦兄嫂或弟婦之姿色而設計陷害自家兄弟，以達接收其妻室之目的者，則更是家庭之悲劇。縱然象欲妻二嫂而設計陷害舜之事或者僅為歷史傳說，㊷但是如此不幸之事件，不只在理論上有可能發生，且當時一定有案例可循，否則不會憑空造出如此傳說，且代代相傳而人人不以為異。因此，「叔接嫂」或「伯收弟婦」（乃至於還有相似的兄弟「大轉房」收繼婚）儘管也有其現實利益可言，也無紊亂倫輩之虞，但是所造成家族之內同輩之間的感情糾紛與傷害事件則更為嚴重，對於家族倫理的衝擊力更強，流弊也更大。

綜合上述事例，可見不正常的男女關係本身已足夠孳生許多事端，倘若再夾雜著政治權勢的角力與君位的爭奪，則該事件所造成的後果當更加複雜、禍害也更為劇烈。因此聖人制禮，釜底抽薪之計，自然必須「嚴男女之坊」。由於嫂叔同居共爨，年齡又相近，所以自然首先列入重要限制的範圍，生之時「不通問」，死之時「嫂不撫叔，叔不撫嫂」，並且彼此「無服」。另外，為解決孤兒寡母的生活問題，於是從禮制上採取配套措施，規定大功以上之親屬有「異居同財」之義務，㊸因此家族之間不必再以「烝」、「報」、「叔接嫂」、「伯收弟婦」或「兄弟大轉房」等粗鄙的方式以解決孤兒寡母的生活困難，若無大功以上之親，則另開「改嫁他家」一途，再透過對於「繼父」之責任與義務的要求，使之成為合適的「接腳夫」，而協助解決存在的家庭與社會問題。㊹

2.因嫂叔淫亂而引發政治動亂的歷史事例

上述的婚俗雖然現在看來頗為特殊，也無法列入正式的婚制，不過只要不出大紕漏，不引發大的政治風波，外人也無干涉之餘地。至於當時所不認可的男女關係，則更容易導致嚴重的家庭倫理、社會倫理以及政治動亂等問題。春秋時期，齊、衛之國淫風頗盛，君而淫於姑姊妹者，齊之襄公、桓公以及衛之靈公皆有其好。㊺牟潤孫即認為齊之襄公、桓公皆如此，當是受到齊地長女不嫁，名為巫兒之習俗所染，更與母系社會女子淫佚放恣、隨意贅夫的遺俗有關。㊻由於上有所好，下必勝之，而流風所及，更不難有風行草偃之勢。兄弟姑姊妹之間尚且淫佚而無別，則未有血緣關係的嫂叔之間又如何不可有淫佚之行！寫入《春秋》，因嫂叔淫通而引發政治動亂者即有兩例，其他未引起重大政變而正史不加記載者更不知凡幾。謹將嫂叔淫通事例簡述於下：

(1)哀姜與莊公庶弟私通

魯莊公於即位之初，求歡於孟任，許孟任日後將立之為夫人。孟任割臂與莊公歃血為盟以成男女之好，並為莊公生下子般；然而莊公卻別娶哀姜為夫人，也未立子般為世子。哀姜婚後無子，卻與莊公之庶弟公子慶父、牙淫通。當莊公病危之時，公子牙即陰謀欲立慶父，至於季友則以死奉子般。季友使鍼季以毒藥飲公子牙，而阻止慶父之陰謀篡位。慶父則借圉人之手以弒子般。子般薨，於是齊桓公另立哀姜之娣叔姜之子開為閔公。哀姜則幫助慶父使卜齮弒閔公於武闈以謀篡。然而由於季友力挽狂瀾，所以慶父謀篡不成而出奔於莒。其後，季友因向莒賄賂，遂使莒國交還慶父，慶父因而自縊身死。至於哀姜則逃奔於邾，被齊桓公所取歸，並縊之於夷。㊼

(2)狄后與襄王庶弟私通

富辰由於狄人「棄德崇姦」之緣故，向周襄王力陳娶狄女乃「一舉而棄七德，外利而離親，實為肇禍之階」的警告，然而襄王仍堅持娶狄女隗氏為后。不料，襄王之庶弟甘昭公卻與狄后私通。襄王雖然憤而廢隗氏后位，但是卻引發頹叔桃子召舉狄兵大舉伐周。由於周朝王師早已因王綱不振而無可用之軍，於是王師大敗，逼迫天王出奔於鄭，且遣使分別向魯、晉、秦告難求援，情況十分狼狽。㊽

綜觀上述兩則導緣於嫂叔淫通，而直接引發慶父連弒兩君之政治悲劇，又造成甘昭公逼使天王出奔、動搖周朝國本之不幸，然而其對於當時與後世的影響，尚不僅止於此有形可見的殺戮與倉狂逃竄的悲哀，其斲傷人性之處，縱使歷經多時也難以彌補的：莊公與孟任由於輕諾輕許，彼此雖成男女之歡，不過終難長保夫婦之義。莊公既已如此，則哀姜亦可淫通於二叔。於是在男女淫慾作祟與國君權位之蠱惑下，哀姜夾君夫人之威勢幫助慶父以成叔父殺侄之人倫慘劇，且縱然為孺子之君，也難逃被弒之厄運，則不禁要使人懷疑長輩對於晚輩是否尚存有一絲慈愛之仁，上天又何嘗有半縷好生之德！至於襄王雖然貴為天子，但是如此不辨忠姦、信德不堅、守義不固者之流，一旦見色則棄義悖德，更遑論王道隳壞、政治荒亂，其無法一怒而安天下乃勢所必然之事。這種對於人性的根本扭曲，就是妨礙人類永續發展的無形阻力，也是最重大的阻力，遭受池魚之殃的國人自然會深深引以為惡。

基於上述的歷史教訓與文化背景，聖賢秉其先知先覺之智慧、懷抱積極用世的精神，察覺淫佚文化之缺失，於是對症下藥，從日常生活中訂定組織細密的男女生活規範，一以修正過去殘留之惡習，一以形成良好的行為習慣，藉此以為救偏補弊之道。雖然這種生活公約，在今天看來，顯得非常迂腐而不知變通，但是當時為革除環繞於四周的惡劣積習之薰染，這種消極的防弊措施仍有其不可忽視的效果存在，其苦心孤詣的設想應該得到同情的理解與支持。因為一旦建立起良好的生活習慣，則「習慣成自然」，即使終生行之，而無絲毫受限制之感覺；亦即粗鄙的習俗一旦從實際生活中轉化成另一種較文明的模式後，則世人的倫理道德層次將可以逐漸由「他律」之狀態，慢慢進入「自律」之境，至於薰習既久而達於爐火純青時，則可入於「無律」之最高境界而不自覺。

四、從制禮原則檢驗「嫂叔無服」的合理性

要檢驗「嫂叔無服」的合理性，可從一般制禮原則以及喪服制定原則兩方面著手，檢驗其禮儀之規劃是否能生死通貫。以下即一一敘述之：

(一)一般制禮之原則

既已從文化的淵源明瞭聖人制定「嫂叔無服」之苦心，以下謹先依循一般制禮之五大原則，㊾從「嫂叔不通問」的安排，檢驗「嫂叔無服」之合理性：

1.時：制禮，首先必須考慮禮的內容是否合於「時」的問題。所謂「湯放桀，武王伐紂」，都屬於受命改制以合於時勢所需之事；所以制禮者因「俗」入「禮」之際，即必須考慮當時之民情風俗到底是應該「因襲」之，或者應該「變革」之，而其目的則不外乎祈使社會能由於人類理性之覺

醒，而逐漸提昇人類文明的高度與精神的價值。當時既然尚存在「烝」、「報」以及「叔接嫂」之粗鄙而多弊端的遺俗，所以就有必要設禮以嚴男女之別，以決彼此之嫌疑。更因為「夫唯禽獸無禮，故父子聚麀。是故聖人作為禮以教人，使人以有禮，知自別於禽獸。」㊿可知既已稱父子聚麀者為禽獸，而兄弟聚麀者，其實與禽獸相去亦不甚遠，因此都屬於應該「變革」之列，所以「嫂叔無服」之措施可謂合於當「時」所需。

2.順：制禮除卻必須考量合於「天時」之外，尚且必須「順」於人倫。父子兄弟乃天定之人倫，分別屬於「首足」、「四體」之自然而特定的關係，㉛因而其妻室亦相對有其既定之名分，不應既為母而後再為妻，亦不宜已為兄嫂而轉為弟婦。若能順於人倫大序，則親族和睦家道興旺；倘若逆此天地人倫，則要兄弟不反目、父子不成讎亦有其困難。從「順」於人倫之立場而言，設立嫂叔之坊確實有其必要性，所以「嫂叔無服」亦順應此必要而來。

3.體：制禮，在合天時、順人倫之外，尚需考慮其整體規劃。由於當時男女無別導致嚴重的人倫紊亂、社會動盪、政局不穩等問題，因此必須對於嫂叔這種特定群體的男女對象採取特別嚴格的管制措施，以免彼此因情慾潰堤而衝壞禮教之邊防，引發令人意想不到的人倫悲劇。由於要合乎整體考量，因而在制定各項細目，對於特定人際關係進行規範時，有時候少數人就難免會感覺有所不便；然而這種對於較少數人的限制，卻可保障更廣大群體的運作方便，同時由於對廣大群體較為方便，長久以後，亦可以轉而提昇對於此少數人的相對便利性。因此，在要求人類文化永續經營的理念下，從大局設想的整體規劃考量以及大力推動實行的方式，就是「人文化」最重要的特徵。

4.宜：制禮，在合天時、順人倫、明大體之外，尚需考慮其實施方式之是否恰當。基於前三種考量，因而必須設定生之時「嫂叔不通問」，死之時「嫂不撫叔，叔不撫嫂」、「嫂叔無服」之一貫措施，使死生通貫，彼此毫無矛盾之處。

5.稱：合乎上述四項原則之外，制禮之時尚需考慮是否合稱於人情實事。嫂叔同居共爨、共祀一祖，本有親近之同族感情，然而表面上近於人情者卻未必最能合乎整體人情之需求，亦即與其使嫂叔無坊、無別，而有情欲潰堤、破壞家庭倫理之虞，不如將這份親族之感情，轉由同性的妯娌兄弟婦之間彼此能親密關懷，倘若妯娌之間感情融洽，則兄弟手足之情亦可以相對久長，方能真正達到家和萬事興之局面。由於妯娌之間親近融洽，則一旦有兄弟婦任何一人死亡，妯娌之間自然有悲傷盡情之表示，加上夫妻一體，因而伯兄與叔弟自然會與其妻共同為死亡之兄嫂或弟婦表達哀悽之情，因而即使受限於「嫂叔不通問」的特殊約定，亦可以透過「稱情而立文」的操作原則，以雖「無服」然而有「哭位」之方式合稱這份嫂叔之人情與實事。

(二)制定喪服的四項原則

繼上述從一般制禮原則檢驗「嫂叔無服」的合理性之後，再從制定喪服的四項原則，(52)檢驗「嫂叔無服」的合理性於下：

1.恩：制定喪服的首要原則在於服喪者與死者彼此恩情

的親疏遠近、感情厚薄的差別。由於當時已訂定「嫂叔不通問」的生活規範，因此嫂叔的交接往往必須透過兄弟娣姒婦之轉介，所以夫之兄弟為兄弟婦服無服之喪的同時，跟隨其妻娣姒婦而表示同宗親族之間的恩義哀情，不但應為順理成章之事，而且還可增加兄弟之間以及兄弟妻之間微妙的感情。

2.理：由於生之時禮制既已訂定「嫂叔不通問」之生活規範，則嫂叔任何一方一旦死亡，則按理應當採取「嫂叔無服」的措施，且嫂叔雙方都應遵循「嫂不撫叔，叔不撫嫂」之居喪禮儀，此當為生死一貫之義理，而無違背道理之情事。

3.節：服喪雖然以盡情誌哀為主，然而有時亦必須有節制感情之相對需求，以免橫生枝節而造成周遭人群之困擾。因為直情徑行僅為戎狄之行為，㊸並非熟悉禮義之表現，所以「嫂叔無服」之規劃，即為相對節制嫂叔之間男女感情之表現，以達到禮所具有的「決嫌疑」之重要功能。㊹

4.權：訂定喪服，本有一套配合親屬親疏遠近關係不同的相對等安排，而衡情論理，嫂叔之關係絕對不亞於娣姒之間的關係，但是娣姒婦相互服小功，嫂叔卻不制服，其中之道理，就是基於「權」之因素而加以考慮。亦即必須權衡嫂叔之關係，使其能與彼此生之時的互動關係相呼應，至於處理哀情的權衡之道，則應透過設位而哭的方式，與其夫妻一體的另一半相協而為之共同表達哀傷之意。

綜合以上所述，可知無論是歸納一般制禮的五大原則或者制定喪服之四大原則而言，「嫂叔無服」在當時實在具有相當高的合理性，不過，亦必須輔以設位而哭的替代方案，以保持理性與感性的平衡原理。此即顧炎武所謂「夫外親之同爨猶緦，而獨兄弟之妻不為制服者，以其分親而年相亞，故聖人嫌之。嫌之故遠之，而大為之坊。」之「推遠」原理，至於「嫂叔雖不制服，然而曰：『無服而為位者惟嫂叔』、『子思之哭嫂也為位』，何也？」則是顧氏所謂「是制之所抑，而情之所不可闕也。」之說。㊺而此說同時也是華學泉所謂「斷之以義，故無服；親之以仁，故袒免為位而哭。未嘗不情義兼盡也。」㊻的通透看法，顧、華二氏的說法正足以闡發聖人制禮考慮之精深奧妙之處。

五、唐律對於嫂叔服制的改變

《儀禮．喪服》對於嫂叔之服制，以「無服」為制。然而時至唐太宗貞觀十四年（640），因修禮官奏事言及喪服，遂引發太宗「同爨尚有緦麻之恩，而嫂叔無服」等對於服制之疑，因此特別任命學者詳加評議此事例。於是侍中魏徵（580～643）與禮部侍郎令狐德棻（583～666）等奏議：

> 《記》曰：「兄弟之子，猶子也，蓋引而進之也；嫂叔之不服，蓋推而遠之也。」禮：繼父同居，則為之期；未嘗同居，則不為服。從母之夫、舅之妻，二夫人相為服。或曰，同爨緦。然則繼父之徒，並非骨肉，服重由乎同爨，恩輕在乎異居。故知制服雖繫于名，亦緣恩之厚薄者也。或有長年之嫂，遇孩童之叔，劬勞鞠養，情若所生，分饑共寒，契闊偕老。譬同居之繼父，方他人之同爨，情義之深淺，寧可同日

> 而言哉！在其生也，愛之同于骨肉；及其死也，則曰推而遠之。求之本原，深所未諭。若推而遠之為是，則不可生而共居；生而共居之為是，則不可死同行路。重其生而輕其死，厚其始而薄其終，稱情立文，其義安在？56

魏徵等將長嫂撫育幼叔之恩比照繼父眷養稚孤之恩義，於是以繼父同居則服期、不同居則無服之例，推論長嫂對待幼叔倘若情同所生，則一旦長嫂身亡，而賴嫂撫育而生的幼叔竟是推遠而無服，則當非稱情立文之本義。魏徵更列舉當時事嫂而人稱仁孝之諸多事例，向唐太宗建議，為求「變薄俗于既往，垂篤義于將來」，應改原來嫂叔無服者為小功，並使之互為報服，而弟妻與夫兄，亦同服小功五月之服。魏徵此一建議，於貞觀二十年正式施行。而針對嫂服無服之制，顏師古（581～645）亦表示：

> 舊館脫驂，尚云出涕，鄰里有殯，且輟巷歌，況乎昆弟之妻，嚴親是奉！夫之昆弟，貲業本同，遂乃均諸百姓，絕于五服？當其喪沒，閨門縞素，己獨晏然，元黃莫改；靜言至理，殊非宏通，無益關防，實開淪薄。相為制服，孰謂非宜？在昔子思，宣尼之胄，為位哭嫂，事著禮文。哭既施位，明其慘怛，苟避凶服，豈曰稱情？58

顏師古所論亦可謂近乎情理之說，亦即從「稱情」的立場而言，的確是哭而有位者不該避其凶服，然而若從所謂「禮者，為可傳也，為可繼也。」㊾的立場而言，則喪禮的安排，除卻以哀情為重之外，尚需考慮其他的相互對應條件。昔日孔子因哀而出涕，遂脫驂以為賻，但是子貢認為孔子所為有過重之嫌，㊿其道無他，此即因其已出於正常禮制之規範；子思哭嫂，雖然事著禮文，卻也不見其有著喪服之說，可見其並不與禮書所載相衝突，只因當時的時空環境特殊，必須另加考量叔嫂避嫌之問題，而無法將叔嫂之服制立為禮制。

顧炎武、程瑤田雖然認為《儀禮・喪服》中「嫂叔無服」之制，乃是當時立禮之精義處；[61]然而一旦時空環境改變，「禮之數」亦可隨而有所變革。因此貞觀時期的議禮者，將嫂叔無服由原先的無服改定為小功五月，即因為時空條件的轉變，而歷經宋、元、明、清無變革。

六、結論——嫂叔服制應配合時代脈動

雖然貞觀之更改服制，引來顧炎武「禮之失也，在於學者好為曲說，而人君一切臨時申其私意，以增多為盡禮，而不知煩數之為黷也。……夫賢者率情之偏猶為悖禮，而況欲以私意求過乎三王者哉！」[62]之譏，不過，在「烝」、「報」以及「叔接嫂」等收繼婚從社會中大抵消失，「男女無別」的原始亂象轉型之後，以嫂叔互服為小功五月，亦有其合宜之處，而未必皆如顧氏所譏。

由於制禮之時首先必須考慮是否合「時」的問題，一旦最先決條件的時空關鍵因素轉變，則禮的內容也應隨之而有變革。回溯制定「嫂叔無服」的時代背景，由於當時尚殘留

有「烝」、「報」與「叔接嫂」的遺俗，且有君主以其政治權勢而行落後婚俗之實，不但引發不少斲傷人性的人倫悲劇，甚且造成嚴重的政治動盪，因而制禮者自然有必要制定極為嚴謹而且瑣細的生活規範以「嚴男女之坊」。同時由於男女之中，嫂叔因為近水樓臺「分親而年相亞」之關係，所以最需要避免嫌疑，以致遂有「嫂叔不通問」、「嫂叔無服」的極端措施。然而這種對於嫂叔之間的極端限制，在時過境遷、殘留的陋俗幾乎銷聲匿跡之後，的確也有必要在禮制上作一調整。

時至漢代，雖然仍有少數夷狄之邦還保留「烝」、「報」與「叔接嫂」等落後婚俗，但是華夏民族由於深受儒家倫理思想的影響，並且自從春秋、戰國以來已加強防範男女發生不當的關係，所以早已視上述之行為乃嚴重違反倫理道德之事，而無法見容於當時之社會。秦始皇嘗是歷史上率先藉由刻石立法的途徑，以禁止男女淫佚之行為者。[63]至於漢代，更透過詳細的律法途徑，正式對「與後母亂」、「假子以母為妻」、「與姊妹姦」以及「禽獸行」等違反人倫道德的行為科以嚴厲之刑罰，企圖以重刑杜絕這類情事發生。由於倫理道德意識的建立與法律條文的嚴格制止，對於男女應謹守一定分寸的觀念，已經逐漸成為全民的共識。因此時至唐代，嫂叔的關係就不宜再停留在過去「生不通問」、「死而無服」的模式，倘若果真有長嫂撫育幼叔親如所生之事，則權而以期服相報並不過分，至於一般嫂叔之間，由於同居共爨之親，娣姒婦之間既然互服小功五月，則嫂叔以及伯兄弟婦之間互服小功之服，亦是稱乎人情之合宜考慮。由於粗鄙的婚俗已獲得相當程度的制止，因此嫂叔互服小功五月之服，即以其合乎情理的緣故，所以能自貞觀以後，歷經各代而無改變。

（本文原載於2002年6月銘傳大學中國語文教育「學理與應用」學術研討會——禮俗與文化論文集）

註釋

① 《禮記》〈曲禮上〉，見於漢．鄭玄注，唐．孔穎達等正義：《禮記正義》，收入《十三經注疏》（臺北：藝文印書館，1985），頁37。

② 《禮記》〈奔喪〉，頁945。

③ 此研究議題之醞釀，起於1996年年底，歷經三、四年的時間，先後分別在不同的刊物發表多篇有關「喪服制度之文化意義」主題的論文，並加以重新整合，由文津出版社於2000年4月試印，10月全面發行。

④ 張壽安：〈嫂叔無服，情何以堪？清代「禮制與人情之衝突」議例〉，收入熊秉真、呂妙芬主編：《禮教與情慾：前近代中國文化中的後/現代性》（臺北：中研院近史所，1999），頁125～177。

⑤ 漢．許慎撰，清．段玉裁注：《說文解字注》（臺北：蘭臺書局，1972），頁2。

⑥ 分別見於《禮記》〈曲禮上〉，頁13；〈曲禮下〉，頁72。

⑦ 《禮記》〈曲禮上〉，頁59。

⑧ 《禮記》〈王制〉，頁247。

⑨ 《禮記》〈仲尼燕居〉，頁854。

⑩ 《禮記》〈樂記〉，頁669。

⑪ 《禮記》〈中庸〉，頁898。

⑫ 《禮記》〈經解〉，頁846。

⑬ 其詳參見朱岑樓譯，馬凌諾斯基（Bronislaw Malinowski）著：《巫

術、科學與宗教》(Magic Science and Religion)(臺北:協志工業叢書,1989年),頁29～31。

⑭《禮記》〈檀弓下〉,頁171。

⑮見於清·陳立:《白虎通疏證》〈喪服〉,卷11,收入《續經解三禮類彙編(一)》(臺北:藝文印書館,1986),頁558。

⑯其詳參見拙作:《喪服制度的文化意義》第二章與第三章部分。從民情風俗而言,喪禮的起源很早,而喪服的穿戴,乃是配合喪禮之進行而穿著者,因此起源亦不可能太遲,且從《尚書》〈康王之誥〉之記載,應可說明至遲到周初之時,已有相當完備的為君父服喪制度。不過,喪服制度從興起到達成熟,乃至於到達《儀禮》〈喪服〉所呈現規劃完整細密之狀態,則必然歷經一段相當長期的演變,很可能至於春秋戰國時期始臻於精細周密,大體來說,〈喪服·經〉的時期較早,〈喪服·傳〉因為屬於解經之作,所以時代較晚,至於〈喪服·記〉所跨越的時代則相當長,其中有與〈喪服·經〉並行者,也有晚於〈喪服·傳〉之產生時代者。

⑰《儀禮》〈喪服〉,見於漢·鄭玄注,唐·賈公彥疏:《儀禮注疏》,收入《十三經注疏》(臺北:藝文印書館,1985),頁377。

⑱《儀禮》〈喪服·記〉,頁398。

⑲元·敖繼公:《儀禮集說》,收入《文淵閣四庫全書》第105冊,(臺北:商務印書館,1983),頁412。

⑳其詳參見清·萬斯同:《群書疑辨》(臺北:廣文書局,1972),頁20～21。

㉑清·姚際恆:《儀禮通論》(北京:中國社會科學院,1998),頁416～417。

㉒分別見於《禮記》〈檀弓上〉,頁127;〈檀弓上〉,頁144;〈雜記下〉,頁750;〈奔喪〉,頁945。

㉓《儀禮》〈喪服〉，頁355。

㉔《爾雅》〈釋親〉，見於晉．郭璞注，宋．邢昺疏，《爾雅注疏》，收入《十三經注疏》（臺北：藝文印書館，1985），頁63。

㉕ 其詳參見姚際恆：《儀禮通論》，頁391～392。

㉖其詳參見《禮記》〈喪服大記〉，頁594；亦見於〈大傳〉，頁617。

㉗《禮記》〈內則〉，頁538。

㉘《禮記》〈曲禮上〉，頁37。

㉙此二則均見於《禮記》〈坊記〉，頁872。

㉚《禮記》〈內則〉，頁520。

㉛《禮記》〈內則〉，頁533。

㉜《禮記》〈樂記〉，頁672。

㉝《禮記》〈仲尼燕居〉，頁856。

㉞其詳參見拙著：《喪服制度的文化意義——以《儀禮．喪服》為討論中心》（臺北：文津出版社，2000），頁66～82。

㉟其詳參見顧頡剛：〈由"烝"、"報"等婚姻方式看社會制度的變遷〉（上）、（下），《文史》1982年第14輯，頁1～29，第15輯，頁1～25。

㊱其詳參見陳筱芳：《春秋婚姻禮俗與社會倫理》（成都：巴蜀書社，2000），頁56～75。

㊲其詳參見《左傳》〈桓公一六年〉，見於晉．杜預注，唐．孔穎達等正義：《春秋左傳正義》，收入《十三經注疏》（臺北：藝文印書館，1985），頁128。

㊳其詳參見《左傳》〈閔公二年〉，頁191。

㊴其詳參見《左傳》僖公五年至九年，頁204～220之相關記載。

㊵其詳參見《左傳》〈成公七年〉，頁443～444，以及〈昭公二八年〉，頁911～912之相關記載。

㊶其詳參見《左傳》〈僖公一六年〉，頁236；〈僖公二四年〉，頁257～258；〈宣公三年〉，頁368。

㊷其詳參見《孟子》〈萬章上〉，見於漢．趙岐注，宋．孫奭疏：《孟子注疏》，收入《十三經注疏》（臺北：藝文印書館，1985），頁162。

㊸《儀禮》〈喪服．齊衰不杖期〉，頁356記載：「昆弟之義無分，然而有分者，則辟子之私也。……異居而同財，有餘則歸之宗，不足則資之宗。」

㊹有關《儀禮》〈喪服〉中「繼父」的問題，可參考拙作：〈《儀禮》中為繼父服喪的意義〉，《漢學研究》第17卷第2期（1999年12月），頁91～108。

㊺其詳參見周．管仲：《管子》〈小匡〉，收入《百子全書》第2冊，（長沙：岳麓書社，1993），頁1322：「（桓）公曰：『寡人有污行，不幸而好色，姑姊有不嫁者。』」漢．劉向：《說苑．尊賢》，收入《百子全書》第1冊，頁599：「將謂桓公清潔乎？閨門之內無可嫁者，非清潔也。」《越絕書外傳．計倪》，卷9，收入《四部叢刊．史部》第5冊，頁44記載計倪對越王句踐言：「是故周文、齊桓躬于任賢，太公、管仲明于知人；今則不然。臣故曰：『殆哉！』越王勃然曰：『孤聞齊威淫佚，九合諸侯，一匡天下，蓋管仲之力也。』」陳奇猷校釋：《呂氏春秋校釋》〈慎大覽．下賢〉（上海：學林出版社，1995），頁879：「世多舉桓公之內行。」漢．陸賈：《新語》〈無為〉，收入《百子全書》第1冊，頁292：「齊桓公好婦人之色，妻姑姊妹，而國中多淫於骨肉。」另外，《說苑．尊賢》，頁601，另載有魯哀公認為衛靈公「其閨門之內，姑姊妹無別。」之事。

㊻其詳參見牟潤孫：〈春秋時代母系遺俗公羊證義〉，收入鮑家麟編著：《中國婦女史論集》（臺北縣：稻鄉出版社，1992），頁20～26。

㊼其詳參見《春秋》與三傳，從莊公二五年至僖公二年之相關記載。

㊽其詳參見《春秋》與三傳僖公二四年。

㊾《禮記》〈禮器〉，頁450：「禮，時為大，順次之，體次之，宜次之，稱次之。」

㊿《禮記》〈禮器〉，頁15。

51《儀禮》〈喪服．齊衰不杖期〉，頁356：「父子首足也，昆弟四體也。」

52根據《禮記》〈喪服四制〉，頁1032所載，喪有四制，有恩，有理，有節，有權。

53《禮記》〈檀弓下〉，頁175。

54《禮記》〈曲禮上〉，頁14：「夫禮者，所以定親疏、決嫌疑、別同異、明是非也。」

55清．顧炎武著，周蘇平、陳國慶點注：《日知錄》〈兄弟之妻無服〉（蘭州：甘肅民族出版社，1997），卷5，頁273。

56清．秦蕙田：《五禮通考》〈喪禮〉（臺北：聖環出版社，1994），卷256，頁11，引華學泉之說。

57後晉．劉昫等撰：《舊唐書》〈禮儀志七〉，卷27，收入楊家駱主編：《中國學術類編》（臺北：鼎文書局，1976），頁1020。

58唐．顏師古：〈嫂叔舅服議〉，收入清．董誥等編：《欽定全唐文》（臺北：匯文書局，1961），頁1880。

59其詳參見《禮記》〈檀弓上〉，頁142。

60其詳參見《禮記》〈檀弓上〉，頁129。

61其詳參見清．顧炎武：《日知錄》〈兄弟之妻無服〉，卷5，頁273：「有其恩于娣姒，而斷其義于兄弟，夫聖從之所以處此者，精矣。」另外，清．程瑤田：《儀禮喪服文足徵記》〈夫之昆弟無服說〉，收入《皇清經解三禮類彙編㈢》（臺北：藝文印書館，1986），頁2023：「嫂者，尊嚴之稱；婦者，卑遠之稱。尊之、卑之者，所以序男女之別，假借稱之，以示推而遠之之意。其義至精，學禮者可以意會也。」

⑫清．顧炎武：《日知錄》〈唐人增改服制〉，卷5，頁279。

⑬漢．司馬遷：《史記》〈秦始皇本紀〉，見於日．瀧川龜太郎：《史記會注考證》（臺北：洪氏出版社，1977），頁126～127記載：「有子而嫁，倍死不貞。防隔內外，禁止淫佚，男女絜誠。夫為寄豭，殺之無罪；男秉義程，妻為逃嫁，子不得母。咸化廉清，大治濯俗。」

陸、儒家人倫關係新論

——以「六位」到「三綱」的轉化為討論中心

內容摘要

郭店簡〈六德〉中，提出人倫關係中最重要的夫、婦、父、子、君、臣「六位」觀念，此「六位」皆分別有其應有的「六職」與「六德」要求，後世則演變為「三綱」。然而不幸因為「三綱」之理被誤用，遂對人倫關係造成極不良的影響。本文首先略述為文之動機與目的。其次，則論述「六位」、「三綱」與儒家倫理之關係，分別從：「六位」在人倫中之地位、「六位」各盡其相關職德以成其倫理、從「六位」到「三綱」之確立、「三綱」之推動、「三綱」之誤用等五方面，說明從「六位」到「三綱」的轉化過程。繼此之後，則論述儒家人倫關係變遷之特色，並分別從：儒家倫理源於司徒之教的倫理觀、孔子強調規範性倫理、戰國時期注重相互圓滿之相對倫理、漢唐之間注重社會國家集體倫理、宋以後強調絕對君權而形成歧出倫理等五部分說明之。文末，則指出由「六位」及其相關理論演變為「三綱」，雖然有其理論發展之時代因素與限制，然而卻不應因其在宋代以後受到誤用，以致因噎廢食，一併廢棄固有的優質文化。

一、前言

所謂人倫義理，不貴在理論規劃之周密無瑕，而重在其必須具體落實於人與人之間的相互交接與彼此對待之關係中真實呈現。雖然儒家最注重人倫義理的實踐與推動，然而被譽為儒家始祖的孔子，並未在其最能表達其思想的《論語》中，提出哪些人與人之間的關係為人倫關係之最重要者，僅於〈微子〉出現「欲絜其身而亂大倫」與「言中倫、行中慮」直接指涉「倫」之記載。①

目前，能確定文獻所載在於說明某些特定人士的身分地位，同時還關乎人倫者，僅有《莊子》〈盜跖〉之「五紀六位」。②然而就〈盜跖〉之前後文所載，亦無法明確理解「六位」所指涉之對象為何，也無法得知其相互之間的對待意義，不過已可以確定其說必定攸關親疏、貴賤與長幼之間的倫序與道義問題。然而這種以「六位」為名，而有關於人倫相互對待關係之明確描述，在郭店簡出現後大為改觀，此即本文以「新」為題之緣由。

郭店簡之〈六德〉不但提出人類社會中最重要的人倫關係在於夫、婦、父、子、君、臣「六位」之間的彼此對待，又指出這六種不同的人際地位與角色各有其不同而應盡的職責，且必須各自擁有不同的道德要求。這種以「六位」為主的人倫架構，與其所延伸的「六職」內容與「六德」要求，構成一套義理貫通、管道暢達的人倫實踐系統。

大陸學者龐樸、廖名春以及李存山等，已經指出此「六位」說應屬後世「三綱」說之濫觴。③然而原本條理通達的

「六位」說，後世卻衍成僵化的「三綱」絕對倫理，且在歷史上造成不良的影響，因此關懷人倫問題者有必要深入其中以明究竟。因而本文之主體論述將包含兩大部分：前一部分論述從「六位」到「三綱」的轉化，後一部分則綜論儒家人倫關係變遷之特色。最後，則於結論中提出人類需要合理的人倫綱紀。

二、「六位」、「三綱」與儒家倫理之關係

郭店一號楚墓的年代不晚於300B.C.，且竹簡中的〈六德〉屬於儒家著述，都已經獲得考古學界普遍的認同。因此綜合該篇「六位」與其相對應的「六職」、「六德」之記載，再對照包含《禮記》在內之先秦相關典籍，④即可以勾勒出先秦以前儒家倫理思想之大觀。

以下即一一論述「六位」在人倫中之地位、「六位」之職德關係、「六位」轉化為「三綱」、「三綱」的推動與誤用之情形：

㈠「六位」在人倫中之地位

〈六德〉載有「生民斯必有夫婦、父子、君臣」⑤之說法，其中「夫婦」、「父子」與「君臣」實為兩兩相對的三組人倫關係，從「斯必」之用法，即顯而可見每一生民存在於人世間，必然置身號稱為「夫、婦、父、子、君、臣」六種不同的身分地位之間。因為男女在長大成年後，即經由結合而形成「夫婦」之相對關係；結成夫婦，則有繁衍後代之天職，於是繼而又有「父子（母女）」之血親關係；若將此

第一層次的家族人倫關係向外擴充，則為擴大性社會組織團體，且有君臣上下之分，⑥而此層層衍化，實為人類社會在人倫關係上的自然發展。

另外，〈六德〉在記載「男女卞生言，⑦父子新（親）生言，君臣宜（義）生言。」之後，還要進而申說「男女不卞，父子不新（親）；父子不新（親），君臣無宜（義）。」的利害關係，而後可以得到「是故先王之教民也，始於孝弟。」的結論。因為一切人倫義理的養成均來自家族成員在群居共處中相互陶融與擴充，而夫婦能相愛以道、相親以義，則又是為人子者取以孝敬親長、友愛兄弟之根本。倘若能下修其本，則可以本立而道生，使人人奠立穩定的人格基礎。同時由於道之已生，因此中心可定，於是可以明辨是非善惡而斷絕讒言，使浸潤之譖、膚受之愬不得而行，達到訟獄不興之狀態，因此先王之教民，必須先從講求孝弟開始。經由此迒說後，於是可以得出「生民斯必有夫婦、父子、君臣。君子明乎此六者，然后可以斷讒。」之結論，且因而可以順推「六位」若能定，則社會可定、民心可安。⑧

除此之外，〈成之聞之〉也提出「天降大常，以理人倫。制為君臣之義，作為父子之親，分為夫婦之辨。」之說法，說明君臣、父子、夫婦彼此之對待關係乃人倫之大者，因而君子必須「慎六位以祀天常」，⑨由此可見「六位」乃是「天之大常」，於人倫之中的地位相當重要。

㈡「六位」各盡職德以成倫理

郭店楚簡在第七簡末的「六位也」之後，即緊接著記載「有率人者，有從人者；有使人者，有事人者；有教者，有學者；此六職也。既有夫六位也，以任此六職也。六職既分，以卒六德。」⑩可見「六位」與「六職」、「六德」乃是通體一貫、串聯而下的，且都必須依附在三組相對的行為主體，始可成就其最後的德性意義。以下即分述此三組主體相對圓滿之倫理關係：

1.夫婦各盡職德以成其倫理

從《說文》「男，丈夫也，從田力，言男子力于田也。」、「女，婦人也，象形，王育說；凡女之屬皆從女。」、「夫，丈夫也，從大一，一以象旡。」、「婦，服也，從女持帚，灑埽也。」之記載，⑪說明周代農業社會下「男主外，女主內」的生活狀況。

郭店簡中，夫之德為「智」，其職為「率人」；婦之德為「信」，其職為「從人」。其具體表現，則在於所謂「夫」者，乃是「知可為者，知不可為者；知行者，知不行者。」，因此能「以智率人」；至於「婦」，則一旦與夫舉案齊眉，則「終身弗改之」，即使夫死，然而由於「主」之猶存，同時婦在家族中仍然擁有其應有的身分地位，且與夫家家族之親屬關係又依然存在，因此婦德就在於其能信守對於丈夫家族之承諾，能從一而終，終身不變。⑫相應於此，〈郊特牲〉：「出乎大門而先，男帥女，女從男，夫婦之義由此始也。婦人，從人者也，幼從父兄，嫁從夫，夫死從子。夫也者，以知帥人者也。」⑬即說明男帥女、女從男，乃順合自然界中陽動陰靜之理而來。同時，為求陽動而能合於理、夫唱而能合於義，則為人夫者必須擁有「知」之德，能擁有此德，方可保證其所帥乃合乎義理，而非盲動躁進。

又由於「天無二日，土無二王，國無二君，家無二尊」，⑭且家長對外又代表整個家族，因此婦人所謂「三從」之道，乃是從於一家之長之義。

若欲追溯婦人何以必須有「三從」之道，則與古代男女有別之教育設計有關。⑮人之長，而建立男子頂天立地之弘遠志向。由於男子自從十歲開始，不但必須接受嚴格的生活訓練，還要勤習文學武事以及各項禮儀，若能通過考驗，則自然具備「率人」之能力，且擁有深謀遠慮的「智」德，能夠成為「一家之主」，扶助引領婦人實踐義理。反觀古代對於女子的教育，女子十歲以後並不出外求學，而是養在深閨，學習女紅織造、祭祀禮儀之事，培養溫婉柔順的習性以成日後之賢內助。經過此長期調教，因而能養成女子誠信任職的習慣與能力，且能安於順從男子的引導與扶持。

另外，從《大戴禮記》「是故審倫而明其別，謂之知。所以正夫德者。」以及女子「無專制之義，有三從之道」、「事無獨為，行無獨成之道，參知而后動，可驗而后言，謂之信也。所以正婦德也。」之記載，⑯可以理解夫婦應具之職德不同。亦即所謂「丈夫」者，必須滿足「審倫而明其別」之必備條件，然後「夫德」可得之以正，苟不如此，則由於「德之不存」，以致「名不正，言不順」，當然亦無「率人」之本事與權力。至於婦人，則由於有知倫理、明分別之丈夫的引導，又有家長規劃安排大事之進行，因此亦無專制事理、強自出頭的必要，僅依照「參知而后動，可驗而后言」的原則行事，即可達到〈昏義〉所言宮事料理妥當、六畜繁殖興旺的局面，達到「內和理而家可久」的狀態。⑰可見婦人之「從人」，乃是「伏服」於正理、義理，且誠信於事之義，如此方可謂之得婦德之正。尤其比較夫婦二德之正，當知其根本關鍵又在於夫德之能否得其正為準，故知古代設禮制義，相當重責男子之盡其職德。

2.父子各盡職德以成其倫理

由於父與子之間具有「生」與「所從生」不可斷絕之血緣關係，因此在六位三組的人倫關係中，彼此關係之密切又居於三者之冠。父之生子，不但具有生養之責，而且還有教育引導下一代之責任。

《說文》所載：「父，巨也，家長率教者，從又舉杖。」⑱者，即用以表示所謂為人父者，乃一家之長，具有舉杖教子以規矩之責任。亦即人子之行為是否規矩、德性能否養成、處世之能力與態度如何，其所受的家庭教育最是關鍵所在，因此為人父者之職責即在於以「聖」之德以教子，俾使人子能聽從教導而入於正道。至於為人子者，則自當虛心受教，涵養薰習美好的德性以侍奉長上，同時還必須以此敦厚平和之處世態度擴而充之，以和睦鄉黨鄰里的廣大社區；如此合於仁與義之行為，方為人子應盡之孝道。由此可見人子之職，即在於不斷地接收父母之教誨，且以行仁為其應有的德性。此即〈六德〉所清楚記載的：「既生畜之，或從而教誨之，謂之聖。聖也者，父德也。子也者，會埻長材以事上，謂之義，上共下之義，以睦里社，謂之孝，故人則為□□□□仁。仁者，子德也」。⑲

驗諸其他文獻，則《詩》之所載父母之恩德昊天罔極，⑳實可與竹簡所記「父德為聖」相互呼應。其次，從《國語》記載士、工、商、農之子恆為士、工、商、農的紀錄，可見家庭環境對於個人成長之影響，亦即人子由於「少而習焉」，因此「其心安焉」，且能不見異物而遷。緣於這種耳濡目染、日積月累的浸潤與栽培，所以在職能方面自然能產生父業子繼、子承父業，代代相傳的現象。至於德性的養成，尤其必須在生活日用與「上行下效」之間逐漸孕育成形，於是在「父教子學」、「子承父教」的情況下，自然可以產生「其父兄之教不肅而成，其子弟之學不勞而能。」的結果。㉑另外，再對照《管子》：「為人父母者慈惠以教，為人子者孝悌以肅。」、「為人父而不明父子之義，以教其子而整齊之，則子不知為人子之道以事其父矣。」㉒的記載，亦可以佐證為人父者必須教子以父子應盡之義，而後為人子者方能學而得知應該如何事父。

至於《大戴禮記》所載周初為太子設有三公三少之職，正因為人類具有「少成若天性，習慣之為常」的特性，所以希望太子自孩提起，即可以積好習、成好性。因為潛移默化之教，必須把握年少可塑性極強之時期，而人格的養成，「慎其始」則尤為重要。及至太子既冠成人，雖然可以免於保傅之嚴格督導，不過此時又設有司過之史、虧膳之宰，隨時提醒太子必須行使正道，以使太子能「化與心成，中道若性」，凡有所行動皆能中於正道而順於心。㉓此即間接說明為人父者應當發揮聖德教化之精神，引導為人子者力行仁德以中於正道。

3. 君臣各盡職德以成其倫理

在古代封建宗法制度下，君臣之間歷經君父合一、君父相擬（具有親族關係）以及君臣純粹以義合（不具有任何親族關係）的不同階段變化。㉔然而不論各種類型，為人君者，都必須善盡上承天命以生民、養民、教民、化民的責任，此即《尚書》所載君師應負起「天佑下民，作之君，作之師，惟其克相上帝，寵綏四方。」㉕之職責。不過，為求實踐上天所賦之使命，君主必須任用眾多臣下以執行君命。因此從《說文》：「君，尊也，從尹口，口以發號。」、「臣，牽也。事君者，象屈服之形。」㉖的字形結構記載，即可發現君與臣在實踐天賦使命的任務上，各有其不同的角色地位。

簡文〈六德〉：「父兄任者，子弟大才藝者大官，小才藝者小官。因而施祿焉，使知足以生、足以死，謂之君，以義使人多。義者，君德也。非我血氣之親，畜我如其子弟，故曰：苟濟夫人之善也，勞其臟腑之力弗敢憚也，危其死弗敢愛也，謂之臣，以忠事人多。忠者，臣德也。」㉗的記載，即相應說明人君因臣下才能之大小而分別任用之，且施予百官應得的俸祿，使之養生送死無虞，如此方能成就君德之義。至於為人臣者，由於人君對於與其本無任何血緣關係之人，竟能待之如同子弟般提攜照顧，故而自然興起感戴人君恩德之心意，懂得竭盡心力效忠人君，即使危及性命亦不敢吝惜，苟能如此，方能成就人臣忠貞任事之德。

驗諸與郭店簡年代相近的文獻，其中關於君待臣以義者，則《禮記》有「凡官民材，必先論之，論辯然後使之，任事然後爵之，位定然後祿之。」、「司馬辯論官材，論進士之賢者以告於王而定其論，論定然後官之，任官然後爵之，位定然後祿之。」㉘之紀錄，不但說明人君應該擁有稱職的屬臣以利政策之推動，而展現其政治理想，同時還說明人君可以使臣下各盡其才，且能進而擁有官位爵祿等富貴，君臣之間具有相輔相成的微妙關係。另外，《荀子》亦有「外不避仇，內不阿親，賢者予！」、「論德而定次，量能而授官，皆使其人載其事而各得其所宜。上賢使之為三公，次賢使之為諸侯，下賢使之為士大夫，是所以顯設之也。」以及「德以敘位，能以授官。」㉙之類似紀錄。此外，韓非（280？～233B.C.）雖然生存年代稍晚於郭店楚墓下葬之年代，然而由於其說齊集法家之大成，所以其思想自然受到管仲、子產、李克、吳起、申不害、商鞅、慎到等法家人物之影響，對於君臣之間的對待關係特別留意。更由於繼承乃師對於王制、富國、王霸、君道、臣道以及強國等問題之注重，而尤其在意聖王與亂主之分別。因此《韓非子》在「諂諛之臣，唯聖王知之；而亂主近之，故至身死國亡。」之後，緊接著又說：「聖王明君則不然，內舉不避親，外舉不避讎。是在焉，從而舉之；非在焉，從而罰之。」㉚即可視為補充說明郭店簡中君使臣應有之道義者。亦即凡為聖王明君者，其用人之道，端視臣下之才德如何、事情之是非何在，而決定其對臣下應該興舉或罷黜；倘若為人君者竟是「親臣進而故人退，不肖用事而賢良伏，無功貴而勞苦賤」，㉛則會引起臣下之怨懟，導致國家滅亡。

㈢從「六位」到「三綱」之確立

「三綱」雖然與「六位」同樣是說明夫、婦、父、子、君、臣六種不同身分地位者之相互關係，然而由於時空環境各有差異，因此對於人倫關係之著重點以及其所欲達成之理想狀態有別，以致形成不同之排序方式與主從關係。

由「六位」演化到後世之「三綱」，若追溯其本，則當與法家思想有關。文獻所載《管子》即有「天子出令于天下，諸侯受令于天子，大夫受令于君，子受令于父母，下聽其上，弟聽其兄，此至順矣。」㉜之紀錄，法家即認為這種下位者聽令於上的制度，乃是達到家族和順、國治天下平之最佳策略。荀子（313？～238？B.C.）雖然學承孔氏，但是由於其博學多聞，且又遊於稷下，因而兼治名、法之學，特別看重國家對個人的影響，以致《荀子》「君臣、父子、兄弟、夫婦，始則終，終則始，與天地同理，與萬世同久，夫是之謂大本。」、「若夫君臣之義、父子之親、夫婦之別，則日切磋而不舍也。」㉝之記載，就是站在人類永續發展的寬廣角度，而強調「君臣」對於促進社群發展之重要性，故將原來列於「六位」之首的「夫婦」，更換為與群體發展關係最密切的「君臣」。荀子如此轉換排列序位，致使韓非以後多以「君臣」一倫位居人倫之首。

韓非本為韓國公子，眼見國勢積弱而憂心忡忡，因此屢次上書進諫韓王，認為韓王不能以法治國、無權勢以駕馭群臣，徒然任用浮誇吹虛之輩，遂使所養非所用，所用非所養，導致國力衰弱。韓非將其說退而為書，經後人輯錄而成《韓非子》一書。由於韓非撰寫《韓非子》的背景特殊，因而書中不乏較偏激之看法；尤其是發生在316～314B.C.年間的禪讓事件，竟然引發政治大變動，遂將韓非推向極端，嚴厲譴責「禪讓」的行為。事件之始，乃因燕之國君噲聽信縱橫家所言，而禪其君位於相國子之，不料卻引發政治大變動，造成死者數萬而百姓恫怨的慘痛事實，㉞致使韓非要發出「舜逼堯，禹逼舜，湯放桀，武王伐紂，此四王者，人臣而弒其君者也。」㉟之強烈怒吼，同時還進一步對於孔孟所極力推崇的堯、舜、湯、武提出嚴重的攻擊，認為：

> 天下皆以孝悌忠順之道為是也，而莫知察孝悌忠順之道而審行之，是以天下亂。皆以堯、舜之道為是而法之，是以有弒君，有曲父。堯、舜、湯、武或反君臣之義，亂後世之教者也。堯為人君而君其臣，舜為人臣而臣其君，湯、武為人臣而弒其主、刑其尸，而天下譽之，此天下所以至今不治者也。……父而讓子，君而讓臣，此非所以定位一教之道也。臣之所聞曰：「臣事君，子事父，妻事夫，三者順則天下治，三者逆則天下亂。此天下之常道也，明王賢臣而弗易也。」㊱

韓非一反儒家稱道堯舜禪讓、湯武革命乃是順天應人之舉，而認為其所謂「自以為賢而代其君」、「自以為義而弒其君」的舉動，乃是天下之亂源。韓非認為釜底抽薪之計，在於務必使「臣事君，子事父，妻事夫」從原來的相對倫理關係，改變為下對上單向化的絕對順從。韓非這種下對上應盡絕對義務的主張，或許正是促使後世興起「君為臣綱，父為子綱，夫為妻綱」所謂「三綱」說的起源。

㈣「三綱」之推動過程

「三綱」之名雖然首見於《春秋繁露》〈基義〉，但是董仲舒（176～104B.C.）㊲於該篇之中並未明示「三綱」之內容，而且細索文中之記載與後世所謂「三綱」之內容，則又當源於上述《管子》、《商君書》與《韓非子》之相關思想孳衍變化而來。董氏「王道三綱求于天」之說法，一方面乃為維護大一統之專制政治而設，一方面則為節制約束天子至高無尚之權威而立，乃是其「天人感應」神學系統下的刻意安排，因此〈基義〉中如此記載：

> 凡物必有合；合必有上，必有下，必有左，必有右，必有前，必有后，必有表，必有裡，……陰者，陽之合；妻者，夫之合；子者，父之合；臣者，君之合；物莫無合，而合各相陰陽。陽兼于陰，陰兼于陽；夫兼于妻，妻兼于夫；父兼于子，子兼于父；君兼于臣，臣兼于君；君臣、父子、夫婦之義，皆取諸陰陽之道。君為陽，臣為陰；父為陽，子為陰；夫為陽，妻為陰；陰陽無所獨行，其始也不得專起，其終也不得分功，有所兼之義。是故臣兼功于君，子兼功于父，妻兼功于夫，陰兼功于陽，地兼功于天。……是故仁義制度之數，盡取之天，天為君而覆露之，地為臣而持載之，陽為夫而生之，陰為婦而助之，春為父而生之，夏為子而養之，秋為死而棺之，冬為痛而喪之，王道之三綱，可求于天。㊳

董氏此處所言，乃根據天地陰陽和合變化而萬物肇生之原理而立說，雖然「合」之中也必然存在上下、左右、前後之相對區分，但是其中最重要的，卻在於「陰陽無所獨行，㊴其始也不得專起，其終也不得分功，有所兼之義。」所顯示陰陽雖然或有隱顯之別，也有主從差異，不過兩者終須「相兼」

始能發揮其作用。因此在董氏的學說裡，王道必須效法天道自然之運行。於是透過君臣、父子、夫婦以及陽與陰之配對組合，而知其彼此在相互對待上，就必須遵循天道陰陽動靜之原理而行，因而並不強調臣對君、子對父、婦對夫必須絕對聽從，而主張一切制度必須取法諸天而不可專行。

不過，至於〈順命〉該篇，董氏則進一步由「父為子之天」、「天為萬物之祖」、「萬物非天不生」的相互類比，而說明子之受命於父、臣妾之受命於君、妻之受命於夫，其實最終皆是受命於天之意：

> 父者，子之天也；天者，父之天也；無天而生，未之有也。天者，萬物之祖；萬物非天不生，獨陰不生，獨陽不生，陰陽與天地參然後生。……天子受命於天，諸侯受命于天子，子受命于父，臣妾受命于君，妻受命于夫，諸所受命者，其尊皆天也，雖謂受命于天亦可。㊵

董氏特別強調「天」具有「萬物之祖」之地位，而人亦為天地間萬物之一，所以藉此可以增強人必須「受命於天」的合理性，進而確立其在「天人感應」神學系統中的超越地位。如此一來，一方面可以約束天子之威權，一方面可以勉勵天子任德不任刑，應該多行仁義制度的做法。由於法「天」為董氏「三綱」思想最終之依歸，而「天之常道，相反之物也不得兩起，故謂之一」，且所謂「一而不二者，天之行也」，故而特別看重「天」具有獨一無二的地位。至於所謂陰陽者，又正好為相反之物，於是從「陽之出，常縣于前，而任歲事；陰之出，常縣于后，而守空虛。」的現象，又可以得出「天之任陽不任陰，好德不好刑」之原理。㊶亦即從天之自然現象，歸結出天道循環乃依循「親陽而疏陰」之法則而運行，所以天下之尊卑，其實又「隨陽而序位」。倘若將此天道運行之原理與君臣、父子之人倫地位相比配，則「不當陽者，臣子是也；當陽者，君父是也。」㊷據此順推，而有「君為臣綱，父為子綱」之說。

至於「夫為妻綱」，韋政通認為當本於董氏所謂「丈夫雖賤皆為陽，婦人雖貴皆為陰。」㊸而來，亦即將陽貴陰賤的原理作為夫婦一倫的普遍原則，更從「父之子也可尊，母之子也可卑。」㊹順推之，而認為凡從屬於男性一邊的無不尊貴，而從屬於女性的則無不卑賤，遂有「夫為妻綱」之說。同時這種尊卑貴賤之觀念，又可溯源自《易》〈繫辭〉之「天尊地卑，乾坤定矣；卑高以陳，貴賤位矣。」㊺之說法；亦即從天道論之一貫發展，因而發展出「夫為妻綱」的說法。㊻

根據上述所載，可知董氏雖然並未明說「三綱」之內容，然而其義已相當明顯。因而至於《白虎通》之時，即以「君臣、父子、夫婦」為「三綱」，並引禮緯《含文嘉》所載「君為臣綱，父為子綱，夫為妻綱。」扼要說明君臣、父子、夫婦之間的相互關係。繼此之後，並述說此六種身分的人之所以具有「三綱」關係，乃是基於「一陰一陽謂之道。陽得陰而成，陰得陽而序，剛柔相配」之原理，故以此六人具有三綱關係；同時又提出「三綱」乃取法於天、地、人鼎足而立的三才之道而設。其中，君臣法天，取象日月之屈信而歸功於天；父子法地，取象五行之相轉而生；夫婦法人，取象人之合陰陽而有施化之端。若將此本諸天道、地道、人道的「三綱」倫理應用到實際人事，則有「君者，群也，群下之所歸心也」，而「臣者，堅也，厲志自堅固也」；「父者，矩也，以法度教子也」，而「子者，孳也，孳孳無已也」；「夫者，扶也，以道扶接也」，而「婦者，服也，以禮屈服也」㊼之不同權責與要求。

徐復觀（1903～1982）認為漢代自文帝起（181～157B.C.在位）即特別強調孝悌，不但具有政治意義，而且還有社會意義。其政治意義，乃因漢初剷除異姓王侯之後，大封同姓為王，因此欲藉由孝親的觀念促成君臣上下的團結。至於社會意義，則為配合姓與宗族的普及，亦需要推行孝親的觀念促使其成為宗族的精神樞紐，因此《孝經》之地位不斷提高，通行於當時，時至東漢，甚且成為「七經」之一。㊽基於「忠臣以事其君，孝子以事其親，其本一也。」㊾的原理，再透過帝王率先對於孝道的提倡，遂使「忠臣必出於孝子之門」的想法，由於君臣倫理與孝道倫理的混同而產生意識的轉換，於是君主可以極力標榜盡忠乃是成就人子之大孝的積極做法。因此，「君臣」這一倫自然躍居「三綱」之首，且為日後身為人臣、人子者在面臨「忠孝不能兩全」時，理當選擇「移孝作忠」的處理模式留下重要的線索。

無論是從西漢武帝（140～87B.C.在位）時董仲舒提出「王道三綱求于天」的說法，或者到東漢章帝（76～105在位）白虎觀會議（79A.D.）時，對於「三綱六紀」的倫理要求已呈現普遍化的現象，都足以說明兩漢時期的君主為求政權鞏固、政治穩定，無不希望能加強君主的統治權，因此認為君臣之間應該具有陽倡陰隨、君令臣聽的主從關係。不過，此時所謂之「三綱」，仍然被要求必須取法天道、地道與人道，亦即為政者尚須被要求效法天「任德而不任刑」之模式，以實踐儒家聖王「布德施仁」、「設義立禮」以教化天下的理想。

由此可見董氏雖然推出天道任陽而抑陰的原理，一方面藉此以強化、維護君權統治的理論，獲得君主之信任與重用，然而由於「三綱」之理又必須善盡其取法乎天道的最高標準，可見其立論之主旨乃在於針對君主之專制傾向與做為，產生相對的調節制衡之作用。有此巧妙的關聯，因而韋政通即認為這種「三綱」倫理觀的出現以及其形成制度化的過程，絕非單靠政治之權威所能完成，而是專制君主與儒家學者之間的交利共存關係；㊿這種交利共存的關係，在當時亦是發揚儒家思想的重要管道。

㈤「三綱」之誤用情形

宋代由於有鑑於五代十國之紛爭割據，深知地方勢力擁兵自重之危險，因此為求政權鞏固，於是一面削弱地方勢力，一面強化中央集權；再加上守舊勢力對於強化君威的執著，因而更有助於君權之擴張。尤其是司馬光（1019～1200）認為：「天地設位，聖人則之，以制禮立法，內有夫婦，外有君臣。婦之從夫，終身不改；臣之事君，有死無貳；此人道之大倫也。苟或廢之，亂莫大焉！」[51]則對於臣事君、婦從夫之要求更為絕對化；甚且由於認定「父之命子不敢逆；君之言臣不敢違。父曰前，子不敢不前；父曰止，子不敢不止；臣之於君亦然。故違君之言臣不順也，逆父之命子不孝也。不順不孝者，人得而刑之。」[52]為理所當然，致使君主的專制勢力更為增強，父對子、夫對妻也相對取得絕對權威。

另外，由於伊川（1033～1107）認為孀婦再嫁乃「餓死事小，失節事大」，且娶孀婦者也屬於「失節」的大事⑬，但是男子卻可以因為妻之不賢而出妻，⑭遂形成婦女不可再嫁，然而丈夫卻可出妻的極不平等之「雙重道德」現象。至於朱子（1130～1200），更認為程頤之說乃「理之不可易」者，⑮遂使孀婦的處境更為艱難。再加上朱子「崇陽抑陰」之學說有助於君權之鞏固與發揚，因而該說廣受官方歡迎，而重視婦女貞節之主張亦逐漸影響當時之社會。雖然重視貞節之風漸起，然而一時之間對於社會風俗的影響，還不至於過於猛烈。

一部《二十四史》，從《宋史》以後，〈列女傳〉所記載之人數明顯增加，據陳東原統計，《宋史》55，《元史》187，《明史》308，⑯至於《清史》所載則有609，⑰其中自然不乏生活受到長期禁錮與壓抑下之產物。倘若根據董家遵統計《古今圖書集成》中〈閨媛典〉的紀錄，則節婦烈女的數目更是驚人，總計隋唐326年間僅有節婦32、烈女29，然而宋代以後，則依次遞升，其中兩宋319年間的節婦152、烈女122，元162年間節婦359、烈女383，明276年間節婦27141、烈女8688，清初（自1644年清入關至於1725年全書修成）節婦9482、烈女2841，由此可見明、清兩代的情況最為慘烈。造成這種慘況，則為宋代理學發達且成為官學以後，貞節觀念的講求逐漸進入社會各階層，不過北宋之時，離婚再嫁還不太難，愈到南宋以後，則對於女子貞節的要求愈來愈嚴格，因此節婦烈女快速遞升。加上明朝特別獎勵婦女貞節，「凡民間寡婦，例合旌表者，復其家。」另外，明初，「凡有孝行節義，由各地方申報，風憲官覈實奏聞，即與旌表。」㊿在守節尚且有利可圖的歪風助長下，以致寡婦守節之事愈來愈多，其中當然包含許多非志願之受迫案例，因而明清時代節婦烈女之人數急遽攀升。倘若追究造成這種畸型發展的主要原因，當起於對「夫為妻綱」的誤解與濫用，認為妻對夫應該絕對柔順聽從，且婦女為夫守貞守節為婦人應盡的義務，而男子則可再娶或納妾，於是形成對女性的強烈單向限制與嚴重的生活迫害。

三、儒家人倫關係變遷之特色

孔子雖然不以樹立門派自為宗派祖師為目的，然而自從孔子將六經、六藝之學傳授與平民弟子，即獨樹一格，成為儒家學派之始祖，希望從學之弟子以及世人均能修養自身而成為君子，且以「助人君順陰陽明教化」為職志，具有「游文於六經之中，留意於仁義之際，祖述堯舜，憲章文武」之特色。㊾然而這種儒家思想特色（尤其是極其注重人倫道德的孔子），其思想淵源則應當溯自司徒之官的教化思想。不過，原始儒家雖然非常注重人倫教化，但是其後各代之儒家則由於時空環境之改變與大勢之所趨，而各有不同之特色：

(一)儒家倫理源於司徒之教的倫理觀

上述〈藝文志〉所載，其實明白指出儒家乃出於司徒之官，因而具有順應陰陽以推行教化之責。而所謂司徒之教，根據《尚書》所載，即有舜任命契為司徒，以敬敷五教，使百姓相親、五品相遜的紀錄，⑹說明司徒之官最重要的職責在於推行義、慈、友、恭、孝的五常之教於四方，促使一家之中的父、母、兄、弟、子五種人都能各得其人倫之常，使其從躬行實踐父義、母慈、兄友、弟恭、子孝的五種倫常，進而可以達到百姓相親、社會安祥的局面。由此已可確定教化之根本內容即在於人倫教化之施行，而儒家之主要工作正是推行這種人倫義理之教。

至於對司徒之職掌紀錄更詳細的，則為《周禮》。《周禮》於〈地官．司徒〉之下，首列其職掌在於「惟王建國，辨方正位，體國經野，設官分職，以為民極。乃立地官司徒，使帥其屬，而掌邦教，以佐王安擾邦國。」⑹更在「大司徒」之職掌下，說明其推行教化的主要內容，當以實施十二教以奠定教化之本，更以鄉三物教萬民、以鄉八刑糾萬民為推行教化之輔，此外，還以五禮防萬民之偽而教之中，另以六樂防萬民之情而教之和。所謂十二教，在於：以祀禮教敬、以陽禮教讓、以陰禮教親、以樂禮教和、以儀辨等、以俗教安、以刑教中、以誓教恤、以度教節、以世事教能、以賢制爵、以庸制祿。所謂鄉三物則為：知、仁、聖、義、忠、和之「六德」，孝、友、睦、婣、任、恤之「六行」，禮、樂、射、御、書、數之「六藝」。所謂鄉八刑則為：不孝之刑、不睦之刑、不婣之刑、不弟之刑、不任之刑、不恤之刑、造言之刑、亂民之刑。⑹

透過上述所載司徒之教的主要內容，可見司徒之職，乃是藉由積極的教誨與引導，以建立世間應有的人倫義理規模；更藉由消極的防弊措施與科以刑責，企圖消除違背倫理之情事發生。這種倡導倫理的司徒教化精神，在王官失守後，正為孔子以下的儒家所繼承（雖然各朝代儒者的實踐內容以及方法、績效等各有差異，因而產生各具特色的人倫關係，不過，檢驗真假儒家禮教之標準卻應以此原始精神與本義作為依據）。

㈡孔子強調自我要求之規範倫理

孔子（551～479 B.C.）生存於禮壞樂崩、王綱不振之春秋（722～481B.C.）末期，周初之傳統道德已喪失其對於世人應有之約束力。由於孔子志在恢復周文之郁郁，且其講學之主要目的在於培養氣度恢弘之泱泱君子與安國定邦之政治人才，因而書中所載，主要包含一般人如何成為君子之普泛性道德與從政者如何成為賢君大臣之從政道德兩大範疇：

1.成為君子之普泛性道德

為對治禮樂不行的亂世之風，孔子首先要求弟子具備「入則孝，出則弟，謹而信，汎愛眾，而親仁。」的德性，務使人人能由內而外，謹言慎行，且能實踐親愛眾人之基本道德，同時還要遵守「里仁為美」、「躬自厚而薄責于人」的生活準則，又必須「不念舊惡」，使所行不放於利，於是卒能成就「食無求飽，居無求安，敏于事而慎于言，就有道而正焉」之德，以行使仁道。當其處於世，又能抱持「義以為質，禮以行之，孫以接之，信以成之。」之原則，且能堅持「無求生以害仁，有殺身以成仁。」之行事風格，[63]因而方得以成就為君子所應具備的最基本、最重要之倫理道德。

2. 成為賢君大臣之從政道德

孔子一生栖栖惶惶，席不暇暖地周遊列國，其目的無外乎欲求見用於明君賢主以施展其政治抱負，無奈事與願違，僅能將其鴻鵠之志透過教育之管道，企圖培養從政之人才以輔佐君主、造福百姓。孔子認為為政之道首在於講求德性，因為「政者，正也。」、「其身正，不令而行。」，亦即在上者必須善用其表率與引導群眾之作用，所以說「君子之德、風，小人之德、草，草上之風必偃。」在上者倘若能「道之以德，齊之以禮」，則百姓自能有恥且格。從政者還必須具備「其行己也恭，其事上也敬，其養民也惠，其使民也義。」之服務原則，遵行「惠而不費，勞而不怨，欲而不貪，威而不猛」之五美，而屏除虐、暴、賊、吝之四惡。至於理想之政治人才，則應該擁有「臧武仲之知，公綽之不欲，卞莊子之勇，冉求之藝」，⑭亦即不但要具備智、仁、勇之三達德，且必須是多才多藝，足以應付複雜之政事所需，除此之外，尚且還要能文之以禮樂，方能不失大體。

從上述所載，其實可以以「君子求諸己」一句話簡單概括孔子所要求之倫理道德特色。亦即置身禮樂崩頹、王綱解體之際，孔子之首要工作，即在於建立世人懂得自我要求之規範性倫理，以各立其本，因此孔子強調「君君，臣臣，父父，子子」，期使各種身分地位者皆能各盡其職分。必待本之已立，而後遭遇特殊狀況時，方懂得權衡輕重，於是說「所謂大臣者，以道事君，不可則止。」由於孔子已經指出倘若為人君主者無法以道事之，則人臣有止而求去之義，於是在自我要求實踐規範性倫理道德之外，亦開始要求彼此應注重相互對待之義，因而有「君使臣以禮，臣事君以忠」之說。⑮

尤其是春秋末期，王道陵夷日甚，政權交替迅速，此即孔子所慨嘆「天下無道，則禮樂征伐自諸侯出。自諸侯出，蓋十世希不失矣；自大夫出，五世希不失矣；陪臣執國命，三世希不失矣。」⑯之狀況，並且春秋242年間，誠如《孟子》所載「臣弒其君者有之，子弒其父者有之」，於是孔子懼而作《春秋》，而使亂臣賊子懼，⑰因而君臣與父子之人倫關係，除卻應該各自修養道德以外，其相互對待之道亦不容輕忽。《論語》之中雖然未曾明示父子、夫婦相互對待之義，但是孔子如此強調君臣相互對待之義，於是等而推之，遂下開其後人倫之間講求互相圓滿之相對倫理。

㈢戰國時期講求互為圓滿之相對倫理

春秋末期社會政治之變動，已為戰國時期社會之劇變預作先聲。戰國時期列國之爭鬥日益激烈，先有卿大夫之專攬政權，致使政權逐漸由公室轉入私家，更因為封建解體、貴族沒落之後，凡是具有才能者即容易受到任用，因而興起為數眾多之士。同時又由於戰國時期商業普遍發達，所以更需要大量之經濟人才投入商場競爭，於是在政治與經濟雙重劇烈變動下，新興之游士即挾其戰略技術或經濟競爭能力待價而沽。顧炎武（1613～1682）即稱此時期為「邦無定交，士無定主」之紛亂狀態。⑱由於君臣之間大多不再具有血緣基礎，於是必須特別注重彼此之對待關係，孟子所謂「君之視臣如手足，則臣視君如腹心。君之視臣如犬馬，則臣視君如國人。君之視臣如土芥，則臣視君如寇讎。」⑲即直截了當地說明君臣之間的微妙對待關係，因而講求相對圓滿之倫理即成為此一時期倫理道德之特色。這種君臣之間講求相對圓滿的倫理關係，正是繼承《管子》所載「主者，人之所仰而生也，能寬裕純厚而不苛忮，則民人附。」而「臣下者，主之所用也，能盡力事上，則當於主。」的道理而來。倘若君臣之間互不如此相待，則僅能獲得「主苛而無厚則萬民不附」以及「臣下隨而不忠則卑辱困窮」之結局。⑩由此可見為人臣者本來就不被要求必須絕對服從君主的。

將現存文獻與郭店出土之資料相對照，由於《郭簡》大約是介於孔子與孟子之間的資料，因此《郭簡》中有關「六位」及其職德之記載，正好為孔子至孟子之間人倫關係之發展作一溝通之橋樑，且其說法與當時之文獻有明顯之相關。例如：《左傳》所載「為君臣上下，以則地義；為夫婦外內，以經二物；為父子、兄弟、姑姊、甥舅、昏媾姻亞，以象天明。」⑪《中庸》所載「天下之達道五，所以行之者三，曰：君臣也，父子也，夫婦也，昆弟也，朋友之交也；五者，天下之達道也。知、仁、勇三者，天下之達德也。」⑫以及《禮記》其他多處談及君臣、父子、夫婦、兄弟、朋友等人倫關係者與《郭簡》所載亦相互呼應。綜觀〈六德〉之人倫關係記載與同時期文獻有關人倫之討論，可見孔子強調的傳統人倫觀念，延續至孟子學說「父子有親，君臣有義，夫婦有別，長幼有序，朋友有信」之五大人倫要求，⑬乃是前後貫串的人倫觀念。至於〈六德〉「六位」中以「夫婦」為首之先後排序，乃至《孟子》以「父子」掛帥，而以「夫婦」位居五倫中堅的排法，則與儒家一向強調家庭倫理有關，且與儒家主張家齊而後國治，國治而後天下平之一貫大道相吻合，乃是更適合人情、人性之人倫發展關係。

至於孟子之後的荀子，乃是先秦儒家思想之終結者，不但極力強調「君」對於生民百姓以及社會國家之重要，另外還提出社會上平輩的「兄弟」長幼人倫關係，且以切實踐履禮義為彼此所應共同遵守之正道，亦是形成君君、臣臣、父父、子子、夫夫、婦婦、兄兄、弟弟各盡其倫之最佳保障，⑭亦因而下開秦以後漢唐之間特別注重社會集體利益之國家倫理特色。

㈣漢唐之間注重社會整體利益之國家倫理

漢唐之間的政治特色，在於具有大一統國家之弘遠規模。當其時，舉凡制度之訂定與實施，均強調社會整體之利益，因此對於倫理道德之引導與推動，亦明顯有強調社會國家倫理之導向。

盛行於漢代的《孝經》，為保證君主之聖明、人父之聖聽，特別說明爭臣、爭子之重要，強調「當不義，則子不可以不爭于父，臣不可不爭于君。」⑮可見漢代雖然強化君權與父權，但是君臣與父子之間仍然留有溝通的餘地，身為人臣與人子者還擁有諫諍之權責，並未達到下對上必須絕對服從的絕對倫理化。

至於唐代貞觀時期（627～649），更認為君臣之間實乃「義均一體」之親近關係，⑯詳細而言，即相當注重君臣相輔相成的關係，認為「君為元首，臣作股肱，齊契同心，合而成體，體或不備，未有成人。然則首或尊高，必資手足以成體；君雖明哲，必藉股肱以致理。」並無絕對君權之痕跡。同時文獻中更有「人以君為心，君以人為體。」、「元首明哉！股肱良哉！庶事康哉！」之記載，⑰實足以說明君臣具有一體之親的密切關係，並不主張臣對君單向性的絕對服從。

其實君臣之間相互珍重、依存的根本原理，當如《淮南子》：「臣不得其所欲于君者，君亦不能得其所求于臣也。君臣之施者，相報之勢也。是故臣盡力死節以與君，君計功垂爵以與臣。是故君不能賞無功之臣，臣亦不能死無德之君。」⑱所載，乃是彼此各盡職分的相互對待、相輔相成之關係，而非臣必須絕對服從於君的絕對關係。這種道理，更如《說苑》：「賢臣之事君也，受官之日，以主為父，以國為家，以士人為兄弟。故苟有可以安國家、利民人者，不避其難，不憚其勞，以成其義。故其君亦有助之，以遂其德。夫君臣之與百姓，轉相為本，如循環無端。夫子亦云：『人之行莫大于孝。』孝行成于內，而嘉號布于外，是謂建之于本，而榮華自茂矣。君以臣為本，臣以君為本；父以子為本，子以父為本；棄其本，榮華槁矣。」⑲之記載，君臣與父子具有脣齒相依、相互為本、循環無端的緊密關聯，而不是單向性的絕對倫理。君臣之間，倘若無法各盡其職，即無其本，若無其本，則將淪於《孟子》所載：「君之視臣如犬馬，則臣視君如國人；君之視臣如土芥，則臣視君如寇讎。」⑳之局面，君主與臣民之關係非僅無法和諧，彼此甚且還經常處於敵對的「不倫」狀態。

至於有關「夫為妻綱」的推動，雖然董氏誤把男女的尊卑貴賤地位絕對化，同時又有朝廷褒獎婦女貞順之節，㉑另外還有號稱女教聖人之劉向（77～6B.C.）作《列女傳》、班昭（約當32A.D.之後至110A.D.左右）作《女誡》以為婦女生活之規範，然而漢代並不嫌婦女再嫁，即使是漢室公主亦然。諸如卓文君私奔司馬相如，朱買臣之妻離婚再嫁，[82]焦仲卿之妻雖然大歸，但是太守與縣令卻遣人議婚而不得，[83]如此事件皆是人人盡知。倘若追究《列女傳》所載，則根據現存〈母儀〉、〈賢明〉、〈仁智〉、〈貞順〉、〈節義〉、〈辯通〉、〈孽嬖〉七篇所載，儘管時空環境已有差異，但是其處世之道仍有諸多足以令婦女取法之處。至於《女誡》〈卑弱〉、〈夫婦〉、〈敬慎〉、〈婦行〉、〈專心〉、〈曲從〉、〈和叔妹〉七篇，內容極力說明女子應該具備三從四德的要求，且在生活上應該多加曲從以和叔妹，似乎難辭迂腐以及刻意繫縛女性之嫌；不過，倘若對照漢初盛行黃老思想的觀念，則又未必盡然。從老子極力讚美推崇卑弱自持、守柔處下的處世哲學，[84]還隱然可見柔弱卑下的生活哲學在實際生活中具有不朽的價值，則可知班昭之說亦有其獨特而可取之價值。再者，漢代自從呂后起，后妃外戚勢力之強大，後人皆知，因此司馬遷特別為之立〈外戚世家〉。至於班固為此而作之〈外戚傳〉更為詳細，自呂后起至於孝平王皇后止，共計25人，另外再加上為王莽之姑立〈元后傳〉，則顯然可見漢代女權於帝王家之勢力非同小可。帝王之家如此，上行下效的結果，由此亦可間接推知漢代之婦女並未太受欺壓。

時至唐代，公主再嫁者尚且多達28人，即使韓愈（768～824）等讀書人以及一般平民，家中亦有離婚改嫁者。[85]不僅如此，唐高宗寵幸的武則天，本為其父太宗之才人；玄宗之寵妃楊玉環更本是其子壽王之妃，此二人在當時並無改嫁之顧忌。玄宗之時，不僅是楊貴妃得寵，楊家姊妹並且受封為韓國、虢國與秦國夫人，不但富埒王宮，車服邸第與大長公主相侔，而且恩澤勢力又遠遠超過之，致使當時竟然有歌謠流行：「生女勿悲酸，生男勿喜歡。」又說：「男不封侯女作妃，看女卻為門上楣。」[86]更重要的，武氏不但得寵，前後掌握政權長達46年，其中以皇后預政24年，以太后稱制7年，稱帝15年，政績斐然，而且主政其間還大用女官、提高女權，不但當時男女社交開放，女子受教育的機會大增，且擁有婚姻自主權，女性的社會地位實在不低。[87]武則天之後，更有韋后、安樂公主、上官婕妤以及武氏之女太平公主等之專權用政。直到中、晚唐以後，女性的社會地位才逐漸下降。由此可見漢代以來雖然已有「夫為妻綱」的名目，但是並未嚴格限定夫死妻不得再嫁或離婚不得再嫁之事，唐代甚且因為「胡風」的關係，婦女還經常參與騎馬、射箭以及游獵等活動，生活並未受到嚴格限制。

林麗雪從《白虎通》特別注重人倫禮制的立場，詳加辨析「三綱」之意義，並分別就《白虎通》中所見的君臣、父子、夫婦之倫，得到此三大人倫「雖然有上下尊卑之傾向，但大部分尚保持先秦儒家相對義務的意義，在過去的社會結構中，仍有團結而非壓制的意義。」[88]之結論。尤其漢代雖然開始有「三綱」的禮教，不過仍然依循先秦儒家講求相對圓滿的倫理而行，因而本無一方壓制另一方之虞。另有閻鴻中更透過史料的佐證，說明從先秦到漢魏之際，均無君王利用三綱之說以箝制臣民之事。至於唐代，則以「三綱」為人倫之代稱，[89]亦頗能客觀呈現「三綱」的正面價值，而非鼓勵負面的奴性道德。

㈤宋代以後強調絕對君權下之歧出倫理

「宋代以後，由於理學家以及君主的極力宣揚絕對化的「三綱」倫理，所以產生不少愚忠、愚孝與愚婦女的社會現象，致使為人臣、為人子與為人妻者的生活受到更強力的禁錮。尤其在強烈要求女子履行片面貞節的義務下，對於女性造成極大的壓抑，其中當以嗜好「處女」、要求守節以及推動「纏足」的惡風陋俗影響女子的生活最為嚴重。

根據有關學者考察，「纏足」之風應當始於五代末期的南唐李後主之時，⑽當時只因李後主欲觀賞宮女裹足跳舞的美姿，並無限制婦女從事戶外活動之意。然而宋代在「夫為妻綱」的絕對要求下，為求女性更為柔順曲從，竟將「纏足」之不良風氣迅速向社會各階層推廣，單方面滿足男士欣賞女子步步蓮花搖曳生姿的美態，且又促使社會大眾以女子能擁有「三寸金蓮」為大家閨秀之標誌，而實際上則絲毫未考慮此舉已經徹底從肢體上摧殘女性生理上應有的正常發展。甚且由於纏足之影響，致使裹小腳的女子行動不便，而成為名副其實「足不出戶」見聞不廣的婦道人家，因此更容易對男性伏首貼耳，一切只能唯丈夫之命是從。

明代朱元璋開國（1368～1402在位），為求強化專制政權，因此積極主張以「三綱五常」示天下，且以五刑輔弼之。⑾表現在「君為臣綱、父為子綱」的措施上，則為經常詔告臣民「事君之道，唯盡忠不欺」之理，同時又因為聖賢之教有敬天、忠君與孝親三者，且以為「君能敬天，臣能忠君，子能孝親，則人道立矣！」⑿為天道之常，所以利用忠與孝混同之觀念，積極鼓吹「非孝不忠，非忠不孝」之思想，企圖從提倡孝親之行為以達到忠君之目的。明太祖尚且為求能擁有君主的絕對權威，因而對於孟子所謂「君之視臣如土芥，臣之事君如寇讎」、「民為貴，君為輕」之說法極為反感，認為「非臣子所宜言」，而詔令停止孟子之配享孔廟。雖然太祖後來再度恢復孟子之配享，不過仍然命令儒臣劉三吾修編《孟子節文》，刪除85條有礙君威之紀錄，使不得用於科舉考試之範圍。⑬亦即明太祖透過欽定經義、科舉考試、八股取士等選拔人才之一貫措施，挑選一些合適的忠孝賢才以備御用。

另外，在貫徹「夫為妻綱」之具體措施上，朱元璋更挾君主之權威而命令重修《女誡》，嚴戒后妃干政。其後，成祖之皇后仁孝文皇后撰寫《內訓》，還有激勵貞節觀念之作用。《內訓》本來只行於宮廷之中，皇后死後，成祖為紀念皇后，遂將該書頒賜臣民，造成後世之流行。同時，仁孝文皇后更助成《古今列女傳》之編輯，其中，漢以前之資料多本劉向之書，漢以後，則取各史之〈列女傳〉，並附加明初之節婦烈女事蹟，由於「上之所好，下必甚焉」，於是「婦道惟節是尚，值變之窮，有溺與刃耳。」已成為明代婦女的緊身魔咒，⑭更是妻為夫義無反顧地殉節時之「節義」所在。至於明末當時之社會狀況，陳東原主要根據呂坤「今人養女多不教讀書認字，蓋亦防微杜漸之意。然女子貞淫，卻不在此。果教以正道，令知道理，如《孝經》、《列女傳》、《女訓》、《女誡》之類，不可不熟讀講明，使她心上開朗，亦閫教之不可少也。」的一段話以及其他相關記載，推斷貶抑婦女極深的「女子無才便是德」，最早應起源於此明末之時，⑮以致引發呂坤提出女子亦應讀書明理之呼籲。

至於明末清初，雖然有黃宗羲（1610～1695）等人的反專制思想，然而在專制君主的高壓統治以及功名利祿之威逼籠絡下，終究無法扭轉宋明以來君主專制的局勢。尤其雍正（1723～1735在位）不但以其超群的雄辯能力論證大清政權之順應天命，又以「違君」之罪說明其被毒死之弟弟所觸犯的，乃是罪在不赦的死罪，並且巧妙地以「蓋有此一番懲創，使天下後世宗親不肖之輩知大義之不可違越，國法之不可倖逃，維理安分以受國家寵榮，則所以保全骨肉親者大矣、多矣！」的說辭，論證其「大義滅親」的必要性，強調君臣之義重於一切，即便是手足宗親也無以倫比，認為「君臣居五倫之首，天下有無君之人而尚可謂之人乎？」而且「人生天地間，最重要者莫如倫常。君臣為五倫之首，較父子尤重。」更重要的是「君臣、父子皆生民之大倫，父雖不慈其子，子不可不順其親；君即不撫其民，民不可不戴其后。」因此必須嚴格要求為人臣者必須絕對服從君主。⑯由於雍正的雷厲風行，君主專制之風至此可謂達於至極，且愚忠、愚孝的行為更達於巔鋒。

至於清代有關「夫為妻綱」所走的歧途，則延續明代而來，男子為保證其子嗣血緣之純淨，不但有所娶為「處女」的要求，更極端注重「貞節」觀念，視女人為男人專有之物，不可為外人所玷污。不但認為女人應為男人所專有，而且女人還應該滿足男人的嗜好與慾望，因此崇拜小腳之怪癖清代亦相當盛行，滿人雖然不裹小腳，但是清代入關之後，亦有旗女仿效裹小腳者。更因為「貞節」之講求，不但夫死守節為當然，甚且還變本加厲地發展至未嫁而未婚夫死亦要殉節，遭人碰觸調戲亦應殉死的走火入魔地步，婦人之性命已隱然如草芥般之不值錢。

四、結論——重振合理之人倫關係

由於宋代以後各朝天子不斷擴張絕對君權之淫威，加上理學家大張其「陰從陽，陽制陰」以及「存天理，去人欲」之說以助陽抑陰，於是所謂「三綱」倫理，從原來「夫婦、父子、君臣」三組各盡其職、各成其德的相互對待、彼此圓滿之人倫關係，轉而成為不但以君臣掛帥，而且還是臣對君、子對父、妻對夫單向式的絕對服從關係，以致逼使社會產生無數愚忠、愚孝、愚婦女之偏差行為，尤其嚴重的是剝削女性的生活權益與生命價值，而走入倫理之歧途。針對此歧出倫理，蕭公權從儒、法的政治思想淵源作出相當清楚的評論：

> 宋明諸儒不知儒法二家同道尊君而其旨根本有別。大唱「三綱」之教，自命承統于洙泗。實則暗張慎韓，「認賊作父」。且又不能謹守家法，復以尊德貴民之微言與專制之說相混淆。于是下材憑勢亦冒堯舜之美名以肆其倍蓰于桀紂之毒害。按其為弊，又不徒理論上之非驢非馬已也。㊼

蕭氏所評相當公允，可惜世人多有不察，一提及「三綱」，即不區分時代背景、不認清各代差異，一味不分青紅皂白地全盤加以貶抑，認為「三綱」之說乃是「奴隸道德」之表徵，是追求獨立自主、人人應該平等自由之重大障礙。民初的激進分子如此看待，現今亦有人如此附和，亟欲去除「三綱」之說而後快，實為社會之大不幸。如今，世人倘若不能詳加區分各時代環境的分殊，而建立適合各時代環境的綱常倫理，則其流弊，當不僅僅止於學說之混淆，恐怕還需社會付出更慘痛、更嚴重的代價。

畢竟，人類自始至終都必須生存於群體社會之中，因此無論是家族成員間的天倫關係或者是個人與社會各成員間的人際關係，都必須維持一定程度的紀綱，而後社會的脈動始可以順暢開展。所謂綱紀，正如《白虎通》所載：「綱者張也，紀者理也。大者為綱，小者為紀，所以張理上下，整齊人道也。人皆懷五常之性，有親愛之心，是以綱為化，若羅網之有紀綱而萬目張也。」98亦即羅網由於有綱紀，卒使萬目伸張而成其用；人世間亦必須擁有適當的人倫綱紀，始可以利於彼此的交往。

郭店楚簡中的「六位」乃是按照人倫關係之親疏遠近依序排列，然而若要使其各盡職分，則透過君子之教化更能廣收實效。此即〈成之聞之〉所載：「君子之蒞民也，身服善以先之，敬慎以守之，其所在者入矣。上苟身服之，民必有甚焉者。」99亦即為人君者若能以身作則，則可以收上行下效、不令而行的效果，而易於達到「君義臣行，父慈子孝，夫和妻柔」、100「父子有親，君臣有義，夫婦有別」101的理想人倫狀態。而子夏「聖人作為父子、君臣，以為紀綱；紀綱既正，天下大定。」102之說即為佐證之一，同時還是對孔子強調為政之道在於「君君，臣臣，父父，子子」作進一步闡述。孔子之所以特別看重君臣、父子的問題，乃因為君臣與父子分別為邦國與家族的代表，並且君與父又是國與家中的統領者，所以必須率先被嚴格要求剋盡其應有之職分；在「其身正，不令而行」的情況下，於是「君為臣之綱，父為子之綱」順理而成立。「君為臣之綱，父為子之綱」既然成立，而三大人倫關係中的夫婦一倫，在父系社會的架構內，「夫為妻之綱」亦成為無庸置疑之事。然而此之所謂「三綱」，都是站在重責為人君、為人父與為人夫者應該剋盡其職責上立說，而不在壓制人臣、人子、人妻上著眼。

「三綱」之說所造成的歧出倫理中，儘管也有愚忠、愚孝的人間悲劇產生，畢竟案例較不普遍，但是對「夫為妻綱」的誤解與濫用，卻成為禁錮婦女的罪惡符咒，使南宋以下，尤其是明、清兩代的眾多女性生活在人間煉獄之中，受盡肢體與精神等多重折磨。如此變色的倫理思想，固然應該受到駁斥與撻伐，但是應辨明該說並非先秦儒家之本意，而是後世盜用禮教之名以行迫害人性之實的惡果。

從明末開始，已有儒者對女子所受「綱常禮教」的迫害發出聲援，[103]例如歸有光的〈貞女論〉說明未嫁而守節殉死是嚴重悖禮之不當行為；[104]清代以後，毛奇齡（1623～1716）的〈禁室女守志殉死文〉，認為該做法「既背名教，復蔑典禮」；[105]汪中（1744～1794）的〈女子許嫁而壻死從死及守志議〉，則以其舉乃是「不知禮而自謂守禮」；[106]錢大昕（1728～1804）的〈記湯烈女事〉以及〈夏烈女傳〉亦大彰室女守節之無理；[107]臧庸（1767～1811）的〈夫死適人及出妻論〉更從經典所載以及人情義理的角度駁斥程頤的「餓死事小，失節事大」之說；[108]俞正燮（1775～1840）的〈貞女說〉也反對貞女守節、殉節。[109]上述儒者分別從經典記載、儒家思想、禮教觀念以及人情義理等各種角度，為「禮教」行「正名」的功夫，說明「吃人的禮教」並非「真禮教」，實為儒家禮教之功臣。今天，還需要有更多的人勇於伸張此正義，說明「真正的禮教不吃人！」更需要有再多的人勇於呼籲：今天的社會迫切需要真正的禮教！

（本文為NSC 90-2411-H-026-001之部分研究成果，初稿題為「論郭店簡『六位』之相關觀念與後世三綱之關係」，原訂於2002年5月在花蓮師院師生論文發表會中宣讀，經由兩位不知名之審查者提供高見，在此謹申謝忱！其中一位審查者建議更改論題以凸顯主題，於是更改文題為「從郭店簡之『六位』到後世之『三綱』——儒家人倫關係新論」，並於內文作相對之調整。另一位審查者指出郭店簡〈六德〉中「六位」與「六德」之人倫組成與道德觀念，有其哲學之特殊作用，應作深入之解析，筆者亦有同感，唯該部分於拙著《從郭店簡探究其倫常觀念——以服喪思想為討論基點》中有專章討論，本文不多重複。由於論文發表會不另發行論文集，且文中有關「六位」之職德及其相關人倫之詳細論述，於前揭書第四章已有專章詳加討論，因此2003年3月間再行改訂為「從郭店簡之『六位』到後世『三綱』之轉化——儒家人倫關係新論」時，則重整並刪除大量該部分資料以免重複，僅留下最重要的論述綱領。有意探討「六位」之職德與人倫關係者，可參照前揭書，而將本文之討論主題鎖定在從「六位」到「三綱」的儒家人倫關係轉化上。改訂後的全文長達35000字，不適合期刊刊登，因此7月間再行刪減，並且再更改為題為「儒家人倫關係新論——以『六位』到

『三綱』的轉化為討論中心」，以便更切合全文所討論之主題，並收入本禮學思想與應用的專題論題之中。）

註釋

① 《論語》〈微子〉，見於魏．何晏集解，宋．邢昺疏：《論語注疏》，收入《十三經注疏》（臺北：藝文印書館，1985），頁166。

② 《莊子》〈盜跖〉，見於清．郭慶藩：《莊子集釋》（臺北：貫雅文化事業有限公司，1991），頁1004，記載莊子假子張之口，言：「子不為行，即將疏戚無倫，貴賤無義，長幼無序；五紀六位，將何以別乎？」郭氏引司馬云：歲、日、月、星辰、曆數為「五紀」，君、臣、父、子、夫、婦為「六位」。不過俞樾認為司馬之「五紀」與疏戚、貴賤、長幼之義並不相應。至於郭氏則認為「五紀」即「五倫」，「六位」即「六紀」；乃是古人之語異耳。而所謂「六紀」，當如《白虎通》〈三綱六紀〉所載：「六紀者，謂諸父、兄弟、族人、諸舅、師長、朋友也。」郭氏所持之理由為「此皆所以為疏戚貴賤長幼之別。」固然《白虎通》之「六紀」的確指稱六種不同的人際關係，但是其所列人際關係中，卻無可稱為「貴賤」相對待的關係者，因此該說也難以圓滿解說〈盜跖〉中「六位」之問題。雖然郭氏的集解無法圓滿解說「五紀六位」的指涉對象，但是卻可以確定莊子無法否認人與人之間應該具有一定的人倫關係。

③ 其詳參見龐樸：《竹帛〈五行〉篇校注及研究》〈三重道德論〉（臺北：萬卷樓圖書有限公司，2000），頁109～110；廖名春：〈荊門郭店楚簡與先秦儒學〉，以及李存山：〈讀楚簡《忠信之道》及其他〉，均收入《郭店楚簡研究》，《中國哲學》第二十輯（瀋陽：遼寧教育出版社，2000），前者見於頁63；後者見於頁272。各學者對於「六位」與「三綱」之關係均點到為止，不過其中的詳情還有待深入探

討。

④《禮記》雖然成書於西漢，然而各篇出現之年代不盡相同。彭林：〈郭店楚簡與《禮記》的年代〉，見於《郭店簡與儒學研究》，《中國哲學》第二十一輯（瀋陽市：遼寧教育出版社，2000），頁41～59，指出《禮記》中傳經諸篇以及通論禮義諸篇都成於戰國時期。

⑤荊門市博物館編，裘錫圭審訂：《郭店楚墓竹簡》〈六德〉（北京：文物出版社，1998），頁188。

⑥與此相關的文獻記載，可參考《易》〈序卦傳〉，見於魏．王弼、韓康伯注，唐．孔穎達等正義：《周易正義》，收入《十三經注疏》，頁187；《禮記》〈郊特牲〉，見於漢．鄭玄注，唐．孔穎達等正義：《禮記正義》，收入《十三經注疏》，頁506；〈哀公問〉，頁849；〈中庸〉，頁882；〈昏義〉，頁1000。

⑦「卡」，李零〈郭店楚簡校讀記〉作「別」，見於陳鼓應主編：《道家文化研究．郭店楚簡專號》，第17輯（北京：三聯書店，1999），頁518。龐樸認為「卡」即「卞」，通「辨」，見於《竹帛〈五行〉篇校注及研究》〈《六德》篇簡注〉，頁188～189。

⑧其詳參見《郭店楚墓竹簡》〈六德〉，頁188。

⑨荊門市博物館編，裘錫圭審訂：《郭店楚墓竹簡》〈成之聞之〉，頁168。

⑩其詳參見荊門市博物館編，裘錫圭審訂：《郭店楚墓竹簡》〈六德〉，頁187之釋文，以及頁189裘錫圭之按語。其中「有『教』者，有『受』者」之關鍵字「教」與「受」，裘先生闕而未定，李零之〈郭店楚簡校讀記〉，頁517，則直接以「教」與「受」二字實之；張光裕主編，袁國華合編：《郭店楚簡研究——第一卷文字篇》（臺北：藝文印書館，1999），頁105、600，亦釋為此二字；而龐樸也於《竹帛〈五行〉篇校注及研究》〈《六德》篇簡注〉，頁184，根據圖板與文意

而隸定此二字為「教」與「受」，分指父子之職。另外，「以『卒』六德」，「卒」字裘先生未釋，李氏釋為「卒」，龐先生亦從李氏之說。至於陳偉，則於〈郭店楚簡別釋〉，《江漢考古》，1998年11月第4期，頁70，從文獻資料所載而補此二字為「教」與「學」；而顏世鉉，則於〈郭店楚簡〈六德〉箋釋〉，《中研院史語所集刊》第72本第2分，2001年6月，頁451，認為「學」與「受」之上半無甚差別，然而該簡文之下半，就圖版而言，應為從「子」而非從「又」，因此應以釋為「學」較為合適。筆者認為圖版雖然有些模糊，不過卻與從「又」者稍別，若合併現存文獻資料推測，釋為「學」應較為合適。

⑪分別見於漢．許慎撰，清．段玉裁注：《說文解字注》（臺北：蘭臺書局，1972），頁705、618、504、620。

⑫其詳參見荊門市博物館編，裘錫圭審訂：《郭店楚墓竹簡》〈六德〉，頁187。

⑬其詳參見《禮記》〈郊特牲〉，頁505～506。

⑭《禮記》〈喪服四制〉，頁1033。

⑮《禮記》〈內則〉，頁538～539。

⑯其詳參見《大戴禮記》〈本命〉，見於清．王聘珍撰，王文錦點校：《大戴禮記解詁》（北京：中華書局，1992），頁254～255。此亦見於魏．王肅注：《孔子家語》〈本命〉，收入《百子全書》第一冊（長沙：岳麓書社，1993），頁53。兩處之文字雖然稍有出入，不過意義卻無差異。

⑰《禮記》〈昏義〉，頁1001：「婦順備而后內和理，內和理而后家可長久也。」

⑱《說文解字注》，頁116。

⑲荊門市博物館編，裘錫圭審訂：《郭店楚墓竹簡》〈六德〉，頁187。

關於「或從而教誨之」之「或」，陳偉於〈關於郭店楚簡〈六德〉諸篇編連的調整〉，《江漢考古》，2000年第1期，頁50，李零於〈郭店楚簡校釋〉，頁518，均作「又」。另外，《郭簡》中，「睦里社」三字以「□□□」之形式出現，且後兩字為合文。陳偉於〈郭店楚簡〈六德〉諸篇零釋〉，《武漢大學學報（哲學社會科學版）》，1999年5月，釋此為「奉社稷」。「睦里社」之隸定，則根據顏世鉉，〈郭店楚簡〈六德〉箋釋〉，頁469之說。而「故人則為」後四字之缺，李零於〈郭店楚簡校讀記〉中，補為「人也，謂之」，成為「故人則為人也，謂之仁。」顏世鉉則認為也可能補為「故人則（能）為人子謂之仁。」顏氏所補，在此父子對舉、聖仁二德互見的文句中，更能彰顯此父子二位之間的人倫關係。

⑳《毛詩》〈小雅・蓼莪〉，見於漢・毛亨傳，鄭玄箋，唐・孔穎達疏：《毛詩正義》，收入《十三經注疏》（臺北：藝文印書館，1985），頁436～437。

㉑其詳參見周・左丘明撰，上海師大古籍整理組校點：《國語》〈齊語〉（臺北：里仁書局，1981），頁226～228。

㉒分別見於周・管仲：《管子》〈五輔〉，卷3，收入《百子全書》第2冊，頁1284；〈形勢解〉，卷20，頁1400。

㉓其詳參見清・王聘珍撰，王文錦點校：《大戴禮記解詁》〈保傅〉（北京：中華書局，1983），頁50～53。另外，盧注引《周書》記載：「習之為常，自氣血始。」

㉔其詳參見拙作：〈論君臣服喪所凸顯的君臣倫理——以《儀禮・喪服》為中心〉，臺灣師大國文研究所，《中國學術年刊》，第21期，2000年3月，頁54～60。

㉕《尚書》〈泰誓上〉，見於舊題漢・孔安國傳，晉・梅賾獻，唐・孔穎達等疏，長孫無忌刊定：《尚書正義》，收入《十三經注疏》（臺北：

藝文印書館，1985），頁153。

㉖分別參見《說文解字注》，頁57、119。

㉗荊門市博物館編，裘錫圭審訂：《郭店楚墓竹簡》，頁187。李零：〈郭店楚簡校讀記〉，頁517，「淒」作「濟」；龐樸於《竹帛〈五行〉篇校注及研究》〈六德篇簡注〉，頁185，亦從李氏之說。就文義而言，「濟」優於「淒」，且二字音近。

㉘《禮記》〈王制〉，頁224、259。

㉙分別見於《荀子》〈成相〉，見於清．王先謙：《荀子集解》（臺北：藝文印書館，1988），卷18，頁742；〈君道〉，卷8，頁429～430；〈致仕〉，卷9，頁466。

㉚《韓非子》〈說疑〉，見於清．王先慎撰：《韓非子集解》，卷17，收入《新編諸子集成（第一輯）》（北京：中華書局，1998），頁405。

㉛其詳參見《韓非子》〈三守〉，卷5，頁113。

㉜《管子》〈君臣上〉，卷10，頁1336。

㉝分別見於《荀子》〈王制〉，頁324；〈天論〉，頁540。

㉞其詳參見漢．劉向集錄：《戰國策》〈燕策．燕王噲既立〉下冊（臺北：里仁書局，1990），卷29，頁1058～1062。

㉟《韓非子》〈說疑〉卷17，頁406～407。

㊱《韓非子》〈忠孝〉卷20，頁465～466。

㊲此根據姜亮夫：《歷代人物年里通譜》，收入楊家駱主編：《中國史學名著》（臺北：世界書局，1993），頁7。另外，有關董氏生卒年之問題，尚可參考賴炎元：〈董仲舒生平考略〉，《南洋大學學報》，第8、9期；王永祥：《董仲舒評傳》（南京：南京大學出版社，1995），頁53～60。

㊳《春秋繁露》〈基義〉，見於清．蘇輿撰，鐘哲點校：《春秋繁露義證》，卷12，收入《新編諸子集成（第一輯）》（北京：中華書局，

1992），頁350～351。

㊴陰陽無所獨行，其中的「陰陽」，零曙本作「陰道」。其立意，當本於「陰」之隱而不顯，無法主動奮起，僅能依附於「陽」之後，至於當其終結之時，亦無法明顯享有功勞，因為「陰」乃兼於「陽」而成其功。雖然「陰」無法獨行、專起而成其功，但是單有「陽」之生發專行，亦無法成其功。

㊵《春秋繁露義證》〈順命〉，卷15，頁410～412。

㊶其詳參見《春秋繁露義證》〈天道無二〉，卷12，頁345。

㊷其詳參見《春秋繁露義證》〈天辨在人〉，卷11，頁336。

㊸《春秋繁露義證》〈陽尊陰卑〉，卷11，頁325。

㊹《春秋繁露義證》〈順命〉，卷15，頁410。

㊺《周易》〈繫辭上〉，見於漢·王弼、韓康伯注，唐·孔穎達等正義：《周易正義》（臺北：藝文印書館，1985），頁143。

㊻其詳參見韋政通：《董仲舒》（臺北：東大圖書公司，1986），頁129。

㊼其詳參見漢·班固：《白虎通》〈三綱六紀〉，見於清·陳立：《白虎通疏證》，收入《續經解三禮類彙編㈠》（臺北：藝文印書館，1986），頁513～514。

㊽其詳參見徐復觀：《兩漢思想史》〈卷一〉（臺北：學生書局，1985），頁330。

㊾《禮記》〈祭統〉，頁830。

㊿其詳參見韋政通：《董仲舒》，頁227。

51宋·司馬光編著，元·胡三省音注：《資治通鑑》第10冊（北京：中華書局，1956），卷291，頁9511。

52宋·司馬光：《迂書》〈士則〉（臺北：老古出版社，1978），頁5。拙見以為「父之命，子不敢逆；君之言，臣不敢違。……故違君之言，臣不順也；逆父之命，子不孝也。」之標點方式，意義更為清楚。

㊼ 其詳參見宋·程顥、程頤撰：《二程全書》，收入《四部備要·子部》（臺北：臺灣中華書局，1969），卷22下，頁3。當中記載伊川回答有人問：「孀婦于理，似不可取；如何？」時，曰：「凡取，以配身也。若取失節者以配身，是己失節也。」又問：「人或居孀貧窮無託者，可再嫁否？」曰：「只是后世怕寒餓死，故有是說。然餓死事極小，失節事極大！」

㊽ 明·胡廣等纂修，孔子大全編輯部編輯：《性理大全》（濟南：山東友誼書社，1989），卷52，頁3201載：「妻不賢，出之何害？如子思亦嘗出妻。今世俗乃以出妻為醜行，遂不敢為，古人不如此。」

㊾ 其詳參見陳東原：《中國婦女生活史》（臺北：臺灣商務印書館，1937），頁139，引朱熹寫信給陳師中，希望陳氏設法使其妹守節中所言。

㊿ 陳東原：《中國婦女生活史》〈附錄·二十四史中之婦女一覽表〉，頁422～426。

(57) 其詳參見《清史稿》〈列女傳〉之紀錄。

(58) 分別見於清·龍文彬：《明會要》〈民政三〉（北京：中華書局，1998），卷52，頁980以及〈禮·嘉禮〉，卷14，頁242。

(59) 其詳參見漢·班固撰，唐·顏師古注：《漢書》〈藝文志〉，卷30，頁1728。

(60) 其詳參見《尚書》〈舜典〉，頁44。

(61) 漢·鄭玄注，唐·賈公彥疏：《周禮注疏》〈地官·司徒〉，收入《十三經注疏》（臺北：藝文印書館，1985），頁138。

(62) 其詳參見《周禮》〈地官·司徒〉，頁151、160～162。

(63) 此段所引《論語》資料，分別為：「入則孝」於〈學而〉，頁7；「里仁為美」在〈里仁〉，頁36；「躬自厚」在〈衛靈公〉，頁139；「不念舊惡」在〈公冶長〉，頁45；「食無求飽」在〈學而〉，頁8；「義以為質」及「無求生以害仁」在〈衛靈公〉，頁139、138。

64 此段所引《論語》之資料，分別為：「政者，正也」在〈顏淵〉，頁109；「其身正」在〈子路〉，頁116；「君子之德風」在〈顏淵〉，頁109；「道之以德」在〈為政〉，頁16；「其行己也恭」在〈公冶長〉，頁44；「惠而不費」在〈堯曰〉，頁179；「臧伍仲之知」在〈憲問〉，頁125。

65 此段所引參見《論語》〈衛靈公〉，頁140；〈顏淵〉，頁108；〈先進〉，頁100；〈八佾〉，頁30。

66 《論語》〈季氏〉，頁147。

67 其詳參見《孟子》〈滕文公下〉，見於漢．趙岐注，宋．孫奭疏：《孟子注疏》，收入《十三經注疏》（臺北：藝文印書館，1985），頁117～118。

68 清．顧炎武：《日知錄》〈周末風俗〉（蘭州：甘肅民族出版社，1997），卷13，頁588。

69 《孟子》〈離婁下〉，頁142。

70 《孟子》〈形勢解〉，卷20，頁1395。

71 《左傳》〈昭公二五年〉，890～891。

72 《禮記》〈中庸〉，頁887～888。

73 《孟子》〈滕文公上〉，頁98。

74 其詳參見《荀子》〈王制〉、〈王霸〉、〈君道〉、〈臣道〉、〈致仕〉、〈議兵〉、〈彊國〉、〈大略〉等篇之相關記載。

75 《孝經》〈諫諍章〉，頁48。

76 唐．吳兢：《貞觀政要》〈政體〉，收入《四部備要》（臺北：中華書局，1967），卷1，頁9～23。

77 其詳參同上註，〈君臣鑒戒〉，卷3，頁4。

⑱《淮南子》〈主術〉，見於《淮南鴻烈集解》，頁289。

⑲《說苑》〈建本〉，卷3，頁561～562。

⑳《孟子》〈離婁下〉，頁142。

81 其詳參見漢．班固撰，唐．顏師古注：《漢書》〈宣帝本紀〉（北京：中華書局，1962），卷8，頁264，記載賜貞順婦女帛。南朝．宋，范曄撰，唐．李賢等注：《後漢書》〈安帝本紀〉（北京：中華書局，1965），卷5，頁229～230，記載季春之時，省婦使，表貞女；賞賜貞婦有節義者十斛，且甄表門閭，旌顯厥行。

82 其詳參同上註，《漢書》〈朱買臣傳〉，頁2791～2793。

83 其事參見〈孔雀東南飛〉之記載。

84 其詳參見今之通行本《老子》各章：「柔弱勝剛強」（36章）、「弱者，道之用。」（36章）、「守柔曰強」（52章）、「骨弱筋柔而握固」（55章）、「天之道，不爭而善勝。」（73章）、「堅強者，死之徒；柔弱者，生之徒。……強大處下，柔弱處上。」（76章）、「天下莫柔弱于水，而攻堅強者莫之能勝。弱之勝強，柔之勝綱，天下莫不知，莫能行。」（78章）

85 其詳參見董家遵：〈從漢到宋寡婦再嫁習俗考〉，原載於《中大文史月刊》，第3卷第1期，1934年3月，後收入鮑家麟編著：《中國婦女史論集》（臺北縣：稻鄉出版社，1992），頁152～158。

86 其詳參見唐．白居易：〈長恨歌〉；陳鴻：〈長恨歌傳〉等相關記載。

87 其詳參見段塔麗：《唐代婦女地位研究》（北京：人民出版社，2001年5月），第三、四兩章。

88 其詳參見林麗雪：〈白虎通「三綱」說與儒法之變〉，《書目季刊》，第17卷3期，1983年12月，頁110～114。

89 其詳參見閻鴻中：〈唐代以前「三綱」意義的演變——以君臣關係為

主的考察〉，《錢穆先生紀念館館刊》，第7期，1999年12月，頁59～70。不過，閻氏將「人倫始於夫婦之道」的觀念，列為南北朝時「三綱」的「新次序」，則與筆者所見不同。

⑽ 其詳參見明．陶宗儀：《南村輟耕錄》（瀋陽：遼寧教育出版社，1998），頁126。

⑾ 明．太祖撰，明．姚士觀、沈鈇編校：《明太祖文集》〈心經序〉，收入《景印文淵閣四庫全書》第1223冊，頁158～159。

⑿ 清．張廷玉：《明史》〈吳沉傳〉（臺北：臺灣中華書局，1976），卷137，頁5；亦見於明．黃佐撰，周駿富輯：《南雍志列傳》，卷33，收入《明代傳記叢刊》第21冊（臺北：明文書局，1991），頁190～191。

⒀ 其詳參見劉澤華主編：《中國古代政治思想史》（天津，南開大學出版社，1992），頁630～632。

⒁ 其詳參見陳東原：《中國婦女生活史》，頁180～186。

⒂ 其詳參見陳東原：《中國婦女生活史》，頁186～202。

⒃ 其詳參見劉澤華：《中國古代政治思想史》，頁730～732；蕭公權：《中國政治思想史》（臺北：聯經出版社，1982），頁685～686。

⒄ 蕭公權：《中國政治思想史》，頁247。

⒅《白虎通》〈三綱六紀〉，卷8，頁513。

⒆ 荊門市博物館編，裘錫圭審訂：《郭店楚墓竹簡》〈成之聞之〉，頁167。

⒇《左傳》〈隱公三年〉，卷3，頁54：「君義、臣行，父慈、子孝，兄愛、弟敬，所謂六順也。」〈昭公二六年〉，卷52，頁906：「禮之可以為國也，久矣！與天地並。君令臣共，父慈子孝，兄愛弟敬，夫和妻柔，姑慈婦聽，禮也。」

(101)《孟子》〈滕文公上〉，卷5下，頁98。

⑩②《禮記》〈樂記〉，卷39，頁691。

⑩③其詳參見董家遵著，卞恩才整理：《中國古代婚姻史研究》〈明清學者關於貞女問題的論戰〉（番禺：廣東人民出版社，1998），頁345～351；林慶彰：《清代經學研究論集》〈清乾嘉考據學者對婦女問題的關懷〉（臺北：中研院中國文哲所，2002），頁275～307。

⑩④其詳參見明．歸有光著，周本淳點校：《震川先生集》（臺北：源流出版社，1983），卷3該文。

⑩⑤其詳參見清．毛奇齡：《西河文集》，收入《國學基本叢書》第10冊（臺北：臺灣商務印書館，1968），頁1589～1594。

⑩⑥其詳參見清．汪中：《述學》（臺北：廣文書局，1970）該文。

⑩⑦其詳參見清．錢大昕：《潛研堂文集》（上海：古籍出版社，1989），卷22，頁362；卷40，頁728。

⑩⑧其詳參見清．臧庸：《拜經堂文集》（民國19年宗舜年影印漢陽葉氏寫本），卷1該文。

⑩⑨其詳參見清．俞正燮：《癸巳類稿》（臺北：世界書局，1980），卷12，頁437～438。

柒、談《禮記》〈檀弓〉的教學對中學生情意教育的意義

——請讓中學生在生活中與「禮」結緣

內容摘要

情意教育雖然重要，然而由於難以評估教學成果，升學考試也無法進行有效的評量，因而鮮少受到社會各界重視。然而最近校園內不斷因為情緒問題而引發駭人聽聞的社會案件，遂導致各界開始關懷情意教育的問題；雖然情意教育在這種情況下受到重視的確有些悲情，不過若能亡羊補牢，則仍有其值得告慰之處。《禮記》本為一部叢編之書，〈檀弓〉之中更蘊藏著數量龐大的人情味短文，非常適合從中挑選適當的教材作為進行中學生情意教育之用。本文分別舉「孔子覆醢」、「三不弔」以及有關「名字稱謚」的三則簡短記載，透過實例的介紹，說明教師如何經由適當的教學情境與管道，將文獻所蘊藏的深刻涵義對中學生進行情意教育。最後，更殷切地呼籲：傳統文化可以涵泳真情意，切莫棄之如敝屣！

一、前言

儘管社會文化變遷神速，然而《說文》：「教，上所施，下所效。」、「育，養子使作善也。」①之記載，對於

教與育所提示「上行下效」、「身教重於言教」、「養子重在教之為善」的根本要義，在現代的教育觀念與原理中，仍舊具有顛仆不破的價值。因為教育就是藉由一連串特殊的設計與安排，促使人類能發揮其潛能，並以追求「善」的達成為人類生活的最高指標；由於要求達到「完善」，因而施教者必須設法使受教者能同時追求與實踐「真」與「美」，可知教育關係人類錯綜複雜的價值追求，且與生活息息相關。

我國以「禮」推行教化的歷史淵遠流長，且成為我文化之精髓。綜覽我國古代的「禮」，以人情義理為本，其中所包含的範圍非常廣泛，小自個人日常生活中應對進退的禮儀規範，大至於社會倫理與道德意識的凝聚、國家典章制度的訂立與施行，都歸屬於「禮」的範圍。由此可知「禮」與實際生活的各個面向密切相關，因此貫通「三禮」禮義的《禮記》就是古代讀書人必讀的經典，連倡導白話文運動的首腦人物胡適，仍把《禮記》列入現代知識分子最低限度應讀的國學典籍。面對這樣一部古今知識分子必讀的經典，從事教育工作者（尤其是教材設計者），實在該仔細思索應在何時介紹哪些合適的內容，以便使「明日的知識分子」仍然可以吸收古人的生命智慧，做為發展自我的一項指針，且不至於在不明究裡的情況下，橫加貶抑排斥古老的一切。

由於中學生正處於青春期階段，不但精力充沛而且情感豐富敏銳，情緒更是時而波濤洶湧、時而跌入谷底無法自拔，因此對於中學生的情感教育尤為重要；而《禮記》〈檀弓〉則因為包含數量龐大的人情味短文，所以本文特地挑選它來探討中學生的情意教育問題。

二、情意教育的重要

目前的教育學者大致同意將教育目標分為認知、技能與情意三大領域，代表教學的設計必須兼顧多方面的需求，不可偏向一隅。其中認知與技能領域，可經由記憶、理解、訓練、應用、分析與綜合等不同的方式，而達到較具體、較客觀的評量，且可區分出高低層次不同的教育目標，所以學校教育的重點在此，教學效果的評量在此，升學考試的重點亦在於此。然而情意領域則包含個人的自我概念、興趣、態度、欣賞、生活適應與價值觀的確立等，所以必須藉由一段較長時期的人與人、人與事、人與物，乃至於人與自然的交互滲透等作用，從不斷的接觸、反省、修正與採取情感反應中，逐漸產生品格陶冶與行為內化的效果，因此很難以定性定量的評量方式評估學習的效果，更難透過升學考試的手段達到評鑑教學成果的目的，以致難免遭受各界輕忽。不過，正因為現代教育不重視情意教育，以致釀成許多嚴重的社會問題。

不論是國內的清大女研究生殺害同窗摯友，政大研究生火燒學校大樓，黑道分子進入中學校園以暴力威脅同學，同學之間以暴力解決問題已經日漸趨於嚴重，乃至於剛剛破獲的國立大學助理研究員利用學校實驗室製造毒品銷售，或是美國發生的學生槍殺老師、學生於校園內持槍掃射同學，諸如此類層出不窮的校園案件，都明白顯示各級學校在「情意」教育上出現極大的缺陷。這些案例的共同特徵，其實在於大家「有我無人」，而且受到「只在乎現在擁有，不在乎天長地久」的思想觀念之蠱惑，不但不懂得尊重生命，也無法體會他人的感受，當然更不關心什麼才是可以持之久遠、對社會大眾都好的真正的「善」，所以也無法發揮「同理心」的作用。更有甚者，由於知識愈豐富、技能愈純熟、體力愈強壯旺盛，因而其所掌握的潛在「爆發力」也愈大，倘若其情緒無法獲得妥善的調理，一旦爆發開來，對於社會大眾的殺傷力也愈強烈，因此如何轉移負向衝動的情緒，使之回歸於中正平和，且能逐漸昇華其情感轉而至於奉獻利他的情操，則是情意教育永無休止的努力目標，也是促使社會和諧、人間充滿美與善的最佳途徑。

「喜、怒、哀、懼、愛、惡、欲」七者，〈禮運〉稱之為「弗學而能」之人情，②當其一發動，則必然對周遭之人、事、物造成直接或間接的影響，產生錯綜複雜的人際效應。由於「意志」是推動一切事物進展的核心力量，因此可說人是本於「情」而生，根於「意」而動，可知人之良善與否、社會之是否和諧、人民生活能否安樂等，都與人情之發動是否得當具有決定性的影響，所以〈中庸〉才說：「喜、怒、哀、樂之未發謂之中，發而皆中節謂之和。中也者，天下之大本也；和也者，天下之達道也。致中和，天地位焉，萬物育焉。」③因此唯有懂得在生活中實踐「用中制節」的原則，才可使天地間的萬事萬物都能各得其位、各遂其生、各成其長，不但關係個人一生的是否幸福圓滿，同時更關係社會秩序的維持、倫理道德的孕育與發揚，也關係到國家政策法令的能否順利推動。

雖然這種「用中制節」的生活準則，無法在教學後的短期間就驗收到具體的成果，然而情意的特色，正在於它必須經由長期醞釀而歸於淳厚，雖然看似抽象而難以具體把握，不過它又是無時不存在於生活的周遭環境之中。因此進行情意教學，就需要施教者掌握適當的情境，在和諧輕鬆的氣氛下，引導、帶領受教者對周遭的人、事、物「產生感覺」，並能勇敢地提出自己的感覺，還能分享別人相同或相異的感覺。從引導學生感受不同的感覺中，還要試行解析造成差異感覺之緣由，然後經由不斷的討論、商榷，培養多元思考的習慣，才可逐漸培養體諒、寬容的氣度，而懂得何謂「感同身受」的原理，進而建立「同理心」的基礎，懂得自我節制，以穩定自我的情緒，達到彼此協調適應的狀態，進而體會實踐良好的道德行為、培養奉獻利他等高尚情操。高尚情操的培養不但可貴，而且還是促成社會安和樂利的良方，才能使人置身在暗潮迭起、驚濤駭浪的茫茫人海中，可以以樂觀進取、認真負責的態度待人處世，凡所做為，皆能發乎情意、合於禮法，而使人格臻於美善的「成人」之境。

三、教材的設計、傳達與情意教育的關係

根據教育部八十八年公佈的《國民教育九年一貫課程綱要（草案）》，指出：「國民教育之學校教育目標在透過人與自己、人與社會、人與自然等人性化、生活化、適性化、統整化與現代化之學習領域教育活動，傳授基本知識，養成終身學習能力，培養身心充分發展之活潑樂觀、合群互助、探究反思、恢宏前瞻、創造進取的健全國民與世界國民。」在此國教目標下，列有三項十條課程目標：㈠人與自己（強調個體身心的發展）——1.增進自我了解，發展個人潛能。2.

培養欣賞、表現、審美及創作能力。3.提昇生涯規畫與終身學習能力。㈡人與社會環境（強調社會與文化的結合）——1.培養表達、溝通和分享的知能。2.發展尊重他人、關懷社會、增進團隊合作。3.促進文化學習與國際瞭解。4.增進規畫、組織與實踐的知能。㈢人與自然環境（強調自然與環境）——1.運用科技與資訊的能力。2.激發主動探索和研究的精神。3.培養獨立思考與解決問題的能力。從上述國教目標與課程目標，已可顯示教學目標已回歸以情意為主軸的教育理想，明瞭知能教育雖然重要，但是更要時刻與正當的情意導向相配合；這無疑的是可喜的現象。

至於高級中學方面，根據八十四年十月修訂發布，八十七年度開始施行的《高級中學課程標準總綱》，其教育目標中有關情意教育的部分，計有：1.增進身心健康，培養術德兼修、文武合一的人才。2.發展良好人際關係。3.培養負責、守法、寬容、正義的行為。4.培養服務社會、熱愛國家及關懷世界的情操。6.提昇審美與創作能力，培養恢宏氣度。7.增進對自然環境的愛護。8.確立適切的人生走向。9.增進適應社會變遷與終生學習的能力。

總結上述九年國教以及高級中學課程綱要所載，可知其業已為學生規畫出一個美好的學習藍圖，倘若能有理想的配套措施，具體而可行的實施進程，又能有效地貫徹執行，必定可以培育出具有真情意、懂得人文關懷的泱泱國民，期望它不只是「海市蜃樓」，形象雖美，然而卻是令人空歡喜一場的太虛幻境，不但虛幻不實，還徒然增加更多的教育問題，造成年輕人對社會更大的不滿！

當然，影響目標能否達成的因素多而複雜，不過教材的設計與傳達的方式卻是重要的關鍵所在。由於情意教育偏向人格型塑、理想態度、道德情操等抽象理念的內化於日常生活的行為習慣中，因而情意教育教材的設計，就必須考慮該教材能否提供足夠的情境環境，供受教者從不同的角度進行反覆思考，以便使學習者從中探討劇中人物待人處世態度的利弊得失。同時，教師更必須是一位優良的主持、引導討論者，能傾聽、尊重與會者的各種意見，且能善於營造融洽的氣氛，使全場能自在地思考。教師還要能深得文中三昧，對於該教學情境不但能入於其內，引導學生進入文章中的情感世界，還能出乎其外，帶領學生從客觀的角度批判劇中人的為人處世之道，更要設法使學生從角色模擬扮演中，嘗試提出更理想的方法以解決問題。教師還要能掌控全局，使討論雖然熱烈，不過發言卻能井然有序，意見雖有有別，不過也都能依理而言，使學生因為敢於說出自己的想法，願意分享自己與他人內心的感受，而達到開放胸襟、增廣視域的目的。同時教師還要引導學生透過彼此的腦力激盪，而形成一些共識，以做為自我價值判斷的基準，又能從比較彼此情況的差異與行為反應模式，作為日後遭遇類似情境時，可以有更妥善的處理方法。因此學生不但能培養傾聽、尊重他人意見的民主風度，還能增進理性解決問題的能力，確立合理的價值觀與人生觀，同時還能學習設身處地為他人著想的敦厚情懷，為締造溫情的社會加入可貴的觸媒。能長久浸潤於有情有意的環境中，自然不會積壓不良的負面情緒，而容易涵養出擁有真情意的性情中人。

黃月霞從實施情意教育的親身經驗中，提出以「催化取向」與「經驗取向」的實施方式比較容易提昇受教者的自我概念，也比較容易使自我對外界採取適當的情感反應。④由此可知只要故事選得好，且能透過適當的傳達管道，無論古今中外的資料都可以成為良好的情意教育材料。

《禮記》雖然是古代知識分子必讀的典籍，然而在今天高喊教育改革、提倡多元文化的聲浪中，除卻〈大學〉與〈中庸〉之部分章節因為選入《中國文化基本教材》，而有緣與高中生相見之外（雖然得以相見，不過由於升學主義掛帥，在佔分比重不高之現實壓力下，即使是文組的考生，亦不見得對它有太深的印象；不過此非本文討論範圍。）其餘，在八十七學年度下學期以前，還保有〈檀弓選〉一篇（選文偶有出入），⑤不過八十八學年度開放審定本教科書後，《禮記》是否會從國文課本中銷聲匿跡則不得而知。至於初中國文，教育部審定本時代曾有〈禮運．大同與小康〉與〈檀弓．不食嗟來食〉的選文，而標準本時期則保留〈不食嗟來食〉一課。當民國五十七年改為國中時，〈不食嗟來食〉改為選讀，在民國七十二年以前偶爾收入以供選讀，不過在此之後亦呈現失蹤狀態。從以上的簡單紀錄，可以顯現有關「禮」的影象，在中學的國文教本中愈來愈少，也愈模糊，是否已即將面臨被擠壓出局的命運則不得而知。果真如此，長期讓中學生與「禮」絕緣或「減緣」，對於以「禮」著稱的中華文化而言，不啻是一項重大的浪費，對於現代人急需推展情意教育以緩和日漸嚴重的社會問題而言，不但是一大損失，而且還是貨真價實地背道而馳！

四、《禮記》〈檀弓〉的內容性質及其對中學生情意教育的意義

由於《禮記》屬於叢書性質，全文共有九萬多字，內容包羅萬象，其中言簡意賅、文辭精彩或內容深奧、長篇大論者兼而有之，因此對於中學生而言，當然無法也更無必要全文閱讀。不過能在國文教材中選讀其中的精彩短文，在教師妥善的引導、闡述下，不但可以使學生對於內涵深廣的「禮」建立粗淺的印象，還可以與古聖先賢神遊，進入其生命境界，吸收其生命智慧，內化為自己高尚的情操，展現做為一個「文化人」的特色。〈檀弓〉就是最佳的選擇，而且絕對不僅止於以前國文教本所選錄的區區十多則短文。

〈檀弓〉由於篇幅過長，因此分為上、下兩篇，總計包含兩百則左右的紀錄，其中包括近百則的人情味短文，文筆雋永、義蘊豐厚，最值得選為教材，深入涵泳體味；還有數十則有關喪禮方面的雜鈔，有單純的事實紀錄，也有禮義的說明，雖然有的篇幅過長，不過亦有辭義豐贍、文筆動人的佳篇；另外尚有雖然為數較少，不過卻有關於為人處世方面的記載，亦可取為情意教育教材之用。茲分述於下：

(一)春秋時人的禮事記載對中學生情意教育的意義

人生在世，總不斷地在製造故事，更不停地在觀賞、關心發生在別人身上的故事，而對於自己所認識、熟悉之人物的故事，尤其會關心有加，希望趕快知道下文，至於對於一些歷史上知名人物的小故事，則往往希望能一睹為快以知究

竟。當我們觀賞別人的故事時，看到驚心動魄處，常常不自覺地捏一把冷汗；看到情節感人處，總會忘情地一掬同情的眼淚；看到輕鬆快活之處，心情也會不自覺地鬆了一口氣；看到歡樂熱鬧的場面，彷彿也跟著手舞足蹈起來；看到強欺弱、大欺小、蠻橫無理的情況，則不由得摩拳擦掌，恨不得挺身而出、拔刀相助。諸如此類的觀賞心態，其實出自「同理心」的發用，於是產生情感上的共鳴，而有「感同身受」的切膚之感。對於一般人尚且如此，對於青春期的中學生而言，這種高潮迭起的情感反應尤其來得快速而強烈，稍有不慎，就會因為角色混淆而陷入自我困擾之中，或者因為貿然付諸行動而產生傷人或自傷的狀況，形成無法彌補的遺憾，因此最需要有旁觀者即時化解高漲的情緒，使情感能回歸於平穩的狀態，這也就是情意教育對於中學生的意義。

聰明的人能從別人的故事中吸取經驗，提煉智慧，做為自我的戒鑒；不過，這也需要學習、需要指引的，否則合上書本，故事完了，一切也跟著結束，只關心升學考試考不考，從來不曾在心理上泛起一陣漣漪，那麼讀了等於沒讀，實在缺乏教育價值。〈檀弓〉中近百則的短篇故事，不但有孔聖人動情的故事，也有孔門師生情深、朋友相責以善的紀錄，還有令人扼腕、氣得跺腳的「愚」故事，同時還有臨危不亂、機智退敵的故事，有血淚交織、令人驚心動魄的場面，也有溫馨敦厚的感人畫面，而更多的則是平實而真誠的人生百態，都是出乎真心、本乎至情，可謂不勝枚舉，值得深入探討。不過，因篇幅有限，所以僅取〈孔子覆醢〉一則，說明其對於中學生情意教育的意義：

〈孔子覆醢〉的故事，加上標點符號以後，全文還不滿五十字，⑥然而該則故事所蘊藏的深義、所觸發的聯想，卻足夠讀者低迴再三、深思不已。

子路是孔子非常得意的弟子，經常跟隨在老師身邊，不過因為個性耿直剛強，所以時時讓孔子深以為憂。曾經當孔子嘆息：「道不行，乘桴浮于海，從我者，其由與！」之時，率直的子路竟然洋洋得意，自覺光榮無比，惹得孔子只好當面說他「好勇過我，無所取材。」⑦責備子路雖然勇敢過人，卻無法適當地裁度事理。此外，因為子路常自恃其武勇過人，所以孔子也曾藉由子路詢問其「行三軍則誰與？」的機會，即時向子路潑出一盆冷水，說：「暴虎馮河，死而無悔者，吾不與也。必也臨事而懼，好謀而成者也。」⑧可知孔子深深明瞭子路義勇過人，是值得倚靠的難得之人，即使當自己落魄飄零時，子路仍然會隨侍在旁。然而最令孔子擔心的，卻也是子路這種耿直好勇「死而無悔」的硬脾氣，而且那將是子路最大的致命傷，所以孔子隨時不忘對子路進行機會教育，試圖對其個性有所導正。

孔子還在一次弟子隨侍在旁的機會，對於子路「行行如也」剛強武勇的氣象，表現出一則以喜，一則以憂的複雜情緒，提出「若由也，不得其死然。」⑨的警告。孔子以子路擁有武勇剛強、直率豪爽、講求義氣的特質而喜，然而卻又非常清楚一個人倘若只知進而不知退，則如此優良的特質，正足以成為「不得其死」的致命傷，難怪孔子要對子路憂喜參半了。因此當衛國發生內亂的消息傳來，孔子早已料到以子路的個性是難逃一死的，所以先就斷言「柴也其來，由也死矣」。而果不期然，子路確實是秉持著「利其祿，必救其患」的意念而勇於赴死，並且還在臨死之前自稱「君子死，冠不免」，然後才從容整理衣冠結纓而死。⑩子路之「不得其死」，是孔子長久以來深深引以為憂的懸念，如今果真成為事實，孔子自然是哀之痛之，如喪其子，⑪並且大大嘆息：「噫！天祝（徐疏：祝，斷也。）予！」⑫回顧天生子路，孔子不但愛之、重之，且視之為自己之輔佐，可惜竟然早於孔子而死，難怪孔子要哀傷不已！

教師在教學此一極短篇時，若能適時的加入這些背景說明，則對於孔子與子路師生之間濃厚的情誼，不但可以獲得最有力的佐證，同時也才可以深入理解孔子與子路雖然沒有親戚關係，不過師生確實情誼深厚，所以孔子還特地為子路設立祭奠的几案，並且以代替喪主的身分，接受別人的弔祭，也向前來弔祭的人回禮致意。能理解這個小故事背後所隱藏深刻的師生情義，將使得孔子對愛徒之死的激動哀傷之情有所著落，且對於孔子的哭子路於中庭不會感到不解與突兀。尤其看到文獻所載，當孔子知道子路是被斬成肉醬時，激動之餘，立刻命人倒掉肉醬，當然可以理解。不但可以認同孔子因為不忍看到肉醬，以免觸景生情，再度勾起哀傷之情的做法，更不會對於孔子命人倒掉肉醬感到矯情與不解。

由於加入孔子師生間的情義說明，因此對於全篇的文義理解可以更為深入，因而能進入文章的情義世界，感受時光倒流與空間轉換，彷彿聽到孔子與子路就在身旁展開對話，然後，子路血肉模糊的慘狀又歷歷如在眼前，於是年輕的心不由得觸發義憤填膺的強烈情感，激起：「義士難道應該這樣慘死？」、「個性耿直剛強、事事講求義氣就註定該死嗎？」、「人生到底該不該有所堅持？要堅持到哪種程度？」、「如果我是孔子，我會如何設法使子路免於這場劫難？」、「子路死得瞑目嗎？」、「如果我是子路，我將如何處理這場危機？」、「孔子會贊同子路的做法嗎？何以見得？」、「你、我願意成為子路這種血性漢子嗎？」、「子路勇於赴死，讓孔子承受如喪親子之痛，應該嗎？」、「老師對學生的愛應如何？」、「從哪些地方可以感受孔子對子路仁愛之心？」、「老師為學生設位哭泣、代為喪主合適嗎？」等等問題的質疑與討論。教師倘若能把握學生激起的情緒，並適度加以催化，同時以開放的胸襟接納不同的聲音，透過問題情境的描述與模擬討論，讓學生從各種不同的角度思考問題，提出各種觀點，供大家共同斟酌、改進，對於移情入理、以理化情將有導引之功，對於增進學生統整、解決問題的能力，引導學生做正確的價值判斷，以建立健康合理的人生觀，也都有絕對的幫助。尤其對於血氣方剛、講求義氣的年輕人而言，更應該藉他人的生活經驗，而引導其多作理性、冷靜的思考，以收學思兼併、學以致用的效果。

短短一則故事，其實可以聯想、推衍出類似上述（乃至於更多）一連串「兩難困境」的生命抉擇問題，甚且這種困境並不只會發生在古代，而是隨時都有可能在我們的周圍遇到，因此多看看古聖先賢如何處理問題，多聽聽周遭的親朋好友如何解決困境，然後再多想想自己應該如何面對問題較為妥當，將可以使自己處世的方法更為圓融成熟、情感的發抒更為順暢健康。

㈡有關喪禮的雜鈔對中學生情意教育的意義

人生的歷程中，總不可避免地要通過一些重要的關口，在這些關鍵時刻，又常需要聚集一些相關的人士，透過一些特定的儀式，而賦予當事人一些特殊的意義，於是就有冠、昏、喪、祭等生命禮儀的設計與進行，以協助當事人順利而穩健地走過生命的旅程。在這些重要的生命禮儀中，喪禮是最繁複與令人傷感的，同時往往由於人事關係紛雜，所以有關喪禮瑣瑣碎碎的事，常有未盡事宜需要隨時補充，而儀式的安排又需要與情感的紓解取得平衡，因此《禮記》中多有與喪禮相關的記載。〈檀弓〉就有喪禮的雜鈔數十則作為專門禮儀的補述，因此未必全適合中學生的人生經驗，不過倘若仔細揀選，亦有可供進行情意教育之材料。以下即挑選〈三不弔〉為例而說明之：

死者為尊、為大的觀念普遍存在國人的心中，因此弔念死者不但可以發抒自己悲傷的情緒，更希望藉著弔念死者的機會，能永遠懷念死者這一生所走過的足跡，讓死者辛勤耕耘的點點滴滴，能永遠留在子孫及親友的腦海裡。這種安排的確是發乎人情、本乎人性，然而〈檀弓〉中卻明確記載：「死而不弔者三：畏、厭、溺。」⑬其道理何在，值得進一步探討：

人生自古誰無死，然而死有重於泰山，也有輕於鴻毛，因此雖然同為一死，意義卻有天壤之別，以致制禮者認為生者對於死者的態度亦應有別，表示哀傷的程度也自有不同，所以〈檀弓〉紀錄對於因「畏、厭、溺」而死者，雖死而不弔，其根本原因即在於身體髮膚受之父母，毀傷尚且不敢，⑭何況是輕身致死更屬不該。每一個可貴的人身都是父母所賦予的，以父母之遺體行事，又怎能不處處小心、恭敬謹慎？⑮所以倘若有人以非罪而攻擊自己，自己應該加以解說辯白，不該含冤不辯，更不該因畏懼而尋死，也不該犯法入獄而死。例如孔子畏於匡一事，就是因為孔子的長相與陽虎相似，所以被誤認為魚肉匡人的陽虎，以致遭到匡人圍殺。當時的情況相當危急，不過孔子臨危不亂，認為「天之未喪斯文也，匡人其如予何？」，命子路彈琴而自己和之，終能轉危為安、脫險而去。⑯另外，每個人還應善盡保護自己肢體的責任，隨時保持高度敏銳的危機意識，不可進入危險地帶、暴露於危險之中，即所謂「千金之子不立於危牆之下」，以免因發生外物傾倒崩頹等意外狀況而被壓死。同時，因為水火無情，所以對於近水之處應特別留意，尤其不可強行涉水，應搭乘舟船或通行橋樑，以免因游泳而溺斃。尤其每年夏天都有層出不窮的年輕人因為戲水而遭溺斃的事件發生，教學此則材料時，更應該引導學生多多記取這則記載所蘊含的深刻意義。諸如此類因為畏懼而死、被壓而死以及溺水而死的，都是「輕身忘孝」之輩，不懂得愛惜自我的生命、也忘記人子應當盡孝的道理，徒然遺留父母無盡的擔憂，實在不合世人應多加體恤傷亡者的道理，所以不必為之行哀傷弔哭的事，使人人可以引此為戒。

參與喪禮，常懷哀傷感念之意原是人之常情，然而這則十字左右的有關喪禮補述，更從生命的意義在於追求人類永續發展的高層次著眼，因此以嚴肅的觀點貶抑對於輕身忘孝、恣情任性以致橫死於非命者的私人哀情。乍看之下，如此補述似乎不近人情，然而教師若能善加引導，詳盡開發文義，則對於激發熱愛生命的動力，克盡孝道的實踐，都有積極推動的效用。首先，激起學生對於「生命只有一次性」、「死亡促使生命不可逆轉」的「生命莊嚴感」是必要的，要引導學生思考：「生命是絕對的還是相對的？」、「死亡遊戲可否嘗試？」、「何謂：留得青山在，不怕沒材燒？」、「何謂：母子連心、血肉相連？」、「人真得可以一死了之嗎？」、「死，能解決什麼問題，還是製造更多的問題？」等等相關的問題，並對照現階段青少年學生面對生命的態度，引發學生對於追求刺激的適當性重作思索，對於喜好挑戰危險、挑戰死亡的「冒險犯難」行徑再作估量，對於動輒以暴力解決問題、以自殺逃避問題作深度的理性思考，然後才可充分理解對死者表示哀傷、對生者表達慰藉，是人人都需要慷慨付出的情感，更可以深入體會「死者已矣，生者何堪」的椎心刻骨之痛，進而感受「白髮人送黑髮人」柔腸寸斷的無助無奈與悲哀傷感，如此，才可深深理解與體諒古人提出「死而不弔」的嚴肅與悲情。

㈢其他的記載對中學生情意教育的意義

〈檀弓〉之中，在數量龐大的短篇故事與有關喪禮的雜鈔之外，還有一些有關為人處世之道與生命成長軌跡的陳述，倘若能善加運用，對於中學生生命動向的引導、高尚情操的期許與培養，都有正向的催化作用。以下亦揀選一則簡短的記載而開發其意義：

「幼名，冠字，五十以伯仲，死諡，周道也。」⑰雖然也是短短的十餘字記載，其實道盡了周代文化以人文關懷為本色的特質，也提示了人的一生在於努力成為「文化人」的永遠追求。

人是符號的動物，⑱善於使用各種符號，並給予各種符號象徵意義，不但豐富了符號的世界，也使人類的世界增加了無限的光彩；對於一個人名字稱號的階段性改變，就是最巧妙的符號意義系統轉化，對於個人生命的成長，賦予了特殊的意義。

一個人的「名」，是生我、育我、愛我、護我的父母所給，用以陪伴自己一輩子最重要的符號。由於「名」對於人的影響非常重要，所以古代對於小孩的命名典禮十分慎重；不過並非小孩一出生就加以命名，而是必須在三個月末剪髮之後才舉行。剃去胎毛，代表嬰兒向原始的生物世界告別，準備從此正式進入屬於人的「符號世界」；不過胎毛也並非全部剃光，而是留下一點，男孩留「角」，女孩留「羈」，否則男左女右各留一撮毛髮，代表子女與父母骨肉相連的密切關係。經過這一道進入人類世界的「符號」宣示，才開始正式的命名典禮。凡是參與命名典禮的人，都必須鄭重其事地穿戴正式的禮服，然後藉由會場莊嚴隆重的氣氛，使與會的人士強烈地感染這一股莊重的氣息，形成對於一個人的「名」絕對尊重的共識。

命名典禮莊嚴隆重，命名時則必須積極遵守「信、義、象、假、類」五種原則，⑲取象人出生時之各種可茲辨認的形跡，顯示個體之出生乃秉承天地所賦予的特性，且與周遭之社會環境、自然環境與家族成員互有關聯。至於將此特質取以為「名」，正是用來提醒世人人與天地萬化密不可分的道理，因此每個人都需要積極開發自我的潛能，以參與天地間萬物生生不已的大化流行。同時命名還必須消極地避免不以日月、國、隱疾、山川、官、畜牲、器幣，大夫、士子不與世子同名的八項禁忌，⑳其旨在於避免妄自尊大，更要避免不祥之氣常隨左右，更祈求能終生順順當當。㉑根據這些宜忌原則所謹慎取出的「名」，就成為個人一生最重要的標誌，至於成年取「字」以後，「名」更成為自己專屬而珍貴的象徵，人可以自稱自己之「名」，而普通的一般人則不得直呼他人之名。㉒

男子年滿二十歲，就要慎重舉行代表成年的冠禮，並邀請特別來賓為之祝福，且對此始為成人者提出生命的期許，同時還在加冠典禮以後為之取「字」，㉓代表「成人之道」㉔，經由這一連串儀式的轉換與強化作用，於是「字」成為成年的象徵，象徵個體已趨於成熟穩重、懂得自尊自重，因此自然而然也會加深對自我之節制與期許。

自二十歲至五十歲期間，是一個人為社會服務的最重要階段，經由這長期的歷練，已逐漸可以獨當一面，因此年滿五十以後才可以升任大夫，擁有更高的名望，受到更高的尊重。即使未能升任大夫，也因為閱歷豐富、處理各項事務的能力圓熟，而受到較高的推崇與器重，因此在稱號上又經歷一番轉折，以「伯仲」為稱，代表對於德高望重者的推崇與尊敬之意。

「虎死留皮，人死留名」是中國人根深蒂固的觀念，因此國人多希望能於蓋棺論定之時「不枉此生」，得一善美之名以終，所以諡法制度可激勵恭忠莊儉、正直賢明等優良美德，而遏阻昏庸暴戾、荒淫惑亂等惡質行徑。㉕扼要而言，諡法制度有助於裨益風教，且可維繫道德命脈於不墜之地。

倘若教師於教學時能適當地補充古代相關的民俗文化，不但能使學生增廣對於古老民俗的見聞，懂得民俗所蘊藏豐富的文化意義，也能以接納、欣賞與珍惜的態度看待那些古老的民俗與禮儀。當一個人懂得懷古、曉得念舊，就能常懷感恩的心，能看到前人對後代子孫的貢獻，而興起「我當效法之」的自我惕勵作用。尤其當學生看到周代對於一個人名字稱號的改變，都有它特殊的用意與作用，就可能逐漸體會所謂「文化」，是必須經過長久醞釀、長期培養才可能孕育出的，其目的在於「以人文化成天下」，而非「以人為破壞天下」。至於要成為一個「文化人」，就需要明瞭眾多的人過去走過的足跡，因為文化無法「空投」，人文素養更無法速成的。

五、結論——以傳統文化涵泳眞情意

以上所舉的事例只不過是拋磚引玉而已，倘若真正有心培育學生的人文素養，真正關心人類情性與理性的和諧與平衡，則〈檀弓〉之中正有俯拾即是的資源，可供選為極佳的情意教育材料。因為它提供我們豐富的故事（畢竟「故事」是最容易感動人的！尤其是經由善於講故事的人，鉅細靡遺地講述精彩的內容，所導致的效果特佳。），讓我們能從歷史人物活生生的事例中，感受他們喜、怒、哀、樂的各種情緒反應，還可以退在一旁，將其為人處世之道重作一番估量，更可以將各個人物的所作所為放到價值的天平上稱一稱，然後加減自己的砝碼，就可以建立自我平衡的生命價值新天平。

當然，這正等待編選國中、高中教材的諸公們青睞，看看未來的國文教本中誰會雀屏中選！不過，國中的選文只適合從第一類的材料中挑選，至於高中國文教材仍然以第一類為優先，至於第二、三兩類的材料，則可挑選為高三的選文或者做為課外閱讀材料，並與文化基本教材整合，不但可收教材統整之功，使學生有觸類旁通、豁然開朗之感，更重要的是這時候學生的理性發展已更為成熟，因而可收整合人生、學以致用之效。同時，還得勞動教材編輯委員在《教師手冊》中羅列相關的教學補充資料，讓站在第一線進行教學的老師可以掌握較可靠的訊息、獲得較多的靈感，以便在正式開講時能以情節感人且能引人入勝，才好進一步作移情入理、以理化情的情意教育。

當然，另一種可能的結果是〈檀弓〉完全從中學生的國文教本中「出局」，那麼我們將說：這是倡導多元文化下的最大悲哀，因為《禮記》這本叢書本身就是最典型的「多元文化」結晶，〈檀弓〉本身更富含大量生活化的「多元文化」種子，捨此而不用，不但是對於傳統文化的浪費，還是另一種形式的「扼殺」多元文化！五四運動時代的青年學子，不見得有太多人懂得傳統文化，所以有很多人看不起傳統文化，不過，當時倒還有不少人看到傳統文化的皮毛！假如，這一代的青年學子是「看不見」傳統文化了，那麼，就比「看不起」還悲哀了！

文化的精髓在於「禮」，因為「禮」切合人情，且與人生相結合，因此我們最後不忍要殷切地說：傳統文化可以涵泳真情意，請讓中學生從生活中與「禮」結緣！

（本文原載於教育部人指會《人文及社會學科教學通訊》雙月刊88年10月第10卷第3期）

註釋

①分別見於漢・許慎撰，清・段玉裁注：《說文解字注》（臺北：蘭臺書

局，1972），頁128、751。

② 《禮記》〈禮運〉，見於漢．鄭玄注，唐．孔穎達等正義：《禮記正義》，收入《十三經注疏》（臺北：藝文印書館，1985），頁431。

③ 《禮記》〈中庸〉，頁879。

④ 其詳參見黃月霞：《情感教育與發展性輔導——「情育課程」對兒童「態度」與「學業成績」的影響》（臺北：五南圖書出版公司，1989），頁88～89、102～106。

⑤ 政府遷臺五十年，總計《禮記》曾列入高中國文選文的有：〈大學〉首章、〈中庸．哀公問政〉、〈禮運〉之「大同」或「小康」章（或合選），〈學記〉與〈檀弓選〉。其中〈檀弓〉曾選錄：晉獻公殺太子申生、莊公誄士、孔子蚤作、喪速貧死速朽、汪踦不殤、子路去魯、苛政猛於虎、周豐論哀敬、不食嗟來食、美侖美奐、子皋為宰而成人喪、曾子易簀、子路有姊之喪、子夏喪明、杜舉、成子高遺言。

⑥ 《禮記》〈檀弓上〉，頁112：「孔子哭子路于中庭。有人弔者，而夫子拜之。既哭，進使者而問其故。使者曰：『醢之矣！』遂命覆醢。」

⑦ 《論語》〈公冶長〉，見於魏．何晏注，宋．邢昺疏：《論語注疏》，收入《十三經注疏》（臺北：藝文印書館，1985），頁42。

⑧ 《論語》〈述而〉，頁61。

⑨ 《論語》〈先進〉，頁97：「閔子侍側，誾誾如也；子路，行行如也；冉有、子貢，侃侃如也。子樂。若由也，不得其死然。」

⑩ 子路死於衛國內亂之事，其詳參見《左傳》〈哀公一五年〉，見於晉．杜預注，唐．孔穎達疏：《春秋左傳正義》，收入《十三經注疏》（臺北：藝文印書館，1985），頁1036。

⑪ 《禮記》〈檀弓上〉，頁131：「子貢曰：『昔者夫子之喪顏淵，若喪子而無服，喪子路亦然。』」

⑫《公羊傳》〈哀公十四年〉，見於漢．何休注，唐．徐彥疏：《春秋公羊傳注疏》，收入《十三經注疏》（臺北：藝文印書館，1985），頁357：「顏淵死，子曰：『噫！天喪予！』；子路死，子曰：『噫！天祝予！』」。顏淵死於哀公三年，子路死難本在哀公十五年，而《公羊傳》一併記入哀公十四年之中，徐彥之疏早已指出：此乃傳家追言之事，未足為妨。

⑬《禮記》〈檀弓上〉，頁120。

⑭《孝經》〈開宗明義〉，見於唐．玄宗注，宋．邢昺疏：《孝經注疏》，收入《十三經注疏》（臺北：藝文印書館，1985），頁11：「身體髮膚受之父母，不敢毀傷，孝之始也。」

⑮《禮記》〈祭義〉，頁821：「身也者，父母之遺體也。行父母之遺體，敢不敬乎？」

⑯其詳參見《論語》〈子罕〉，頁77；〈先進〉，頁99。另外，亦出於漢．司馬遷：《史記》〈孔子世家〉，見於日．瀧川龜太郎，《史記會注考證》（臺北：洪氏出版社，1977），頁751。魏．王肅注：《孔子家語》〈困誓〉，卷5，收入《四部叢刊正編》第17冊〈臺北：商務印書館，1979〉，頁61：「孔子之宋，匡人簡子以甲士圍之。子路怒，奮戟將與戰，孔子止之。……子路彈琴而歌，孔子和之。曲三終，匡人解甲而罷。」

⑰《禮記》〈檀弓上〉，頁136。

⑱其詳參見卡西爾（Ernst Cassirer）著，結構群編輯組譯：《人論》（An Assay on Man）（臺北：結構群出版社，1991），上篇，認為應當把人定義為符號的動物。

⑲《左傳》〈桓公六年〉，見於晉．杜預注，唐．孔穎達等正義：《春秋左傳正義》，收入《十三經注疏》（臺北：藝文印書館，1985），頁112：「申繻以命名之法有五：有信、有義、有象、有假、有類。以

名生為信，以德命為義，以類命為象，取於物為假，取於父為類。」

⑳《禮記》〈內則〉，頁537：「凡名子：不以日月，不以國，不以隱疾，大夫、士之子不敢與世子同名。」〈曲禮上〉，頁38：「名子者，不以國，不以日月，不以隱疾，不以山川。」《左傳》〈桓公六年〉，頁113：「申繻以命名之禁忌有六：不以國，不以官、不以山川、不以隱疾、不以畜牲、不以器幣。」

㉑其詳參見拙作：〈從先秦之命名取字透視其人文精神〉，《國立花蓮師範學院創校五十週年學術研討會論文集》（花蓮：花蓮師範學院教務處，1997），頁206～210。

㉒《禮記》〈曲禮上〉，頁39：「父前子名，君前臣名。」

㉓古人所取之「字」，多與其本名有關，使能「聞名推字，聞字推名」。其詳參見拙作：〈從先秦之命名取字透視其人文精神〉，頁210～215。

㉔《禮記》〈冠義〉，頁998：「已冠而字之，成人之道也。」

㉕其詳參見拙作：〈從先秦諡法透視其人文精神〉，《國際人文年刊》第6期，1997年6月，頁279～297。

捌、從現實到理想的境界

——談「大同與小康」的教學意義

內容摘要

〈大同與小康〉為《禮記》〈禮運〉中的一段文字，不但蘊藏著儒家最高的政治理想，更刻劃出人類亙古以來所追求的理想生命情境。這篇短文雖然過去經常被選為中學生的國文教材，但是開放教材統編之後，卻是命運未卜。本文首先詳加分析此篇教材的內涵意義，認為「大同世界」標示最高的理想政治情境，並以「小康社會」刻劃理想的現實政治情境，至於提出「禮治」的實踐之道，則為貫通現實與理想的根本關鍵。其次，再從其具有統整文化基本教材中的「學庸」內容，又能呈現人類理想的生活情境，同時還能激勵青年學子樹立理想的奮鬥目標等三大特質，以說明其所具有的教育價值。由於此篇文章具有現代教育意義，因此呼籲這篇文章能繼續成為中學生的國文教材。

一、前言

〈大同與小康〉本為《禮記》〈禮運〉中的一段文字，①從民國四十年開始以至於今，在這將近五十年間，這段文字分別以〈禮運·大同與小康章〉或者〈禮運·大同章〉等兩種面目出現在初中或高中階段的國文教材中，而高職國文部份，也多半收有〈禮運．大同章〉這篇選文；可見中學階段的學生多半有機會接觸這篇有關大同思想的短文。

然而〈大同與小康〉這段文字，在教材開放編訂而取消教育部統編的標準教科書後，是否仍然能獲得各家編訂者的青睞，將這段文字繼續編入高三下學期的國文教材則尚未可知（雖然多數書局的預定編目中均選有此篇，不過審定本的高三國文教材，則尚需等待九十學年度時才能正式與社會大眾見面）。儘管〈大同與小康〉是否繼續成為高三的國文教材仍然命運未卜，不過以它數十年來長期被選入國文教材的特殊地位，除卻其中呈現難得的政治理想之外，文中更含有關係世道人心的可貴思想，因而具有崇高的教育價值，值得社會大眾深入思考與慢慢體會，所以本文希望藉此機會仔細探討其內涵意義，進而能詳加闡發這段短文豐富的正面涵義，②將古聖先賢的生命智慧適時地傳入青年學子的腦海中，以便能及早型塑出人類理想的生活情境。

二、「大同與小康」的教材內涵

要明瞭教學一篇文章的意義，首先必須深入探討該教材所蘊藏的內涵，然後才可以分析該文所蘊含的教育價值，進而能確定該選文的教學宗旨，達到教育在於引導人類追求與實踐真、善、美的最終目的。這段文字的篇幅雖短，然而其中不但蘊藏著儒家最高的政治理想，同時還展現了人類亙古以來所追求的理想生命情境，謹再細分為三個層次敘述之：

(一)以「大同世界」標示最高的理想政治情境

〈禮運・大同章〉首先提出「大道之行也，天下為公，選賢與能，講信修睦」的理想政治狀態，而此處所指稱的大道行於天下之時，鄭玄以為乃指「五帝」之時，並且此時大道之能否實行，其最重要的關鍵就在於人人應有「以天下為全民所公有」、政權應當歸諸全天下所共有的根本體認，因此孔子不但以「舜、禹之有天下而不與」③實在崇高偉大，而且還極力稱讚泰伯三以天下讓為至德的表現。④由於以天下為全民所共有，因而在政治上，所謂天子（五帝之時應為部落共主）時興以禪位授聖的讓賢方式，於是有堯之廢朱而傳位與舜、舜之廢均而讓位與禹；不僅天子為聖賢在位，天子以下的大臣也須由賢能多才者擔任，使有德行之賢者與有才藝之能者皆能在位，也就是孟子所標榜的「賢者在位，能者在職」、⑤「尊賢使能，俊傑在位」⑥的賢能政治狀態，此從《論語》還記載的「舜有臣五人而天下治，武王曰：『予有亂臣十人。』」、⑦「舜有天下，選于眾，舉皋陶，不仁者遠矣！湯有天下，選于眾，舉伊尹，不仁者遠矣！」⑧之理想政治可以得到印證。

在這種基本前提下，每一位主政者應當認定「利他」是為政者最根本、最重要的的任務，而發揮仁愛之心則是積極救世的原動力，同時還須懷抱「人人為我，我為人人」的處世原則；因此為政之道，首先要求具有誠信不欺的人格特質，同時還要有敦睦鄰里的行為表現。由於能純誠不欺，因而相對地，人民也信任為政者；由於能親睦人群，所以君臣與百姓的關係也容易融洽美滿，而政令也容易推動，以促成理想的生活環境。孔子曾經以能行恭、寬、信、敏、惠五者於天下則可以為仁回答子張問為政之仁，因為「恭則不侮，寬則得眾，信則人任焉，敏則有功，惠則足以使人」，⑨在這五種為政者的德性中，恭與寬屬於內在之修德，敏與惠則偏重在處事之能力與技巧之運用，至於貫通內外者，則為「信」的功夫；此從孔子非常強調「民無信不立」的道理，⑩可以得到充分的說明。一個人倘若「反諸身而不誠」，則無法獲得至親好友的信任，在下位者也無法獲得在上者的信任，自然也無法治理天下眾多的百姓；⑪必待在上者能夠躬行實踐「誠於中，形於外」⑫的道理，則能上行下效，「率天下以仁而民從之」，⑬而成就「德治」之天下。

倘若人人能抱持昭然無私「天下為公」的心志，時時講求誠信不欺、親睦人群的態度，則可以擁有崇高的道德，並且由於內在所充塞的仁愛之心形之於外，因而能視人如己、愛以及人，於是呈現於社會上的，就是「人人不獨親其親，不獨子其子」的局面，且能以「老有所終，壯有所用，幼有所長」的實際關懷，使一般正常情況下各年齡層的人都能受到妥善的安頓，因而能達成孔子所嚮往的「老者安之，朋友信之，少者懷之」的境界，⑭使年滿五十者都能安於義之所宜、樂於義之所終，⑮三十以上身強體壯者，則皆能因其材而篤之，發揮行道達生的大用；⑯十歲以上的年幼者，均能得到應有的養護與教誨，使人從小就能順於正道而成長，日進於道而不自知，成為「老吾老以及人之老，幼吾幼以及人之幼」⑰的溫情世界。

對於一般正常成長的人，為政者尚且要盡心地關懷其各階段的生活安頓，對於「矜、寡、孤、獨、廢、疾者」等特殊狀況者，更應給予特別的關懷與照顧。誠如孟子所說：「老而無妻曰鰥，老而無夫曰寡，老而無子曰獨，幼而無父曰孤；此四者，天下之窮民而無告者。」⑱面對這些情況特殊的手足同胞，一般人更會油然生起強烈的惻隱悲憫之情，紛紛慷慨解囊，希望藉此能使不幸者也可以獲得長養以安享天年，亦即以溫情來彌補人間無可奈何的遺憾。

同時，為使社會能夠穩定成長，則須使男子都各有適當的職位，並且還要克盡其應盡的責任；女子也各有其美好的歸宿，且能發揮女子相夫教子的特殊專長以教養優秀的子女；亦即在大同社會中，務必使男女雙方都能各盡其力、分工合作，以興旺家道，而後始能締造祥和的社會。

另外，經濟問題也是決定社會是否安定、人民生活是否和樂的重要條件之一。因此，大同世界所呈現的就是「貨，惡其棄于地也，不必藏于己；力，惡其不出于身也，不必為己。」的現象。由於物質資源最高的功能在於「物盡其用」，既不暴殄天物，同時亦不假藉名義以藏為一己之用，而是採取「賤貨而貴德」⑲於物不貪的態度，因而不會造成「貨悖而出者，亦悖而出」⑳的爭執與紛爭。至於智能與體力，則是開發各種資源、改善人民生活最重要的利器，因此最理想的狀態應當是「人盡其才，各盡其力」的狀態，並且這種能力的發揮，更不是專為一己之利而打算，而是以能用於社會群體之用方為大用。因此能擁有「己欲立而立人，己欲達而達人」的偉大抱負，並且能以切實實踐立人、達人方為真正有能力的表現。

能在政治、社會以及經濟上體現一體為公的大公無私狀態，則全天下宛如一家、全中國猶如一人，以至於彼此設防保護都成為多餘而無用之事，於是「謀閉而不興，盜竊亂賊而不作」，並且還能「外戶而不閉」，成為最理想的「大同世界」。

㈡以「小康社會」刻劃理想的現實政治情境

「大同世界」固然理想，但是它必須以人人都具有「天下為公」的崇高道德情操為前提，因此這種「大同世界」在現實社會中終歸要淪為遙不可及的「烏托邦」；於是繼此「烏托邦」之後，孔子又提出「小康社會」的型態：在承認人類具有無法避免的私心下，雖然政治上形成「天下為家」的私有局面，社會上也呈現「各親其親，各子其子」的狀態，經濟上還有「貨、力為己」的競爭場景，不過，倘若透過「禮治」的途徑，則依然可以刻劃出一個理想的現實政治情境；而這種政治狀態，毋寧是比較可能實現的理想情境。

由於是「天下為家」，因此表現在政治上的，則是自夏代王朝以來王（君）位的繼承採取父傳子或者兄傳弟的「世及」制度；由於是君王皆以天位為家，於是上行下效的結果，四海之內當然各親其親而子其子；由於各親其親而子其子，以致必須嚴別內外，還需大設邊防，並加以鞏固之，於是城郭溝池的興築就應運大興；同時由於要維持社會政治的長期穩定，所以必須思索一套可賴以維繫社會整體運行的綱紀，於是〈禮運〉對此有「大人世及以為禮，城郭溝池以為固，禮義以為統」的總括說明。

依照禮義原則所設立的統綱，又可區分為「以正君臣、以篤父子、以睦兄弟、以和夫婦、以設制度、以立田里、以賢勇知」等較具體的項目，而且還必須從「君臣正、父子篤、兄弟睦、夫婦和」等部分先行鞏固人倫，有此鞏固的人倫基礎，然後才可推而至於其他更廣闊、更複雜的社會制度之釐定。由於君臣以道義相尚，因此君臣以「正」為統綱；由於父子之情來自天然之血緣之親，因此要求「篤厚」這種天然親情；由於兄弟為同根所生，因此經脈血氣相近，所以講求「同氣相睦」；夫婦本為兩姓相合，雖然本無共同血緣的基礎，但是因為位居「五倫」之中樞，因此必須講求以義相諧和。㉑當此重要之人倫關係鞏固，於是可進而制定其他的社會制度，從宮室、車旗、服飾、飲食等方面確立上下貴賤等器用之別，以建立一套人間世的秩序。除卻這種人事制度以外，與社會經濟關係更密切的，則為田里的安排，因為無論是從耕地的貧瘠肥沃與大小多少之區別與分配，乃至於到宅院居處的規劃整建，都需要一套可供依循之規矩，以使社會的運轉方便順利，而百姓的生活歸於安定，因此孟子認為仁政之施行，必自經界開始，而且必待經界既正，而後「分田制祿，可坐而定也」，㉒於是社會秩序始可井井有條。

由於大道既隱而天下為家，導致在私心已行、私智為用的情況下，不但辨別欺妄有賴於智慧，成就事物更有賴於智慧，㉓而且也唯有真正的智者，才可以成就最大的仁；㉔因而必須推崇尊重有勇有智的人，同時還要積極鼓勵世人努力擴充其心智於立己之外的立人、達己之外的達人等公益事業上。然而貫串於「知」與「仁」之間的，則為「勇」的力量，㉕亦即在「仁心」的發動下，若能以力行不輟、勇於精進的剛毅精神貫徹執行立人、達人之事業，則不僅可以成己，而且還可以成物，廣施仁德於天下。由於成德、明法乃是有利於民的有功之事，[26]而且在「大道既隱，天下為家」的情況下，這種天降之大任既然全部委由天子來承擔，則天子為求德法能夠施行於天下，必然要運用各種謀略以利於德法事功之推行，同時，各種保衛戰與爭奪戰也會因為彼此的接觸與摩擦頻繁而大大興起。綜觀歷史上實行這種德法而有功於民的，則應該要數禹、湯、文、武、成王與周公等人為最傑出的人選。

雖然禹所帶領的夏朝為「家天下」的開始，但是孔子並不因為禹之後衍成一家一姓之天下而非公天下的緣故，以致稍加鄙薄禹，而是極力盛讚禹之偉大，從《論語》「禹，吾無間然矣！菲飲食而致孝乎鬼神，惡衣服而至美乎黻冕，卑宮室而盡力乎溝洫。禹，吾無間然矣！」[27]的記載，可知孔子乃是基於禹之不事自我的享受，而專心致力於改善百姓之生活、引導百姓尊祖敬宗的客觀事實，而極力推崇禹之崇高偉大，認為大禹乃是代天養民、愛民的難得君主，因此短短幾句話語之中，前後卻不厭其煩地重複述說「吾無間然矣！」的贊語，同時還以禹為六大君子之首。

歷數大禹以下的六大君子，在我國的政治史上都佔有相當重要的地位，皆堪稱為「聖主明君」之流，且都有「治亂以安天下」之大功。湯、武雖然革夏、商之命，不過，孟子以為商湯「執中，立賢無方。」[28]同時孟子又引《書》「東面而征，西夷怨；南面而征，北狄怨。曰：『奚為後我？』」之紀錄，而說明百姓盼望商湯征討夏桀，若大旱之望雲霓；而當其誅殺夏桀，則百姓感覺彷如時雨降而大悅，[29]因此湯之地雖然未滿百里而可以王天下。至於文王，武王還未伐紂之前，早已以德性之名而聞於西方，且深得民心，因此《詩》還有「穆穆文王，於緝熙敬止。」、「於乎不顯，文王之德之純。」等贊辭。㉚至於武王，則「不泄邇，不忘遠。」㉛不泄狎近賢，也不遺忘遠善，處處表現其德之盛與仁之至，同時還封比干之墓、表商容之閭、發鉅橋之粟、散鹿臺之財，顯現其愛民之厚。㉜而成王雖然創業不足，不過守成也屬不易，因此終於能守住武王打下之江山。至於周公，則始終為孔子仰慕效法之榜樣，而孟子則讚賞周公「思兼三王，以施四事，其有不合者，仰而思之，夜以繼日，幸而得之，坐以待旦。」㉝認為周公不但志向遠大，而且兢兢業業於為政，絲毫不敢懈怠苟且。上述六大君子，誠如史次耘所述，都能以善教之君師身分以施行善政，處處揭示百姓以禮義之綱紀，致使百姓能夠理解雖然以天下為家，卻不必以己之所私者為家，因而能推親親子子之恩於天下，且不獨親其親、子其子而已，而是處處善與人同，以使其各得其生，於是雖然貨力為己，卻可以並育而不相害；雖然以功為己，卻也可以同德而不相害，因此能以大同之方而得小康之實，且以小康之實而成大同之治。㉞

㈢提出「禮治」為貫通現實與理想的關鍵內容

思索上述六大君子施政的共同特性，則以「未有不謹于禮者也」概括說明之，於是在呈現「小康社會」的各種現象之後，全文再提出「謹于禮」的關鍵處，說明為政者能率領百姓謹於禮者，則可進而發展為小康之社會，倘若行不由禮，則道義逐漸衰頹以至於蕩然無存，而卒歸於紛亂之局。

而所謂「禮」，乃是天之經、地之義，合乎天地至理之事，因此「禮」乃是通貫於百姓日常生活之中的合宜之道，是人民所做所為的指導方針。㉟由於禮本於天地之至理，因而聖人能以「禮」衡於心、以「理」置於慮，於是訂定一套套禮儀制度，以冠、昏、喪、祭、射、御、朝、聘等禮儀活動周遍人一生中的重要活動，在遵禮行儀之下，於是可以成就「定親疏，決嫌疑，別同異，明是非」的功能與作用，㊱因此〈禮運‧小康章〉分別以「著其義，考其信，著有過，刑仁，講讓」等五種德性「示民有常」，說明君主謹於禮，則可以教導百姓明於以義裁斷事務，彼此懂得以誠信彼此相待而不欺妄，能明辨罪過而卒歸於理則，以禮獎賞則可使有仁愛之行，與民講說禮之原理而能彼此推讓不爭，因此能成就仁、義、禮、知、信等五德，而這五種德性正是人類達成合理美滿生活必備之常道，能謹守於此，則能日進於小安之境，步入小康之社會；苟不如此，則日陷於疵亂幽闇之國而不可自拔。

〈小康章〉中首先提出「謹于禮」的施政關鍵，又提綱挈領地陳述「謹于禮」者可以成就仁、義、禮、知、信等五種常德，正是言簡意賅地提示儒家強調以禮治國、以禮治世、以禮治民的「禮治主義」思想，更是孔子一生周遊列國所極力宣揚的主張，因此「大同思想」雖然意境高遠，然而必待於此處提出「謹于禮」的關鍵點，而「大同思想」始有著力點可用以支撐。因此「大同」與「小康」是二而一密不可分的整合體：割棄「小康」，則失去人生奮鬥的據點；不談「大同」，則缺乏奮勉精進的最高指標；二者可謂缺一不可。同時，此處提出依禮而行可以入於仁、義、禮、知、信的五種常道，更是開啟〈禮運〉自此以下繼續談論「須禮之急」、「禮之所起」等章節的前佈線索，文句雖短，卻是關鍵語句。至於末章，則從「孔子曰：『於呼哀哉！我觀周道，幽、厲傷之，吾舍魯何適矣！』」以下，以迄於篇末，處處彰明孔子嘆息之意，並藉此備述所懷，首尾相連，凸顯自五帝三王之變易更迭，無不以「禮」居中而運轉之，義理相當一貫，㊲宋儒胡寅認為〈禮運〉為子游所作，高師仲華則進而認為子游所傳述的，可能正是孔子晚年最成熟的思想，㊳而這也最能說明孔子「以禮啟仁」的一貫主張。

三、「大同與小康」的教育價值

由於「大同與小康」具有上述豐富的內涵，倘若能將此內涵傳達給青年學子，使其能在年輕人的心靈播下種子，則日後只待因緣成熟，即可順利地萌芽、成長，乃至於茁壯、開花，而結出豐碩的果實，對於具有德義的泱泱君子之養成，對於「小康社會」的實現，乃至於「大同世界」最高理想的塑造，都有預立標的以激勵立志的作用；同時，在激發鬥志以外，作為文化教材的一部分，它又具有統整教材的效能；因此分析此篇教材的教育價值，則可別為以下三項：

㈠統整文化基本教材中的「學庸」內容

〈大學〉與〈中庸〉原為《禮記》中的第四十二與三十一篇，乃是世人在躬行實踐禮義之行為以後，所濃縮而成的政治哲學與心性之學，屬於《禮記》中闡述儒家義理的精華。雖然要深切理解此兩篇中的思想意涵，仍然有待人生的歷練，從切身的經驗慢慢體會其中的深刻意義，不過，能夠及早與青年學子見面，則未嘗不可以藉此機會先行為傳承精深的中華文化作事前的暖身工作，因此在目前的文化基本教材中，在〈大學〉全篇中選錄第一章的經文與第七、八、九章的傳文，至於〈中庸〉則選錄第一、十三、二十、二十五章，分別扼要提示〈大學〉與〈中庸〉的重要意涵。

〈大學〉經第一章，乃全篇之總綱，分別標示明明德、親民、止於至善之三綱領，以及格物、致知、誠意、正心、修身、齊家、治國、平天下之八德目，說明由內而外，從修己以至於治人，而達於至善的一貫大道；因此是政治哲學的總綱。孫奇逢就認為：「此個『學』字，即夫子『學而時習』之『學』字，合千古帝王賢聖做此一件，生活不盡，所以為大道，在合德與民，而歸於至善之地。蓋德即身也，格、致、誠、正，乃所以明之也；齊、治、均平，乃所以新之也。德無一念之不明，民無一人之不新，身方底於粹精之域，所謂止至善也。通篇總括於『壹是皆以修身為本』一句，功夫全在知止。」㊴由於為政之道以修身為本，而修身又以德為本，所以繼此經一章之後，文化基本教材又選列第七章之「修身在正其心」、第八章之「齊其家在修其身」以及第九章之「治國在齊其家」，於是為政中最重要的關鍵已能了然在目，而「小康社會」所要求之「謹于禮，著于義」的「德治」與「人治」之做法，也都已能深入人心，至於實現「大同世界」最需要的「德」，其實就已在「心正則身修」的自我修持中得到最佳的保證。由此可以得知〈大同與小康〉雖然篇幅簡短，不過卻明確地可以彰顯〈大學〉所標示的：為政之道應區別本末先後、明辨終始厚薄之根本道理，而且若欲達到「大同世界」的最高理想境界，則捨「小康社會」而弗由。

至於〈中庸〉之首章，同時也是整篇之綱領，說明道之本源乃出於天而不可變易的道理，同時指出道體乃周遍於己而不可一時與己分離，因此世人應當反求諸己以充實本然之善，且以能達於中和之境界，使天地正位、萬物並育為生存的最高理想。如此「致中和，天地位焉，萬物育焉」的境界，即是天人和諧、物我和諧、人與人亦互相和諧共存的局面，正是「大道之行也，天下為公」所可能形成的局面。因此，文化教材在首章之後，又挑選第十三章「道不遠人」的選文，說明中庸之道不遠人，世人應以忠恕之心躬行實踐其中的道理；此之所謂以「忠恕之心」行之，即是「將心比心」的生活習慣與態度，能隨時以合乎禮義之做法施於他人。其次，則挑選第二十章的「為天下有九經」，首先說明為政之道，其本在於得人，而得人之本又在於修身，然後依次及於尊賢、親親、敬大臣、體群臣、子庶民、來百工、柔遠人、懷諸侯等各項重要作為；至於修身之道，又在於必須履行五達道與三達德，簡而言之，修身所修者即在於修習道德，且以意念之誠為樞紐。緊接其後，則再挑選第二十五章的「誠者自成」，說明「誠」乃是貫通天人之道的重要關鍵，因而倘若能以純誠之心待天下，則可以成己成物而成仁成知。雖然〈中庸〉通篇所說的在於顯現貫通天命、性道與人之教的一貫大道理，不過由於「道不離器，捨器無道」，可知「道」最直接的落實處，即是透過與民生關係最密切的政治管道，使在上者遵循治理天下的九大原則，「率民以仁」，即可「一家仁，一國興仁；一家讓，一國興讓。」使全社會達到「著于義，考其信，著有過，刑仁，講讓；示民有常。」禮義大行的井然狀態。

綜合上述所說，〈大同與小康〉實在具有統整文化教材中「學庸」教學內容的價值，兩段簡短而紮實的內容，不但提綱挈領地呈現經由禮義的實踐所達成的「小康」理想現實狀態，同時又挑高一層，展示萬物共榮、物我交融，人人相交以德的忘我無私境界，配合〈中庸〉所具體提出九大治理天下的原則與順序，為千頭萬緒的政治哲學理出一套井然有序的為政之道，更為關係「德治」、「人治」與「禮治」最關鍵的人性德義問題，透過〈中庸〉的重要章節，對人類抽象的心性之學，從「存誠由己」、「成己成物」的途徑，而與具體的政治生活產生聯結；因此〈大同與小康〉的篇幅雖短，卻有總結文化基本教材之精華的作用。

㈡具體而微地呈現人類理想的生活情境

人生不能缺乏理想，因而對於理想生活藍圖的刻劃，不但有其必要，而且最好還要呈現階段性發展的進程，以便世人在進行生涯規劃時，能分別樹立不同階段的奮鬥指標。〈大同與小康〉就標示著遠近兩階段的理想情境，使人生的奮鬥不但擁有方向感，同時還有攀爬的著力點。蔣伯潛對於此兩階段的理想情境有如下的說明：

> 行大道則為大同，謹禮則為小康。小康之治，三代之英所曾實現者也；大同之治，則孔子最高之政治理想，託之於堯舜者也。孔子之時，周衰魯弱，又無所憑藉以發揮其政治之抱負，不但大道之行之大同，終成幻想之烏托邦，即小康亦未之逮，此其所以喟然長嘆也。此段論大同，與《論語》贊堯舜之巍巍蕩蕩，

> 煥乎有文，南面恭己，無為而治，及〈中庸〉論篤恭而天下平之盛，正可互證，而所說更為具體。㊵

孔子之時已是禮壞樂崩而大道不行，此從篇首所載：「大道之行也，與三代之英，丘未之逮也，而有志焉！」可以明顯看出孔子對當時政局的感嘆，同時也很清楚孔子對於三代以上政局之嚮往，且此所謂三代以上之理想政治狀態，又顯而易見地分為「大道之行」與「三代之英」前後兩階段，且此兩階段都為孔子所「有志焉」，而〈禮運〉中隨後所記載：君臣俱闇的「幽國」、臣之奢富擬於國君的「亂國」與政不正、君位危、刑肅俗敗而民弗歸的「疵國」，㊶都是當時存在的現實政治，亟需加以平治的，於是以「撥亂反正」的思想，根據禮義以治亂世，然後由昇平而至於太平，就是社會運轉應有的一貫大道，也是人類理想生活情境依次實現的可能進程。

㈢激勵青年學子樹立理想的奮鬥目標

〈大同與小康〉藉由子游與孔子的問答，說明自從上古以來，人類的生活情境隨著時代的改變而有所不同，自大同世界以下，遞降而為小康，再降則淪為亂世；然而由於禮文之運用，則可撥亂世而反諸正，遞升而為小康之昇平世，而後更躍升為大同之太平世。非僅大同世界所呈現的是民有、民治、民享的理想國境，在人人都具有高尚道德情操的狀態下，不但無任何形式的約束，也不會有盜竊亂賊危害之憂，彼此可以和諧相處，這對於喜歡追逐夢想的年輕人而言，無疑是頗富吸引力的，因此對於高三下學期的學生提供如此的教材，應該可以激起年輕人「人生有夢要追尋」的豪情壯志！尤其藉由孔子參與魯國臘月蜡祭，目睹祭禮不備、禮義有虧的情形後，與子游出遊於觀闕之上不禁「喟然而嘆」，而興起全文談禮之線索，意義更是深長！另外，還以子游之質疑君子既然不憂不懼則何須感嘆，於是透過設問以導出孔子對於禮之不行的無限感慨，埋下孔子一生致力宣揚「以禮治國」的伏筆；更以孔子自行述說「大道之行也，與三代之英，丘未之逮也，而有志焉！」的簡單答語，直截了當地陳述大道盛行的至德之世與開創三代的英明聖王，都是孔子意之所在與志之所往的理想盛世與政治榜樣，更以簡短一句「丘未之逮也，而有志焉！」道盡平生一貫的志向與無怨無悔地追求！

孔子處於禮壞樂崩、大道不行之時代，其一生栖栖惶惶周遊列國的目的，所求的不外乎大道之能行，道德與禮治能重新呈現於當世，因此雖然陳蔡絕糧，仍能面不改色，面對子路之慍怨，還能泰然說出「君子固窮，小人窮斯濫矣！」的話語！㊷當其面對桓魋之包圍，更能神態自若地說：「天生德于予，桓魋其如予何！」㊸孔子之所以能如此不憂不懼，則其背後應當來自一股浩然莫之能禦的偉大情操與不屈不撓的堅忍意志，以致能以如此確切不可推移、不可奪取的意志，支撐著孔子可以無怨無悔地宣揚其「導之以德，齊之以禮」的為政理念，而期望人人可以達到「有恥且格」的境地，㊹亦即希望由於「有禮」，而能更進乎「有德」。

聖人一旦立志，則生死以之、全力以赴，其堅忍不拔之精神令人感佩不已；倘若能及早將此階段分明的理想進程呈現於青青學子之腦海中，則膚潤浸譖、薰習感染的結果，亦可以達到耳濡目染的效果，對於建立積極進取的人生觀，追求合理而高遠的價值都有助益。

四、結論
——「大同與小康」具有現代教育意義

〈大同與小康〉不只以「大同世界」呈現最高的理想政治情境，以「小康社會」凸顯可能的理想現實狀態，更重要的，則在於說明貫串於此兩者之間的，則為「禮」的實踐。由於「禮」原本來自天地之理序，㊺因此當「禮」落實於具體的生活習慣、處事態度中，則能因其各有門類、各有統序，於是可賴以建立社會運轉的制度與秩序；而當「禮」的觀念經由外在行為的反覆練習與增強取義之後，則可逐漸昇華內化為高尚的情操而成為「德」；而無論是或為禮儀制度的實踐或為道德情操的涵養，這些都是現代社會所迫切需要的。

中庸的意境達之不易，而〈中庸〉開宗明義「天命之謂性，率性之謂道，修道之謂教。」所說的天命之所賦，其最具體的實踐之道，當落在「修道之謂教」的修持中。至於此所謂「修」的內容即在於禮儀制度的實踐，而「教」的宗旨則在於闡發禮義教化的原理，因而經過此對於禮的修持與實踐的功夫之後，則能使具體的禮儀活動與抽象的禮義原理適度融合，而回復到「道」的層次，呈現「大道有德」使萬物並生而不相害的現象，於是乃由「禮」而入於「德」，若能修養到此階段，才可以雖然率其性而行，卻絲毫不會違離於道，且能展現天地生生之大德，而達到中和之境界。這其中的義理雖然隱微，卻可以與實現大同與小康的境界相呼應，關鍵在於應與禮的道理互為表裡、相互輝映，則對於對治目前社會秩序紛亂、社會風氣奢靡、道德認知低落、人性普遍沉淪、價值意識模糊的亂象，為青年學子呈現一個可貴的理想世界是絕對有必要的，為青年學子提出實踐「禮」為最重要的關鍵，更是指引一條人生的康莊大道，具有現代教育意義。因此〈大同與小康〉不但值得繼續成為高三下學期的國文教材，而且還是世人建立理想生命藍圖的最佳資料。

（本文原載於教育部人指會《人文及社會學科教學通訊》雙月刊89年10月第11卷第3期）

註釋

①台灣的中華書局曾於民國四十年時，在教育部審定出版的初級中學《中華文選》第六冊中出現這篇選文。民國四十一年時，則有正中版的高中國文列此篇為第六冊選文；四十二年，復興版的高中國文第六冊則選入〈禮運．大同章〉；四十三年之正中版高中國文，則將〈禮運．大同章〉列入第三冊之教材；六十年間，則因為推行中華文化復興運動，於是配合所加入的文化基本教材之教學進度，將〈禮運．大同章〉回復到第六冊的教學，而同一年代的高職國文部分，正中版也將此篇列入第六冊的教材；七十年間，則有全華科技圖書公司之高職國文於第二冊中選入此文，不過正中版根據《工業職業學校國文課程標準》編訂之教材中，已經不見這篇選文；倒是部編本的高中國文第六冊，這時候又恢復了民國四十年時〈大同與小康〉的篇目，並且〈大同與小康〉的選文一直延續至今而不變。

②此段文字曾經因為「男有分，女有歸」的英譯文句未盡妥貼，導致洋

人吹毛求疵；其後不久，我國退出聯合國，而中共進入聯合國之後，竟然將我國致贈大會的「大同世界」刻石拆除。

③《論語》〈泰伯〉，見於漢・鄭玄注，唐・孔穎達疏：《論語注疏》，收入《十三經注疏》(臺北：藝文印書館，1985)，頁72。

④其詳參見《論語》〈泰伯〉，頁70。

⑤《孟子》〈公孫丑上〉，見於漢・趙岐注，宋・孫奭疏：《孟子注疏》，收入《十三經注疏》(臺北：藝文印書館，1985)，頁63。

⑥《孟子》〈公孫丑上〉，頁64。

⑦《論語》〈泰伯〉，頁72。

⑧《論語》〈顏淵〉，頁110。

⑨其詳參見《論語》〈陽貨〉，頁155。

⑩《論語》〈顏淵〉，頁107。

⑪其詳參見《禮記》〈中庸〉，見於漢・鄭玄注，唐・孔穎達疏：《禮記正義》，收入《十三經注疏》(臺北：藝文印書館，1985)，頁894。

⑫《禮記》〈大學〉，頁983。

⑬《禮記》〈大學〉，頁986。

⑭《論語》〈公冶長〉，頁46。

⑮《禮記》〈禮運〉，鄭注引皇侃曰：「老，謂五十以上也。」另外，《大戴禮記》〈小辨〉，見於清・王聘珍：《大戴禮記解詁》(北京：中華書局，1992)，頁208：「毋患曰樂，樂義曰終。」

⑯《禮記》〈曲禮上〉，頁16：「三十曰壯。」

⑰《孟子》〈梁惠王上〉，頁22。

⑱《孟子》〈梁惠王上〉，頁35。

⑲《禮記》〈中庸〉，頁889。

⑳《禮記》〈大學〉，頁987。

㉑五倫包括君臣、父子、夫婦、兄弟與朋友等五種人倫關係，此處雖然

不提朋友相處之道，然而朋友相待之道，卻可以從兄弟長幼之關係推而求得。而根據《禮記》〈昏義〉，頁1000所載「夫婦有義，而后父子有親；父子有親，而后君臣有正」，可知夫婦這一人倫關係又應為「五倫」之本。

㉒《孟子》〈滕文公上〉，頁91。

㉓《禮記》〈中庸〉，頁896：「成物，知也。」

㉔《大戴禮記》〈四代〉，見於《大戴禮記解詁》，頁169：「聖，知之華也。知，仁之實也。仁，信之器也。信，義之重也。義，利之本也。」

㉕《論語》〈憲問〉，頁123：「仁者必有勇，勇者不必有仁。」

㉖《大戴禮記》〈盛德〉，見於《大戴禮記解詁》，頁145：「能理功、能德法者為有德，能行德法者為有行，能理德法者為有能，能成德法者為有功。」

㉗《論語》〈泰伯〉，頁74。

㉘《孟子》〈離婁下〉，頁146。

㉙其詳參見《孟子》〈梁惠王下〉，頁44。

㉚分別參見《毛詩》〈大雅．文王〉，見於漢．毛公傳，鄭玄箋，唐．孔穎達等正義：《毛詩正義》，收入《十三經注疏》（臺北：藝文印書館，1985），頁535；〈周頌．維天之命〉，頁708。

㉛《孟子》〈離婁下〉，頁146。

㉜其詳參見漢．司馬遷：《史記》〈留侯世家〉，見於日．瀧川龜太郎：《史記會注考證》（臺北：洪氏出版社，1977），頁806～807。

㉝其詳參見《孟子》〈離婁下〉，頁146。

㉞其詳參見史次耘：〈禮運大同小康箋釋〉，見於《孔孟學報》第26期，1973年9月，頁128。

㉟《禮記》〈禮運〉，頁414：「夫禮，必本于天，殽于地，列于鬼神，

達于喪、祭、射、御、冠、昏、朝、聘，故聖人以禮示之，故天下國家可得而正也。」

㊱《禮記》〈曲禮上〉，頁14：「夫禮者，所以定親疏，決嫌疑，別同異，明是非也。」〈禮運〉，頁422：「禮者，君之大柄也，所以別嫌明微，儐鬼神，考制度，別仁義，所以治政安君也。」

㊲其詳參見王夢鷗：〈禮運考〉，見於《政治大學學報》第8期，1963年12月，頁34～36，指出〈禮運〉本文，當包括有前師的講章與後師之章句在，不過全文之思想，則隱然暗襲《易》之陰陽、《公羊》三世、《月令》四時、〈洪範〉五行之構想以解釋《儀禮》，自有其精道之處，就其學統而推，或許為后氏《記》九篇中之一篇，又或為二戴之筆記。

㊳其詳參見高明：〈孔子政治思想綜論〉，見於《孔孟學報》第32期，1976年9月，頁16。

㊴清．孫其逢：《四書近指》，收入《文淵閣四庫全書》第208冊（臺北：商務印書館，1983），頁652。

㊵蔣伯潛：《十三經概論》〈禮記述要〉（臺北：順興書局，1976），頁371。

㊶其詳參見《禮記》〈禮運〉，頁421～422。

㊷其詳參見《論語》〈衛靈公〉，頁137。

㊸《論語》〈述而〉，頁63。

㊹其詳參見《論語》〈為政〉，頁16。

㊺《禮記》〈樂記〉，頁669：「樂者，天地之和也；禮者，天地之序也；和，故百物皆化；序，故群物皆別。」

玖、從生命禮儀論《禮記》之情意教學

——讓大學生擁抱有情有意之生命

內容摘要

「喜、怒、哀、樂、愛、惡、欲」七者，乃「弗學而能」之「人情」；而「喜、怒、哀、樂之未發謂之中，發而皆中節謂之和。中也者，天下之大本也；和也者，天下之達道也。」此所謂「發」，即指情意之發動，且唯有此情意之發動能夠「用中制節」，方能成就人間之和諧安樂，使萬事萬物各遂其生、各成其長。《禮記》正為此情意教學提供豐富之材料供我輩揀選。本文將繼〈談《禮記・檀弓》對中學生情意教育的意義——讓中學生在生活中與「禮」結緣〉之後，挑選冠、昏，喪、祭等生命禮儀之內容，引導大學生擁抱有情有意的真實生命，懂得以「用中制節」之方式珍愛生命，且願意展現生命之光輝。

一、前言——《禮記》與情意教學

教育目標雖然包含認知、技能與情意三大領域，但是由於情意領域之教學牽涉到個人興趣之培養、理想之塑造、生活之適應、處世之態度、生命價值觀之確立等複雜之品格陶冶問題，必須經由長期的薰陶與調整方能內化為穩定之人格特質，自然無法透過升學考試以評估其學習成果，因而時常受到各界忽視。正由於長期忽略情意教育，因此各類社會問題日趨嚴重。大學校園中，非僅出現挾持生化技術之便而殺害同窗摯友之聳人聽聞命案，亦有公然利用實驗室製造毒品銷售圖利之非法情事，甚且還有火燒學校大樓危害公共危險之行為。諸如此類層出不窮之校園暴力以及為數更多之自我傷害事件，早已顯現今日之大學校園內，學生對於處理喜、怒、哀、樂、愛、惡、欲之人「情」問題，非僅無法「發而皆中節」，甚且還因其擁有高智商以及知能優勢之力量，而爆發更具毀滅性之行為，如此現象正待教育工作者積極謀求救治之道。

《禮記》之中，除卻〈檀弓〉中具有為數甚多之資料可供情意教學之教材以外，另外尚有〈禮運〉、〈樂記〉、〈祭義〉、〈中庸〉、〈問喪〉、〈三年問〉、〈儒行〉、〈冠義〉、〈昏義〉、〈大學〉以及其他相關篇章，均有足夠之素材可供揀選，藉以孕育莘莘學子之高貴情操，俾使學生情意之發動能達於「中正平和」之道。《禮記》中之材料雖多，然而由於篇幅所限，以下僅挑選關係人生最密切之生命禮儀為例，說明禮制之規劃對於生命之關懷，讓大學生從深入禮之義而懂得尊重生命，並且樂於真誠擁抱有情有意之生命。

二、從生命禮儀體會人間之眞情意

生命之歷程時有隱藏之潛在危機，每當個體面臨生命之重要關口，眾家族親友總會以無限關懷之心，設計一些特殊之禮儀活動，主要藉由儀式所呈現之象徵意義，以增強當事人解決問題之信心與能力，期許因而能順利通過人生的階段考驗。如此特別規劃之禮儀活動，由於長期周而復始地進行，於是逐漸形成固定模式，成為特定之生命禮儀活動，具有維護社會秩序之作用，其中尤以冠、昏、喪、祭之禮最能表現人間之真情意：

㈠從冠禮感受生命成長之喜悅與承擔

冠禮（男冠女笄）為「成人」之禮。〈曲禮〉云：「人生十年曰幼，學；二十曰弱，冠。」①雖然男子二十歲時處理事情的經驗仍然相當薄弱，但是就生理條件而言，已經日漸趨於成熟，因此可以準備進入人生的另一個新階段，轉為「成人」，而責求其實踐成人應有之道。由於「童子」必須通過冠禮，始可宣佈告別「童子」之生涯，進而具備成人之地位，可以正式參加家庭以外之社會活動，因此古代聖王十分重視冠禮，無論是日期之選擇以及擔任加冠者之人選，均需經由筮占以求慎重，此即〈冠義〉所載：

> 冠者，禮之始也。是故古者聖王重冠。古者，冠禮筮日、筮賓，所以敬冠事。敬冠事，所以重禮。重禮，所以為國本也。②

面對一個人一生中即將轉化為「成人」，因此古之聖王對於此進入成人社會的第一場正式生命禮儀，當然特別慎重，所以必須在代表祖靈居住之所的祖廟中進行筮占，選擇村里中年高德劭之適當長者擔任冠禮中的加冠者。希望藉由這場隆重的禮儀，使年輕人體會一旦轉為「成人」，即可以理解人生的意義與責任，懂得為自己建立起正確的生命價值觀，且願意尋找理想的生命楷模，努力邁向自我實現的歷程，促使每一位年輕人都能成為國家之棟樑與社會之中堅。

根據《儀禮》所載，冠禮當天的儀式，前後總計加冠三次。每一次加冠，主角均穿著代表不同意義的禮服，然後由典禮中的特別來賓表達勸勉以及祝福之意後，再為「准成人」加冠為禮。三次加冠，說明「三加彌尊，加有成也。」③之意，希望年輕人能步步高升，一步步實現生命的新境界，實踐造福社會人群之宏願。加冠前之祝辭如下：

> 始加，祝曰：令月吉日，始而元服，棄爾幼志，順爾成德，壽考惟祺，介爾景福。再加，曰：吉日令辰，乃申爾服，敬爾威儀，淑慎爾德，眉壽萬年，永受胡福。三加，曰：以歲之正，以月之令，咸加爾服，兄弟具在，以成厥德，黃耇無疆，受天之慶。④

冠禮之進行，選擇祖靈寓居之宗廟舉行，說明儀式之敬慎重正。首先由特別來賓嘉勉立於阼階的年輕人生命成長之可貴，當更換童子之彩衣而改著成人之深衣以後，就應當揚棄昔日童稚之玩心與想法，學習承擔起成人應盡之責任與義務，學習做個真正成熟的人。祝福與期許之後，來賓鄭重地為年輕人加戴緇布冠，⑤代表授與「士」之貴族身分，且已經具備日後可以「治人」之資格與權利，又由於是長子，⑥將來要成為家族的繼承人，⑦因此更應該自我要求，培養優良品德以成就良好的威儀風度。其次，再嘉許年輕人應該在外表擁有端莊嚴整之威儀，而內心則具有和善溫良、思慮審慎之情操，誠正懇摯，具有堅韌之生命力，並祝賀其常得福壽之喜。嘉勉之後，再加以皮弁，從穿戴威武雄壯之戎裝，象徵男子有保疆衛土、經略四方之雄心壯志，更由狩獵之時包抄野獸必須網開一面的實際做為，向年輕人說明真正的「武德」，不在於執行趕盡殺絕的毀滅性行動，而在於能實踐「仁德」之慈，具有懂得珍重生命，停止戰事的決定性力量。最後，祝福年輕人不但能兄弟俱存，而且還能成就德性，更能因其擁有德性而獲得上天之吉慶，健康長壽，黃耇無疆。三次嘉勉之後，來賓再為年輕人加戴爵弁，期勉此年輕之「士」能發揮一己賢能之才而造福百姓，卒能百尺竿頭更進一步，以至於「大夫」之爵位；⑧此即「三加彌尊，喻其志也。」⑨之意，說明每個人都應積極發展服務社會國家之大志。三次加冠之後，再由加冠之來賓為當事人取「字」，藉由此稱號之改變，使「童子」正式邁入成人之世界，正式被要求應該履行為人子、為人弟、為人臣、為人少者應有之禮。⑩

舉行冠禮，藉由事前準備之鄭重其事，讓當事者深深感受親友對自己長大成人之關心，從周遭親友參與、分享自己成長喜悅之過程中，體認成人應當承擔之責任，更藉由穿戴三套不同服飾之形象改變，配合加冠來賓的三次嘉勉與期許，使當事人深切感受社會地位獲得尊重之時，同時亦是人生責任賦予且全幅承擔之時。為使剛剛步入成人社會的年輕人能夠多多吸取前人寶貴的處世經驗，於是在加冠取字之禮完成後，先安排年輕人入內以成人之禮拜見母親，母親也慎重地以成人之禮回拜之，然後再以成人之禮依次拜見兄弟。除此之外，還須正式進行社交活動，此即「玄冠、玄端，奠摯于君，遂以摯見于鄉大夫、鄉先生，以成人見也。」⑪之接受社會歷練，懂得如何以成人之禮應對進退，更藉此機會向鄉里中具有聲望的長輩們請教寶貴的生活經驗與處世良方，以做為自己待人處世之重要參考。

《國語．晉語》之中，即載有趙文子加冠之後摯見多位卿大夫而獲得各種嘉勉與期許之記載：首先，欒武子從其服事趙朔之經驗，得知趙朔「華則榮矣，實之不知」，因此期許趙文子應該以「務實」為重。其次，范文子則以「賢者寵至而益戒，不足者為寵驕。故興王賞諫臣，逸王罰之。」以及古之王者「問謗譽於路，有邪而正之，盡戒之術也。」之事例，勉勵趙文子應該戒驕。再訪韓獻子，韓獻子勉勵他「成人在始與善。始與善，善進善，不善蔑由至矣；始與不善，不善進不善，善亦蔑由至矣。」又訪智武子，智武子則勉勵他「有宣子（文子之祖趙盾）之忠，而納之以成子（文子之曾祖趙衰）之文，事君必濟。」最後，拜見晉大夫張孟。張老則依次為趙文子評論其所拜見之人所贈與之意見，認為「善矣，從欒伯之言，可以滋；范叔之教，可以大；韓子之戒，可以成。智子之道善矣，是先主覆露子也。」張老賀喜趙文子此數人所贈之處世箴言均十分珍貴可行，至於實際上能行與否，則端看趙文子一已之心志與毅力而已。至於另外拜見三郤之言，張老則直截了當地以為該三人所說，乃「亡人之言也，何稱述焉！」⑫由此更可見剛剛步入社會之青年，對於在接受社會各前輩之建言時，仍必須明辨各種議論之是否合理應行、順當能行，否則，依計而行，非僅無益，甚至還可能有大害加諸其身，且還可能危害社會大眾，一旦一失足，再回頭，已是百年身！倘若能多借重年高德劭之忠厚長者之處世智慧，按部就班去做，自然比較容易步上康莊大道，以發揮個人特有的專長，積極開創生命的價值。

講授有關冠禮禮儀活動之時，倘若能適度補充冠禮前之養成教育過程，則更能使莘莘學子感受生命之成長，乃是父母以及周遭親友點滴灌溉、辛勤呵護而成之結晶，能多多回顧此歷史鏡頭，就比較容易引導年輕人回想親情可貴，人當飲水思源、知恩圖報之問題。尤其現今之大學教育階段，正處於生命個體經歷從「童子」晉升到「成人」之不同門檻，前後跨越了青澀與成熟之不同時期，因此若能由學校設計簡單隆重之「成年禮」儀式，使學生因經歷禮儀之洗禮，而切身感受到成長之蛻變與意義，進而建立起「大學制服」標誌著理性、智慧、成熟穩重等象徵意義，使大學生以穿著「大學制服」為榮，為責任與義務之整體承擔，則大學生對於喜、怒、哀、樂等之發動，當不再是純任情緒之無限發洩，而會經由理性之思考與智慧之選擇，然後再採取更成熟、更合適之對應模式。

㈡從昏禮感受兩姓好合之神聖真諦

古代之昏禮，⑬必須依循納采、問名、納吉、納徵、請期、親迎六禮之程序進行，⑭亦即必須經歷先之以媒聘，然後繼之以禮物、擇之以佳期，再由新郎親迎新娘，並且公開召宴僚友以成男女各重其別之意，⑮遂使男女雙方締結良緣而成兩姓之好。

結婚六禮之設計，乃取象自然界普遍存在陽動陰靜之原理，故由男方採取主動，正式委託媒人向女方提親，且從「男女無媒不交，無幣不相見，恐男女之無別也。」⑯之記載，已可強烈顯現婚禮要求陰陽和合協調，以取象天地間祥和有理、萬物化生之訴求，此即《禮記》所載：「天地不合，萬物不生。大昏，萬世之嗣也。」⑰以及《易》之所謂「天地絪緼，萬物化醇；男女構精，萬物化生」⑱之道理，亦即說明人生於天地之間，故能感受天地之間由於陰陽二氣之相交，致使品物滋生而雜然流行。至於婚姻之重要目的之一，即在於傳宗接代、繁衍子孫，因而嫁娶之禮尤其要注重陰陽之調和，以期許家族生活和諧，且能順利生育後代子孫。婚禮進行當中，除卻「納徵」由於禮物眾多，且多已配對成雙，因而不再以「雁」為摯禮之外，⑲其餘各禮之進行，均需用雁。至於用雁之緣由，鄭玄於〈士昏禮〉「納采用鴈」下，注云：「用鴈為摯者，取其順陰陽往來。」⑳已明顯指出昏禮用雁與取象陰陽和諧之意有關；而《白虎通》則言：「贄用雁者，取其隨時而南北，不失其節，明不奪女子之時也。又是隨陽之鳥，妻從夫之義也。又取飛成行，止成列也，明嫁娶之禮，長幼有序，不相踰越也。又昏禮贄不用死雉，故用雁也。」㉑由於用雁之象徵意義相當深刻，因此最能隱含夫唱婦隨、家居和諧有序之義。

古之昏禮非常強調婚禮要求陰陽和合以成萬物化生之意義，而非刻意強調「以陽制陰」、「以動制靜」、「陰伏於陽」的單向性「崇陽抑陰」現象，將可以建立夫妻雙方彼此互尊互重之和諧關係。甚且從禮書記載新郎親迎新娘時，必須先行親御新娘之座車車輪三周，然後再交由御者駕馭，逮車嫁抵達新郎家門口，新郎又必須先俟之於門外以恭敬相迎，此皆用以表達新郎敬慕尊重新娘之意，而無夫權高高在上以壓制妻之地位的現象。另外，從成妻禮「共牢而食，合巹而

飲，所以合體，同尊卑，以親之也。」之記載，亦可說明夫妻地位相齊，乃是一體而同尊卑之意。㉒

至於「成妻」之禮後，第二天清晨，新婦尚且需要攜帶棗、栗、段脩之禮物致敬舅姑，以完成其所謂的「成婦之禮」。新娘必須等待此禮完成，新婦始成為該家族之媳婦，死後可以入祠夫家之宗廟內。可見古代婚禮不專重男子娶妻，而是特別注重宗族娶婦之觀念，尤其藉由新婦以特豚饋食以明婦順，舅姑則禮尚往來，共饗新婦以一獻之禮，並藉此機會正式向家族中的重要成員鄭重介紹新婦，以確立其日後在整個家族中的地位，可見注重家族氣氛之融洽乃是古代家族倫理之優良傳統。因此若能於講授此相關材料之時，提示婆媳禮尚往來、妯娌相互體貼尊重之道，對於和諧家族氣氛必定具有正面之助益。

另外，古代昏禮與現代婚禮更有「無樂」與「有樂」之明顯差異；古之昏禮並無鑼鼓喧天、絲竹並作之習俗。昏禮無樂，除卻隱含上古之時可能曾經存在搶婚習俗之遺跡外，亦是配合古之昏禮以夕時為正之道理。由於黃昏時刻幽陰之氣已逐漸滋長，因此不以音樂之陽事干擾逐漸轉陰之陰事，此即〈郊特牲〉所載之「昏禮不用樂，幽陰之義也。樂，陽氣也。」㉓除此之外，更有「嫁女之家，三夜不熄燭，思相離也；取婦之家，三日不舉樂，思嗣親也。」㉔切合人情不忍相離、人性不願言老之深刻考慮，因此古代昏禮不但不舉樂，而且還必須穿著最代表莊嚴肅穆的黑色祭服，即具有它更深刻的涵義。

講授古今婚禮此段有無用樂的重要差異時，若能特別指出嫁女之家有骨肉相離之情，娶婦之家則有舅姑年華消逝之實，當更能體會人事代謝之黯然，而願意以莊嚴神聖之態度以及端肅恭敬之心以進行婚禮之各項程序。雖然凸顯昏禮儀式莊嚴神聖之同時，也可能相對減少幾分昏禮場合中的逗樂熱鬧氣氛，然而卻可以提醒大學生應該要及早為自己建立正確而負責之婚姻觀念，畢竟每個人在追求歡樂與幸福之外，都應該還擁有不可推卸的生命責任必須勇於承擔。雖然「飲食男女，人之大欲存焉。」㉕但是徒有慾念而不知節制，則男女無別而關係紊亂，遂無法建立正常合理的社會人倫關係。因此〈經解〉早已說明「昏姻之禮，所以明男女之別也。」然而綜觀今日所見社會上所發生之嚴重問題，追溯其禍源，則肇因於男女關係紊亂者所在多有；所以〈經解〉還進一步指出：「昏姻之禮廢，則夫婦之道苦，而淫辟之罪多矣。」㉖其觀微知著之處可謂語重心長！所以，讓學生多多理解古代昏禮的神聖意義以及男女雙方家族締結婚姻之責任，對於搶救今日逐漸嚴重之泡沫婚姻與不堪一擊之家庭倫理，仍有其重大之積極意義。尤其，還可補充目前社會日漸興起的佛化婚禮集團結婚之相關內容，並相對介紹其他具有積極促進人類情理和諧、提昇生命情操的各種宗教婚禮方式與內涵，從提供多元的婚姻型式及其深刻的涵義，引導學生進行理性的多元思考，不再一味以新穎刺激、無奇不有的驚人之舉為選擇標準，相信對於扭轉婚姻如兒戲、只要「性趣」不要責任的「新新」觀念，多少能發生一點沉澱澄明之作用，一旦日久天長，人心能重新歸於清明澄淨，則亦有可能再度建立起婚姻神聖的觀念來。

㈢從喪禮感受生命之莊嚴與不可逆性

死亡雖然令人感受深沉之悲哀與失落，然而正因為有死亡，始賦予每一存在之生命以崇高可貴之價值；亦因為每一存在生命乃是唯一而不可逆者，於是採取善盡其生，乃所以善盡其死的生命態度，即成為創造自我生命意義時應該堅持之莊嚴態度。

死亡，乃生命之最大臨界點。超越此一臨界點，則原本顯性之生命從此即跨入另一隱性之存有狀態，而不再以原本的血肉之軀存在於人世間。由於此乃個體生命從有形而進入無形之門檻，因而處理死亡之事件，即需要一道道綿密繁複之喪葬儀式，以幫助生者發抒胸中之傷痛，進而穩定生者激動而紛亂之情緒，適時重整其零亂拖滯之腳步，學習以理性的方式與死者轉換情感聯繫的方式，而勇敢地面對生死存亡之大問題。

死者之軀體正是生者表達其誠心關懷與真情相待之關鍵點，透過一連串與死者之肢體接觸，從接觸之中體會死亡之既定真實；從沐浴、飯含、襲、斂、殯、葬每一道為死者之軀體所作的重要安排與關懷，滿足以生者飾死者「事死如生」式的補償性慰藉。藉由沐浴的儀式，達到人始於嬰兒之純真潔淨，至於一旦死亡之時，亦當使之擁有原本的潔淨。既潔淨其身以後，則繼之以飯含之禮，此即〈檀弓〉所載「飯用米貝，弗忍虛也。不以食道，用美焉爾。」㉗的用心表現，而生者對於死者的飽食之愛，就在這「實米唯盈」㉘的儀式中表露無遺。至於飯禮用生米而不用熟飯，則主要由於人鬼殊途，且生米具有生機，而熟飯已成定物，無法再有變化，以致用米或飯亦應有別，金鶚更以此舉應與陪葬使用「明器」同義，「蓋弗忍虛，則無致死之不仁；不以食道，則無致生之不知也。」㉙所以禮制之安排，可謂深深考慮其必須同時擁有既仁且知之涵義。飯含之禮後，則繼之以掩瑱幎目，然後襲衣三稱，以褖衣在裡而親明衣，其次則為皮弁服，而以代表最尊貴的爵弁服著於外層。如此襲衣三稱，即與士冠禮之時的三套正式禮服相互對應。襲尸之後，再設冒而掩其形。㉚因此〈雜記〉即載有「冒者何也？所以揜形也。自襲以至小斂，不設冒則形，是以襲而后設冒也。」㉛之說，〈檀弓〉亦有「制絞衾、設蔞翣，為使人勿惡之也。」之載，均說明屍體必須設冒以櫜之，設蔞翣以飾之，主要考慮如此一來，即可使屍身不至於暴露在外，因而可免除由於屍體之變形而令人望而生畏之感。避免對屍體之畏懼感後，更於停殯之處，再加蔞翣之飾，則藉此以減輕哀傷晦暗之氣。

在設冒掩形之後，再行小斂，然後生者即可因死者屍體之已經稍受修飾，而逐漸感受生與死之距離與差異，從日漸明顯的生死差異，於是相對形成生與死的意識轉換。由於生死有別，因而必須以另一套新的接觸模式與死者重新建立生者與死者的聯繫管道，所以生者只能對死者採取「撫之」、「挽之」、「馮之」、「奉之」、「執之」的方式以表達其強烈的情感，於是透過一連串盡情哭泣以盡哀的方式，緩慢地達到自我療傷止痛的艱苦過程。小斂之後，則行大斂，並將包紮妥當之屍體奉入棺木之中。大斂入棺後，則有一段停殯待葬之過程，㉜藉由這段停殯期間，生者可以親撫靈柩而哀號哭泣，也可憑弔靈柩而思念故人，藉此以緩衝死者即將面臨安葬時由有形而轉入無形的絕對性改變，逐漸鬆弛死亡所帶給生者心靈最難以承擔之極大衝擊。因此《荀子》即記載：「喪禮者，以生者飾死者也，大象其生以送其死也。故如死如生，如亡如存，終始一也。始卒，沐浴鬠體飯含，象生執也。不沐則濡櫛三律而止，不浴則濡巾三式而止。」㉝可見喪禮自沐浴開始所作各種儀式節目之安排，雖然看似直接為死者作最細密的照顧與愛護，其實其更大的作用，則是藉由此繁複的儀節以為生者紓解強烈的喪親之痛，是一種對於生者較適當、較緩和之哀傷情緒排遣法，以便使生者在遭遇此人生劇變之時，可以逐漸從「事死如生，事亡如存」的生活習慣中，慢慢學習如何與死者建立另一種新的關係。

由於喪禮中的每一道禮數之進行，皆採取每動而遠、有進無退之原則，從壽終正寢，到三日而斂，大斂而後停殯（周在西階），葬前則啟殯朝祖，然後設祖道於庭，並於大遣奠以及讀賵、讀遣之後，將靈柩移上柩車，進行此每一道手續的地點均由內而外，從內室逐漸往外庭移動，漸去漸遠，且不再向內折返，以象徵生命之消逝而不復返，此即〈檀弓〉中所載子游所謂「飯於牖下，小斂于戶內，大斂于阼，殯于客位，祖于庭，葬于墓，所以即遠也。故喪事有進而無退。」㉞之說，藉此以強烈凸顯生命之一次性與不可逆轉性。

從講述喪禮儀式中繁複而細膩的儀式節目，進而詳加闡述制禮者對於生命的關懷之意，可以使後之來者慢慢體會人死之所以不同於萬物之「折」，進而仔細思索「大凡生于天地之間者皆曰『命』，其萬物死皆曰『折』，人死曰『鬼』，此五代之所不變也。」㉟之道理，理解人與天下萬物雖然同樣秉受天賦之命而來，但是身而為人，則具有複雜的思維情識作用，因此人類一旦步入死亡，並不像一般萬物一死即淪於摧折而腐朽。同時，從《說文》所謂的「鬼，人所歸為鬼。」㊱之意，已說明人死為鬼，為「回歸」之意，生者可以依靠著複雜的思維情識作用，與死者建立起另一種聯繫關係，所以並非萬物之斷折壞朽所可比擬。

甚且，〈祭義〉還有「氣也者，神之盛也。魄也者，鬼之盛也。合鬼與神，教之至也。眾生必死，死必歸土，此之謂鬼。骨肉斃于下，陰為野土，其氣發揚于上，為昭明、焄蒿、悽愴，此百物之精也，神之著也。」㊲之記載，可知當人之生也，其魂魄與形體是合而為一的，當其死，則魂魄離開形體而為二，由於魂為氣之輕清者，因而可以發揚於上而為神，至於魄，則由於重濁，於是附隨骨肉而下降以歸於地。然而無論是魂魄或神鬼，其源皆本於人體精氣之發用，此即子產所謂「人生始化曰魄，既生魄，陽曰魂。」之說，然而由於生死有別，以致各擁異名，因此孔穎達以「聖王緣生事死，制其祭祀。存亡既異，別為立名。改生之魂曰神，改生之魄曰鬼。」為之疏解，且子產繼而又言「用物精多，則魂魄強，是以有精爽，至于神明。匹夫匹婦強死，其魂魄猶能憑依于人以為淫厲。」㊳可見古代人對於死亡的觀念，並不認為人死宛如燈之滅，也非一死則僅留存一團死肉，且與周遭的人事物截然切斷其相互關係。至於認為人死之後，其魂魄轉為神鬼之說，其最高之目的則在於教化百姓，希望世人能把握有限的今生，而創造來生不朽的價值。唯有能理解人於死後不歸於虛無斷滅之「斷滅空」，而是仍然轉為另一種不同形式的存有狀態，且可與生者以特殊的方式進行聯繫，方可使人甘於忍受生之時的各種痛苦與磨難，願意窮其有生之年積極開創生命的價值，更會努力締造生命存在的意義，以留給後代子孫一些永恆的紀念。唯有人能理解凡走過的必定留下遺跡，因而人人甘願強忍煎熬與磨折，專心致意地創造與留存不朽的價值，不但懂得珍愛自我寶貴的生命，且願意以有限的生命積極開創無限的價值，創造生命最崇高的意義。

教學此一相關單元，可從孔子之自歌「泰山其頹乎，梁木其壞乎，哲人其萎乎！」㊴入手，從深刻地探測孔子瀕臨死亡前之心理反應，分析其預卜自己即將死亡時是否有焦慮、憂鬱、憤怒、逃避等等常見的心理反應，進而引導學生回想與對照孔子幾次面對死亡時正氣凜然臨危不懼的反應：面對匡人之包圍時，孔子以「文王既沒，文不在茲乎？天之將喪斯文也，後死者不得與于斯文也。天之未喪斯文也，匡人其如予何？」㊵相對應；面對桓魋之暴力狙殺孔子時，孔子則以「天生德于予，桓魋其如予何！」㊶回應之，也因而能理解孔子在陳絕糧，從者病而莫能興，且面對子路的慍怒質疑之時，能從容不迫地說：「君子固窮，小人窮斯濫矣！」，㊷凡此種種皆能說明孔子與死亡正面相對之時，確實能顯現君子不憂不懼的精神。由此再對照子夏所聽聞於孔子所說的「死生有命，富貴在天。」㊸之言，則可知孔子對於「朝聞道，夕死可矣！」㊹的信仰極為堅定，因而可以有坦然面對生死之豁達態度。

儒者除卻要有積極用世且坦然面對生死的基本態度以外，同時還要有絕對尊重生命的態度，必須有「屬纊以俟絕氣」㊺之堅持，必須擁有不到最後氣絕，絕不輕言放棄瀕臨死亡者而宣告其死亡之謹慎態度。能實踐這種鄭重對待生命的態度，而後能理解曾子為何病危仍然不忘易簀以求「得正以終」之觀念，㊻也才能體會子張於病危之時，還要鄭重其事地召申祥而語之曰：「君子曰終，小人曰死。吾今日其庶幾乎！」㊼的戒慎之心，說明君子終其一生都必須戒慎小心，仔細從事，即使走到生命之盡頭亦必須終始如一，倘若能如此，方可徹底落實尊重生命之意義。

由於極為珍重生命，因而即使當死亡已經發生，仍然要做最後努力，由眾多與死者關係密切的親朋好友輪番上陣，登上屋脊最高最醒目之處，企圖透過招魂之儀式，而產生魂兮歸來之奇蹟！此即所謂「復，盡愛之道也，有禱祠之心焉！望反諸幽，求諸鬼神之道也；北面，求諸幽之義也。」㊽之記載，從親友的悃悃情懷與殷切期盼，以及其訴諸招魂儀式的實際行動表現，正可以提醒學生：周遭的親友與死者之間都具有生死相繫、魂夢縈牽而難以割捨之事實，所以每個人都不該因為一時之衝動而戕害自我寶貴的生命，以致連帶傷透關懷自己的親友之心，更不該企圖以殺害自己來懲罰別人，而徒然留下難以彌補的絕對遺憾。

能體會親情相繫、有情相感的人情關係，然後才能體會喪禮儀式繁複綿密之真正原因。能理解喪禮本乎人情的細密安排，而後能引導學生自沐浴的儀式節目以下，仔細地從每一道細膩處理死者之動作，體會生者為死者的關懷體貼之情，從盡心盡意地為死者付出，逐漸紓解生者激動難扼的情緒，慢慢學習將原本對待死者的感情作最妥善的收藏與轉移。喪親者藉由一連串體貼死者的儀式活動以自我療傷止痛，然後進而能由葬禮時親友執引與執紼之安排，深切感受：是親友之牽引，靈車得以前進；是親友之執紼，棺柩得以進入墓穴；更是親友之抔抔黃土，墓穴得以紮實盈滿。每一抔塵土，堆入坎道之中的，是生者的一分關懷；每一鏟黃土，埋入墓穴之內的，是生者的一分濃情厚意……希望這一個生命的最後安息之處，是生者為死者一抔抔、一鏟鏟所營造出來的最堅實、最穩固之居所。能從此處深入剖析親友之關懷，當可以堅定年輕人「人間有情」之信念，千萬不可稍遇挫折即萌發輕生尋死之妄念，妄想以死獲得解脫，誤以為死可以解決一切問題，其實只是以最不高明的逃避方式，而為周遭的親友製造更大更難解的問題。其實，人生遇轉而自成萬姿，因為遭遇挫折正是促使生命轉彎的大好機會，生命中的光彩正有待此翻身一轉，而可能掀起朵朵波瀾壯闊的美麗浪花，所謂「山窮水盡疑無路，柳暗花明又一村」正是最好的寫照。倘若能適時轉化勇於赴死的勇氣和決心，痛定思痛，其實天下事少有不出現轉機與生機的。

當然，要使現代人從喪禮的儀式節目中陶融出如此深刻的感情，其先決條件是必須懂得制禮者何以要安排那些繁複細瑣儀節之意義，且最好還能親自履行為喪亡者進行大大小小的儀式節目，而非事事由殯儀館的人員代勞，才能實際從禮儀的進行過程中，仔細回味生者與自己過去的種種，也才能從盡情發洩哀傷的過程中獲得人情溫暖的慰藉。現代人何其有幸，天下再麻煩、再繁瑣的事，都可以因為經濟生活方式改變而有人代勞；然而現代人又何其不幸，正因為事事有人代勞，以至於人類最可貴的善感之心靈以及可以與外界密切契合的知覺，也因為長期未加運用而有麻木不仁、逐漸失靈之現象，再也極難體會人間的真情意！當然，由於生活環境與條件的改變，現代人長期置身於緊張忙碌的社會之中，因此不幸而遭遇親友之死亡，以致必須處理有關喪葬之事時，的確有不得不退而求其次地委由殯葬業者幫忙的情形。不過，在這種狀況下，無論是喪親者或者是殯葬業者都必須更瞭然於各種喪禮儀節設計之用心，才不會在不明究裡的情況下，任由不肖的殯葬業者擺佈，而徒留花錢受氣、干擾附近民眾且有貽笑大方之情事發生。由於生活方式的變遷，殯葬業者自有其存在的必要與價值，不過站在人類生命永續發展的立場而言，現代的殯葬業者不但必須清楚各種喪葬禮儀設計的用意，還必須具有宗教家對於人類生命終極關懷的堅定信仰，且不以殯葬業只是專務於賺取死人錢的高獲利營利行為，而必須使其從業人員建立該工作負有服務眾生的神聖使命感，是關懷眾生終極生命最實際的表現。

㈣從祭禮感受生命薪火相傳之意義

喪禮的各種設計，在於藉由一套精細而繁複的儀式節目，一方面使喪親者得以能夠在喪禮的過程中充分宣洩內心的悲傷之情，一方面則對於死者的遺體進行妥善的照顧與埋葬以告慰死者在天之靈；祭禮的定期舉行，則在於藉由一套莊嚴而隆重之祭祀活動，將生者對於死者已經安頓妥當之情感，定時重溫、再現，俾使其對於先人之深沉懷念與無限孝思得以經久而彌篤。因此周師一田即認為祭禮本為喪禮之延續。㊾倘若生者對於已逝之親人不但能妥為珍藏其遺體且能服喪盡哀，同時還能對喪亡者始終保有長久不渝的懷念哀思之情，則對於眼前之親友，自然更懂得珍惜彼此真摯之情感，此即曾子所謂「慎終追遠，民德歸厚矣！」㊿之意。

教學此相關單元時，設法使祭祀者對於祭祀對象產生強烈的思親情感以及渴望再見之心理需求是相當重要的。這種心理意識正是促使學生理解祭禮有無意義、為何要舉行祭禮之根本關鍵，因為祭禮之設置本來就是基於人情的考量，因而倘若祭祀者對於受祭對象缺乏情意基礎，則任憑禮數如何細密，祭物如何豐厚，均非祭禮之本義，更無法讓學生感受祭禮之令人動情。孔子所謂「禮云、禮云，玉帛云乎哉？樂云、樂云，鐘鼓云乎哉？」[51]正說明舉行各種禮儀的真義（尤其是祭祀禮儀），不在於徒然展示儀式器物的豐隆，而在於主其事者是否能有真實情意以從事祭祀活動，所謂「人而不仁，如禮何？人而不仁，如樂何？」[52]即清楚地指出有無「仁」心之發動，才是制定各項禮儀的真精神所在。因此，要使祭禮能傳之久遠，則有賴生者對於已故親人能永懷念念之仁，而展現其真摯不渝之情感，所以能在適當的時機進行祭祖禮儀，一方面可藉以緬懷先人德澤，再方面則可滿足人子思親之情懷，另外，更可以永為後代子孫留念，而可以藉此貞定人的生命價值，確定人之價值並不因其肉體不存在而其生前的一切即化為烏有。

因此，讓祭祀者從理性上認同祭禮之應行，從感性上渴望祭禮之舉行是相當重要的。人是理性與感性的複雜綜合體，雖然能認知寒來暑往四時運行是天地之間循環不已的自然現象，然而，每當四時變化、萬象更迭之時，又無法不隨外在環境之改變而產生各種錯綜複雜的喜、怒、哀、樂之情，尤其是當秋風狂掃落葉，大地呈現蕭條閉鎖之時，多情之人又怎能不興起世事無常、人生幻滅之感？感傷昔日長夏裡萬物雖然擁有難以抑遏之旺盛生機，卻無奈終究難以抵擋無情之西風瑟瑟吹襲！於是，睹繽紛之枯黃落葉、感蕭條之閉鎖現象，輒興盛況難終年、生命不常在之慨嘆，而當年親人去世之情景又彷彿歷歷如在眼前！每當春雨滋潤大地，冬眠已久之生物紛紛在春雷的敲響下，萬頭鑽動地急急找尋生機蓬勃的春神之蹤跡，準備重新展開各種活動，而枯乾凋零多時之枝頭也紛紛吐出鮮嫩之綠芽，從大夢中甦醒，以開創其嶄新的一生。當此春回大地、萬象更新之時，孝子之心豈能不殷切企盼親人死而復生？遙想萬物都有再現生機、重現風華之時，而已逝之故人是否也可能重又歸來？深深懷抱此情此意，人子豈能不從內心再度激起重盡一分孝心之渴想與奢望？此即〈祭義〉所載：「霜露既降，君子履之，必有悽愴之心；非其寒之謂也。春，雨露既濡，君子履之，必有怵惕之心，如將見之。」53的渴望重見故人之殷切企盼心理。一年之中，春秋二季是萬物興衰現象最明顯之時期，因此最容易使人強烈感受生死存亡相互衝突之情感，至於夏之與冬，雖然不至於讓人強烈感受由生到死、從有至無的震撼性衝擊，但是夏季承繼於春天初生的欣欣向榮，冬季承接於秋天蕭條的沍寒沉寂，也都有足以讓具有仁德之情者觸動心扉、百感交集，於是配合四時季節之變化而有的四時祭享之禮，無論在理性上或感性上都有定期舉行的必要。

其次，為求祭禮之舉行能滿足孝子思親之情懷，達到彷彿如見親人之目的，則祭祀之前進行齋戒，以排除祭祀者一切外在的雜務與內心的雜念就有必要。因此，既已選定祭祀日期之後，則要求主祭者以七天的時間進行「散齊」，處理外在的一切雜務，繼此之後，再以三天的時間進行「致齊」之工作，以便專心冥思觀想，思念受祭者昔日之笑語、志意、所樂、所嗜，經過此一集中念慮的專心冥思回想，則受祭者之形象早已呼之欲出。祭祀當天，再配合祭尸穿戴受祭者生前之服裝，打扮受祭者之模樣，端坐於往常熟悉的位置以接受主祭者之獻祭，則恍惚之間，受祭者生前之種種已歷歷彷彿如在目前。〈祭義〉中「致齊于內，散齊于外。齊之日，思其居處，思其笑語，思其志意，思其所樂，思其所嗜。齊三日，乃見其所為齊者。祭之日，入室，僾然必有見乎其位；周旋出戶，肅然必有聞乎其容聲；出戶而聽，愾然必有聞乎其嘆息之聲。」㉞的記載，即簡要地描述齋戒期間的各項活動內容，同時也彷彿看到祭祀之時親人降臨以接受子孫孝敬的溫馨場面，更看見典禮即將結束前祭祀者因為不捨得再度分離而有的嘆息之情。由於「致齊」期間主祭者已經極度回憶先人生前的種種，因此祖先為子孫胼手胝足辛勤耕耘的點點滴滴，都可以藉由記憶的回溯而再度呈現，所以緬懷先人德澤之敬意亦可油然從此相對滋生。這種定期重溫祖先德澤的祭祀活動，即藉由莊嚴隆重的儀式，在過去情境之重新模擬佈置下，使祭祀的主體透過意識的自由聯想作用，由於心誠則靈，於是恍惚之間即浮現受祭之客體，因而主祭者可以從進薦享食而滿足祭祀者思親、孝親之情懷。這種對於祭祀者而言昭昭在目、確實無妄的重回過去情境，再行孝親敬親的儀式活動，即為「祭如在」㉟的實際體現。由於祖先過去為子孫的奉獻可以因為子孫的回憶而再現，再加上祭神如神在，祭祖如祖臨之逼近真實的臨場感，故而可以堅定人生在世應當努力創造生命價值以供後代子孫憑弔之信念。

孔子雖然不語怪、力、亂、神，㊱且對鬼神採取「敬而遠之」的態度，57不過，這並不代表孔子否認鬼神之存在，而是站在「務民」之立場，必須講求本末先後之順序，主政者不可以捨人事而大肆宣揚荒誕不經之怪、力、亂、神等事蹟。孔子並且已經明白指出其對於鬼神「遠之」的基本前提實為「恭敬」之虔誠態度，因此孔門弟子才會在紀錄孔子祭祀時採取「祭如在」之態度下，繼而補充「祭神如神在」的說法，然後再引述孔子所說的「吾不與祭如不祭。」58為證，說明孔子認為主祭者「不致肅敬其心」，則與不祭之義相同。既然要求祭祀之時肅敬其心，則斷非墨家所批評的「執無鬼而祭之」59徒有其形式。同時，從一「如」字之使用，即可說明由於主祭者之一念真情，而對照〈祭義〉所載孔子行祭之時「奉薦而進，其親也愨，其行趨趨以數。」的行為表現，即可說明因為祭祀之時主祭者情感流露的最自然狀態，就是達到「恍惚之有」，且與受祭者冥合為一的最高境界。60

馮友蘭即以為由於主祭者對死者具有極為虔誠的志意思慕之情，且所祭的對象也狀若無形影，僅只是「如或饗之」、「如或嘗之」而已，然而卻也足以成文，實為詩的態度。61至於唐君毅更有一段細膩之說辭，可用以深入闡述此一番祭神「如」神在的精微涵義，謹述之如下：

> 懷念誠敬之意者，肫肫懇懇之真情也。真情必不寄于虛，而必向乎實，必不浮散以止于抽象之觀念印象，而必凝聚以著乎具體之存在。既著之，則懷念誠敬之意得此所對，而不忍相離。事死如事生，事亡如事存者，「如」虛擬之詞，乃實況之語。言必以同于待生

者存者之情，以與死者亡者相遇，乃足以成祭祀之誠敬。62

唐先生此言的確出自其深刻的人生體驗而來，當主祭者能以誠心相感、真情相向時，則「如」已從「虛擬之詞」而進入「實況」之狀態，這不是主祭者中邪地從事盲目的迷信行為，而是人類可貴的真情相感、誠心相契之充分流露，因而可以跨越時空的藩籬，當經過意識的轉換之後，即造成彼此瞬間的冥合，凸顯人類生命之不同於一般生物之侷限，故而鬼神雖然宛如耳際之流風，縱使擒而不得，不過，終不礙其為真實之存有。因此〈中庸〉即清楚明言「鬼神之為德，其盛矣乎！」然後又說「視之而弗見，聽之而弗聞，體物而不可遺。使天下之人，齊明盛服，以承祭祀。洋洋乎如在其上，如在其左右。」63這種「如在其上，如在其左右」緊隨在側的親切感覺，正是促成人類努力延續生命、追求價值長存，以求精神不朽的歷史傳承脈絡。將這種受祭者無所不在左右的臨場感覺對照〈祭義〉以下的紀錄，當更可說明祭祀者以誠心相感以得其真之義：

孝子之祭也，盡其慤而慤焉，盡其信而信焉，盡其敬而敬焉，盡其禮而不過失焉。進退必敬，如親聽命，則或使之也。……其立之也，敬以詘；其進之也，敬以愉；其薦之也，敬以欲。退而立，如將受命；已徹而退，敬齊之，色不絕于面。……孝子之有深愛者，必有和氣；有和氣者，必有愉色；有愉色者，必有婉容。64

由於主祭者與受祭者具有真情相繫，因此祭祀之時無論進薦退立，皆能一本其虔敬信實之心，而外現為齊莊和順之態度與敬聽親命之行為，以致凡是一舉手一投足，都是真情之流露，而非矯揉造作之表演，所以能夠在恍惚之間以為親人如在眼前，使主祭者能夠重新克盡人子孝親之道，而體會由舉行祭禮所帶來的心靈慰藉與滿足之感。能夠引導學生進入主祭者之心靈彷彿與受祭者神靈相契之境界，則生者之心靈已經全然為善德所充塞，而永懷感念先人恩澤之心，所以更能進入「民德歸厚」之祭禮真義。

三、結論
——讓大學生懂得「用中制節」珍愛生命

由於冠、昏、喪、祭生命禮儀之設計，其旨在於針對人生中幾個重要的關鍵時刻安排特定的儀式活動，使年輕人在感受生命成長的喜悅與責任之同時，還能體會婚姻神聖、家和萬事興的道理，而一旦遭遇不可逆轉的死亡降臨時，則能從處理死者的過程，以轉化生命虛無的幻滅之感，且在既已安葬死者之後，另以祭禮之方式再度締結其與死者之間的關係。簡而言之，生命禮儀之設計，即是透過一些特殊儀式活動，使當事人在經歷生命的特殊關卡之時，還能與外在環境以及相關的人、事、物取得最適當的穩定平衡關係，且協助每一個體得以發展其自我生命的價值。要與各界維持穩定平衡的關係，最重要的原則就是採取「用中制節」的「中庸之道」，而發展自我生命的價值正好就是珍愛生命的最高表現。

從古代生命禮儀之講授，可以引導學生如何「用中制節」以珍愛生命：從冠禮次加皮弁前，先以「敬爾威儀，淑慎爾德」為祝辭，期勉當事者應以具備威儀德性為重，然後再行加戴象徵武事征伐之用的皮弁賦予保家衛國的責任，可知其中意味深長。因為古代從事之狩獵活動，除卻單純之狩獵之外，還要藉此以進行軍事訓練，同時要藉由狩獵過程中對飛禽走獸之網開一面、不趕盡殺絕之實際行動，以培養真正之仁德與武德，使參與狩獵者深切體驗最高之武德不在於置對方於死地，而在於具有防止戰爭發生之力量。《老子》即清楚地指出：「夫佳兵者，不祥之器。」就因為如此，所以兵者並非君子之器，只能在不得已之時才能動用之；即使必須動用兵力，也必須「恬淡為上，勝而不美」。由於開戰的雙方都免不了會有許多傷亡，因此戰爭之時彼此都應該懷抱「殺人之眾，以哀悲泣之」的態度，即使是戰勝者，也必須「以喪禮處之」，⑮以表示對於死傷大眾的哀憫之情。能夠在男子成年加冠禮之時，適時提醒血氣方剛的青年何謂真正的武德，將可以降低其日後以窮兵黷武為榮的偏叵思想之機率，不但能珍愛一己之生命，還能尊重所有有情眾生之寶貴生命。

從昏禮必須有父母之命、媒妁之言等必要條件，即說明結婚必須非常謹慎且鄭重其事地選擇對象，不可只憑年輕男女一時的感情衝動而輕率行事。亦即透過每一道涵義深遠的昏禮程序，理解昏禮的神聖意義，在於締結得來不易的兩姓之好，且非專以滿足男女情慾的個人私事，因此古代昏禮進行過程中，處處可見其事事均須考慮陰陽和合之原則，時時提示夫妻必須具有同甘共苦之親密和諧關係。尤其昏禮當天為酒食以召鄉黨僚友，一方面固然為答謝親友祝賀之義，至於其另一重大作用，則在於藉此以達到「厚其別」之義。66 此所謂「厚其別」之義，即是藉此宣示這一對新婚夫婦已經成為眷屬，各有其家與室，外人不得再有非分之想；至於新婚的男女雙方，更應從此斬斷其他的兒女私情，而建立起夫妻一體的觀念，努力實踐宜室宜家的行為，以穩定家族間的親和關係，希望能因為「婦順備，而后內和理；內和理，而后家可長久也。」67 達到家和萬事興之境界。

「男女有別」是穩定人間秩序的一大重要法門，而昏禮之設，即是穩定人間秩序的最重大、最根本之生命禮儀，因此號稱為諸禮之本。由於是諸禮之本，所以昏禮之進行必須「敬慎重正而后親之」，這種鄭重其事、尊重彼此，絕不輕易褻瀆對方的態度，即是「禮之大體，而所以成男女之別，而立夫婦之義也。」的基本要件。唯有能建立男女有別、相敬如賓的穩定關係，才容易養成相互體諒、彼此成全的生命共同體觀念，而成就夫婦彼此應有的道義事實。待夫婦雙方能實踐彼此應盡的道義責任，推而廣之，即可以從和諧家族倫理，進而和諧社會群體之間應有的倫常關係，而達到國家大治之境地。〈昏義〉進而記載的「男女有別，而后夫婦有義；夫婦有義，而后父子有親；父子有親，而后君臣有正。」68 正說明此一貫進程。倘若能從此根本做起，則能建立男女有別的合理秩序，且能有和諧而穩定的夫妻關係以及家族生活，自然不會時有因齟齬而輕啟家庭糾紛，也不會因為各自到處留情而時有緋聞發生，更不會有上梁不正下梁歪的壞榜樣以為子女之不良示範，當然也不會動輒以暴力相向，強者以侵略殺害別人為報復，弱者則轉而自暴自棄且傷害自己的行為發生。苟能排除諸如此類偏激不合理性的不適當行為，不但能養成翩翩君子之風度，而且由於懂得珍重自己，更懂得尊重別人的生命。

從喪禮處理死亡事件之過程，說明死亡雖然將原本統合之生命分裂為二，使自然生命化歸塵土，回歸本源；然而社會社命，則可將自己生前所創造之價值傳諸後代子孫，繼續參與價值世界之成長，且可依賴後世之接續性努力，而展現另一層次之和諧狀態。由於死亡是生命必然之結局，因而處理喪事務必遵循節哀順變之原則，注意「毀不滅性，不以死傷生」的基本原則，而且縱使哀痛再深，喪期亦不超過三年，此固然是配合「子生三年，然後免于父母之懷」㊾的子報親恩之情，同時也是告民有終，限制孝子喪親之情必須有所節制，俾能重回工作崗位以從事正常生活。同時為配合居喪者的各種特殊狀況，雖然喪禮原本要求備禮而行，但是如果情況不得已，則可以應杖而不杖、扶而起、杖而起、面垢而已的權便處理，至於生理條件不允許者，則有「禿者不髽，傴者不袒，跛者不踊，老病不止酒肉」之權宜措施。㊿透過一道道繁複瑣細的喪禮儀式，妥善珍藏死者的遺體，以告慰死者一生對於家族以及社會的貢獻，同時提醒喪親者面對此機體生命必然告終的結局，在盡情宣洩哀情之餘，也應該懂得節哀順變之道理，善待自己有用之身，以完成先人未竟之遺志，進而再創更高遠的新局。亦即配合四時之變化，變而從宜，同時兼採恩、理、節、權的人情法則，經過長時期各種儀式活動對於受創心靈的修補彌縫，遂使喪禮的進行不但能順乎人類情性之發展，而且還能達成珍重生死兩種生命群體的實際效果。

至於宗廟祭禮，其最高境界則在於主祭者與先人神靈之感通，所謂「祭之宗廟，以鬼饗之，傚幸復反也。」㉛之說即是此意。且唯有至情至性之人始能盡其心而達於此境界，因為祭祀先人必須出於內心真誠之意，所以說「祭者，非物自外至者也，自中出，生于心也，心怵而奉之以禮。是故唯賢者能盡祭之義。」而且由於祭者能出於一片赤誠之心，因此又說賢者之行使祭禮，乃是「致其誠信與其忠敬，奉之以物，道之以禮，安之以樂，參之以時，明薦之而已矣，不求其為。」以表達其孝子之心。因此祭祀之道，即要求祭者應該「身致其誠信，誠信之謂盡，盡之謂敬，敬盡然後可以事神明。」至於祭者要達到敬盡誠信身致的通體唯誠之境界，則透過齋戒之途徑以使不齊敬之心轉而歸於齊敬，實為可行之良策。因為齋戒期間正可以因為「心不苟慮，必依于道；手足不苟動，必依于禮」之行為要求，消極地防止邪物嗜欲影響內心，積極地達到專致其精明之德的效果，於是「散齊七日以定之，致齊三日以齊之。定之之謂齊，齊者，精明之至也，然後可以交于神明也。」㉜正由於祭者能自盡其心，進而能自盡其性，且經由此盡其心且盡其性的過程，而能自盡其情且得其節。此即由於能實踐「用中制節」之道理，故能緬懷先人之德澤，還能因為祭者孝心之充量發揮，而能參贊天地之化育，達到仁民愛物的極高境界。

「喜、怒、哀、樂、愛、惡、欲」七者，乃「弗學而能」之「人情」；㉝而〈中庸〉「喜、怒、哀、樂之未發謂之中，發而皆中節謂之和。中也者，天下之大本也；和也者，天下之達道也。」以及「中庸其至矣乎」之所載，㉞正說明

「用中制節」的重要。唯有使人類情意之發動，能夠因為知道自我節制，而使所行皆能合乎中正平和之至道，方能成就人間之和諧安樂，使萬事萬物各遂其生、各成其長。生命禮儀的各項設計，正是以「用中制節」為考量中心，而以實踐中庸之道為最高目標的。

（本文之雛形3000字原發表於2002.05.10大葉大學所舉辦之第一屆通識教育與情意教學研討會中）

註釋

① 《禮記》〈曲禮上〉，見於漢・鄭玄注，唐・孔穎達等正義：《禮記正義》，收入《十三經注疏》（臺北：藝文印書館，1985年12月），頁16。男冠女笄之禮，男子一般行於20歲之時，不過，倘若身分特殊、狀況特別時，如天子、諸侯由於傳宗接代之壓力，往往有早婚生子之現象，因此其冠禮必然舉行較早。至於女子，倘若許嫁，年15即可行笄禮，倘若並未許嫁，亦可於年20之時舉行笄禮。

② 《禮記》〈冠義〉，頁998。

③ 《禮記》〈冠義〉，頁998。

④ 《儀禮》〈士冠禮〉，見於漢・鄭玄注，唐・賈公彥疏：《儀禮注疏》，收入《十三經注疏》（臺北：藝文印書館，1985年12月），頁31。

⑤ 《禮記》〈玉藻〉，頁551：「始冠緇布冠，自諸侯下達。」

⑥ 若為長子，則加冠之禮於阼階進行，代表其日後可以為家族之繼承人；若非長子，則冠禮不行於阼階，日後不為家族之繼承人。

⑦ 〈冠義〉，頁998：「冠于阼，以著代也。」

⑧ 周代由於封建之關係，除卻極少數的特殊緣故，國君以上地位之取得絕大多數皆為世襲，因此一般「士」階級的廣大群體，其一生能依賴

自己的能力而爭取的，能達到「大夫」的階級已經相當不容易了。

⑨《禮記》〈郊特牲〉，頁504。

⑩其詳參同〈冠義〉，頁998。

⑪《禮記》〈冠義〉，頁998。

⑫其詳參見《國語》〈晉語．趙文子冠〉，卷12，見於上海師範大學古籍整理組校點：《國語》（臺北：里仁書局，1981），頁409～413。三郤之言，郤駒伯曰：「美哉！然而壯不若老者多矣！」郤犨：「抑年少而執官者眾，吾安容子。」郤至：「誰之不如，可以求之。」

⑬古之昏禮由於以昏時為正，因此稱「昏禮」；至於後來，則由於「昏禮」乃是新娘離開娘家而歸於夫家之時，所以相對而言，新娘所必須面臨的改變遠遠勝於新郎，因此於「昏」之外，另加「女」旁以示對新娘之尊重，於是成為「婚」禮。

⑭其詳參見《儀禮》〈士昏禮〉以及《禮記》〈昏義〉，頁9991～1000之記載。

⑮《禮記》〈曲禮上〉，頁37：「日月以告君，齊戒之以告鬼神，為酒食以召鄉黨僚友，以厚其別也。」又，頁38：「賀取妻者曰：『某子使某聞子有客，使某羞。貧者不以貨財為禮，老者不以筋力為禮。』」

⑯《禮記》〈坊記〉，頁871。

⑰《禮記》〈哀公問〉，頁849。

⑱《周易》〈繫辭下〉，見於魏．王弼、韓康伯注，唐．孔穎達等正義：《周易正義》，收入《十三經注疏》（臺北：藝文印書館，1985），頁171。至於頁179，清．阮元：《周易注疏校勘記》，則以「構」之初刻似从「女」旁。

⑲《禮記》〈曲禮下〉，頁101：「凡摯：天子鬯，諸侯圭，卿羔，大夫鴈，士雉，庶人之摯匹。」可知正常的狀況下，士的摯見禮為「雉」，且「雉」乃取死物以象徵士「矢志不移」之志，但是昏禮之進

行則以吉祥和諧為訴求，因此「死雉」自然有所不宜，且又希望新婚之夫妻能努力開展其偉大職志，力爭上游，因此越級「攝盛」以大夫之「鴈」為摯見之禮物，期勉新郎日後能晉升為大夫。至於「雁」與「鴈」，其義相同；「摰」與「贄」其義亦相同。

⑳《儀禮》〈士昏禮〉，頁39。

㉑《白虎通》〈嫁娶・贄幣〉，見於清・陳立：《白虎通疏證》，卷10，收入《續經解三禮類彙編㈠》（臺北：藝文印書館，1986），頁541。

㉒其詳參見《禮記》〈昏義〉，頁1000。

㉓《禮記》〈郊特牲〉，頁506。

㉔《禮記》〈曾子問〉，頁365。

㉕《禮記》〈禮運〉，頁431。

㉖《禮記》〈經解〉，頁847。

㉗《禮記》〈檀弓下〉，頁168。

㉘《儀禮》〈士喪禮〉，頁421。

㉙清・金鶚：《求古錄禮說・喪禮飯含考》，收入《續經解三禮類彙編（一）》（臺北：藝文印書館，1986），頁146。

㉚其詳參見《儀禮》〈士喪禮〉，頁413～414。

㉛《禮記》〈雜記下〉，頁739。

㉜《禮記》〈檀弓上〉，頁130：「夏后氏殯于東階之上，則猶在阼也。殷人殯于兩楹之間，則與賓主夾之也。周人殯于西階之上，則猶賓之也。」

㉝《荀子》〈禮論〉，見於清・王先謙：《荀子集解》（臺北：藝文印書館，1988），頁610～611。王先謙於「故如死如生，如亡如存，終始一也。」之下，引俞樾曰：「『如死如生，如亡如存』，義不可通。當作『事死如生，事亡如存』，上兩『如』字，誤也。篇末云：『哀夫！敬夫！事死如事生，事亡如事存。』可知此文之偽，當據以訂

正。」

㉞《禮記》〈檀弓上〉，頁134，引子游所言。

㉟《禮記》〈祭法〉，頁798。

㊱漢．許慎：《說文》，見於清．段玉裁：《說文解字注》（臺北：蘭臺書局，1972），第九篇上，頁439。

㊲《禮記》〈祭義〉，頁814。

㊳其詳參見《左傳》〈昭公四十七年〉，見於晉．杜預注，唐．孔穎達疏：《春秋左傳正義》，收入《十三經注疏》（臺北：藝文印書館，1985），頁647。另外，錢穆則於《靈魂與心》（臺北：聯經出版社，1976），頁71，亦有魂魄與鬼神其源相同之說明。

㊴《禮記》〈檀弓上〉，頁130。

㊵《論語》〈子罕〉，見於魏．何晏注，宋．邢昺疏：《論語注疏》，收入《十三經注疏》（臺北：藝文印書館，1985），頁77。

㊶《論語》〈述而〉，頁63。

㊷其詳參見《論語》〈衛靈公〉，頁137。

㊸《論語》〈顏淵〉，頁106。

㊹《論語》〈里仁〉，頁37。

㊺《禮記》〈喪大記〉，頁716。

㊻其詳參見《禮記》〈檀弓上〉，頁117。

㊼《禮記》〈檀弓上〉，頁126。

㊽《禮記》〈檀弓下〉，頁168。

㊾其詳參見周師一田：〈傳統文化中的家族觀念〉，見於內政部編：《禮儀民俗論述專輯》（臺北：內政部，1989），頁49～51。

㊿《論語》〈學而〉，頁7。

51《論語》〈陽貨〉，頁156。

52《論語》〈八佾〉，頁26。

53《禮記》〈祭義〉，頁807。

54《禮記》〈祭義〉，頁807。

55《論語》〈八佾〉，頁28。

56《論語》〈述而〉，頁63。

57《論語》〈雍也〉，頁54：「樊遲問知。子曰：『務民之義，敬鬼神而遠之，可謂知矣。』」

58《論語》〈八佾〉，頁28。清．劉寶楠：《論語正義》（臺北：世界書局，1977），頁53，記載：「朱子以為此門人記孔子祭祀之誠意是也。」

59《墨子》〈公孟〉，見於清．孫詒讓：《墨子閒詁》（臺北：華正書局，1987），頁419：「執無鬼而學祭禮，是猶無客而學客禮也，是猶無魚而學魚罟也。」

60其詳參見《禮記》〈祭義〉，頁809。

61馮友蘭：《中國哲學史》（不著出版時地年月），頁425。

62唐君毅：《人生之體驗》（臺北：學生書局，1977），頁100～101。

63《禮記》〈中庸〉，頁884。

64《禮記》〈祭義〉，頁810～811。

65其詳參見《老子》第31章，見於樓宇烈校釋：《老子周易王弼注校釋》（臺北：華正書局，1983），頁80。

66《禮記》〈曲禮上〉，頁37。

67《禮記》〈昏義〉，頁1001。

68其詳參見《禮記》〈昏義〉，頁1000。

69見於《論語》〈陽貨〉，頁158，孔子回答宰我問三年之喪的問題。亦見於《禮記》〈三年問〉，頁962。

70其詳參見《禮記》〈喪服四制〉，頁1033。

71《禮記》〈問喪〉，頁947。

⑫其詳參見《禮記》〈祭統〉，頁830～832。

⑬其詳參見《禮記》〈禮運〉，頁431。

⑭其詳參見《禮記》〈中庸〉，頁879～880。

拾、從張載的變化氣質談現代人的心靈改革

內容摘要

張載由於范仲淹之勸讀〈中庸〉，因而幡然有志於道，當其深入六經之苦心鑽研後，終於選擇以《易》為宗，而以「禮」為體，一心效法孔、孟以求立人極，且以「為天地立心，為生民立命，為往聖繼絕學，為萬事開太平。」為其一生努力之職志。其所提出「變化氣質」的重要實證理論，經由其率身引導關中子弟實地踐行，已達到化民成俗、淳厚社會風氣的實際效果。由於變化氣質不能只是虛理與空談，而必須落實於實際的人生脈絡中始有意義可言，因此本文藉由張載自我轉化超昇之實例，首先分別從為學之道在於變化氣質、變化氣質的途徑、變化氣質的成果等三方面，說明「變化氣質」的涵義。其次，則於述說現代人的限制與困境之後，再提出吸收《周易》的精神以建立開放的人生觀、實踐「禮」的義理以建立合理有禮的社會秩序觀、樹立生命典範以開創人文的契機等不同的向度，為現代人進行心靈改革畫出可行的藍圖。最後，則建議善用經典的人生智慧結晶以淳厚自我的心性，進行徹底的心靈改革活動。

一、前言

隨著科技的高度發展，不但促進了經濟的成長，也帶動了社會的繁榮。雖然現代人對於資源的取得愈來愈覺得富足，但是伴隨著這些令人振奮的美景而來的，卻是金錢名利的無盡追逐、社會風氣的敗壞和糜爛，處處呈現著人性的墮落和道德的淪喪，以至於不論是犯罪事件的升高、犯罪年齡的下降，或者是犯罪手法殘酷等等；都有愈來愈惡化的現象。因此現代人的生活，可以說是雖然富裕卻感覺不安寧，雖然享受卻又未必幸福；心中很難抹去潛在的重重陰影，時常要擔憂自己或周遭的親人會成為無辜的受害者——人類免於恐懼的自由，的的確確已經受到了嚴重的考驗。

現代雖然是個明顯的危機時代，不過，卻也具有轉機的可能。隨著日本與歐美地區最近吹起的簡樸、清貧生活運動，我國元首也發出了希望國人進行「心靈改革」的呼聲。從「心」救起，的確找到了問題的癥結所在！但是，要想真有轉機，那就絕不是嘴巴說說就能奏效的，而必須在生活中付諸實際的改革行動。檢視歷史遺跡，發覺「變化氣質」的說法，不但在理論上具有革除心靈積澱、去除生活雜染的厚實基礎，而且張載本人卓絕宏偉的氣魄與篤行實踐的工夫，不但淳厚了當時關中的民風，更是千載以下讀書人優良的生命典範，可以說是親身實踐「心靈改革」的最佳範例。

張載一生的學思與用心，在他自我期許的傳世名言「為天地立志，為生民立道，為去聖繼絕學，為萬世開太平。」①中，就已明顯表露他一生以繼承孔、孟職志之決心，且以效法傳統儒者志在「內聖外王」、講求「經世濟民」為其用世之情懷與天賦使命之承擔。這種「民胞物與」的生命感應，影響他一生學問發展的方向，因此雖然提出「氣」為宇宙的最終實體，然而終究不以自然的唯物思想為他的哲學核心，不但樹立了為生民立道的偉大職志，而且終其一生都在實踐他對生命的現世關懷。因此，透過這樣的人格典範，更可以對現代人進行「心靈改革」時發生一些啟導的作用。

二、「變化氣質」的涵義

要體現一個人對生命的現世關懷，最直接的方法，就在於注重道德實踐之工夫；也就是經由道德的實踐而實現人生的理想，透過知禮、行禮的途徑，達到盡性、成性變化氣質的境界，使人不但能夠成人，而且能成為大人、君子，不僅求為賢人，甚且更以「成聖」為人生的最高理想與最終目標；因此，倫理實踐才是張載哲學系統之核心，而「變化氣質」更是這個核心中的核心問題。茲分三個層次以說明其涵義：

㈠為學之道在於變化氣質

張載認為「為學大益，在自能變化氣質。不爾，卒無所發明，不得見聖人之奧，故學者先須變化氣質。」②觀其一生當中，除卻曾經短暫從政以外，其餘的時間，都專心致力於為學。因此，不但朱子曾說：「橫渠之學，苦心力索之功深。」③《宋史》更記載了張載一生的生活狀況，說：

> 終日危坐一室，左右簡編，俯而讀，仰而思，有得則識之，或中夜起坐，取燭以書。其志道精思，未始須臾息，亦未嘗須臾忘也。④

張載就是這樣累積他一生為學的體驗，因而徹悟專心向學就是變化一個人氣質的基本要件，而且認為「人之氣質美惡與貴賤夭壽之理，皆是所受定分。如氣質惡者，學即能移。今人所以多為氣所使而不得為賢者，蓋為不知學。」，⑤更由於他「治家接物，大要正己以感人，人未之信，反躬自治，不以語人，雖有未諭，安行而無悔。故識與不識，聞風而畏，非其義也，不敢以一毫及之。」⑥在他以身教感人的情況下，終於使關中當地的風俗為之大變。張載就是教導關中地區人士透過為學之工夫，以轉移氣質之惡，使人不受氣欲的支使，而重新獲得天地清通之氣，進而一窺聖人之堂奧，達到學為聖人之最高境界。

張載講學，特別強調「學必如聖人而後已」，以為「知人而不知天，求為賢人而不求為聖人，此秦漢以來學者大蔽也。」⑦因此倘若學者能變化氣質，就可以突破賢人的拘限，而撥開秦漢以來學者的遮蔽，不但可以知人，而且可以知天；不但可以希賢，甚且可以希聖，使上歸於三代聖者之治世，⑧而進入聖人之境界。所以黃宗羲認為張載終其一生，「精思力踐，毅然以聖人之詣為必可至，三代之治為必可復。」⑨張載勤奮向學，對於自我要求刻苦嚴毅，接引後學更是不厭不倦，終於能使流俗大變，而有三代的古風，這種躬行實踐的精神，是「學行如一」的最佳說明。

㈡變化氣質的途徑

由於變化氣質的要件在於為學，因此教學的內容就必須審慎選擇，才有可能達成這種預期的目標。綜觀張載教學的內容，則主要以《周易》為宗，而以「禮」為體，也就是吸取「易」與「禮」的精義，而達到變化氣質的目的。茲分述於下：

1.以《周易》為宗

《周易經傳》乃聖人窮盡天理、究極時變、密察人事變化之後的重要著作，因此凡是天地間的精微變化，都可以在這本書中找到一些消息，所以倘若能精研《周易》之理，就可以掌握變化之「幾」，而重新回復到氣質清通無礙的境地。所以張載在《正蒙》之中，開宗明義就說：

> 太和所謂道，中涵浮沈、升降、動靜、相感之性，是生絪縕相盪勝負屈伸之始。其來也幾微易簡，其究也廣大堅固。起知于易者乾乎！效法于簡者坤乎！散殊而可象為氣，清通而不可象為神。不如野馬、絪縕，不足謂之太和。語道者知此，謂之知道；學《易》者見此，謂之見《易》。不如是，雖周公才美，其智不足稱也已。⑩

所謂「浮沈、升降、動靜、相感」，就是陰陽二氣的作用。至於使陰陽二氣發生作用的，則為充塞於天地之間，象徵太和之道的「性」與「神」。《周易》曾說：「大哉乾元，萬物資始，乃統天」、「乾道變化，各正性命」，⑪又說「至哉坤元，萬物資生，乃順承天」、⑫「乾知大始，坤作成物；乾以易知，坤以簡能」，⑬因而可以知道「乾」以它至易之德而主宰天下一切的流行，「坤」則以至簡之性而呈現萬物的法象。由於大化具有陰陽不測的力量以主宰天地之間的一切變化，因而能促使萬象生生不已。

張載不論自己為學或教人，都非常注重熟讀《周易》，以便能從中吸取「知幾明變」的能力，進而達到變化氣質的效果。

王夫之精心研究張載的學說，因此進而闡釋橫渠注重《周易》的說法，認為：

> 《周易》者，天道之顯也，性之藏也，聖功之牖也，陰陽、動靜、幽明、屈伸，誠有之而神行焉，禮樂之精微存焉，鬼神之化裁出焉，治亂、吉凶、生死之數準焉。故夫子曰：「彌綸天下之道以崇德而廣業」者也。……張子言無非《易》，立天、立地、立人，反精研幾，精義存神，以綱三才，貞生而安死。⑭

由王夫之所說以及《宋史》的記載來看，⑮可知張載一生所學的內容，應當是以《周易》為宗，因為書中所記載的，足以顯現天道的原理，寓藏著人性的真義，彰顯著聖功的大業，透過陰陽、動靜、幽明、屈伸等相對變化，而人世間的治亂、吉凶、生死等氣數徵兆，也可以密察而類推之。因此，透過《周易》「一陰一陽之謂道」⑯的說法，可以明瞭

「道」具有兼體陰陽的神妙性質，因而可以妙運陰陽以成氣之變化；由「陰陽不測之謂神」⑰的說法，可以明瞭氣之變化倘若達到不可測度的地步，就稱之為神，因此人必須參和於陰陽之中，而能靜觀陰陽二氣的變化，才可以達到「兼體而無累」的境界；由「一闔一闢之謂變，往來不窮謂之通」⑱的說法，可以體會萬象循環往復「生生之謂易」⑲的道理。

至於牟宗三，則認為張載由「兼體無累」以言道的作用，就能直證道的神化作用與虛而不著的特質，這種以神體虛體為道為易的比擬配對，更能接近道具有「創生」義、「寂感真幾」義的本色，也更能合乎道為天心之本心的真義，能掌握「道」的這些特色，那麼「理」就自然存乎其中了。⑳

因此，觀察《周易》道之變化，則可以體悟天道神化之力，也可以體會萬變不離其宗而終歸於太和的無尚至理，藉此就可以開拓個人的視野，逐漸達到變化氣質的目的。

2.以「禮」為體

禮，為中國文化之核心，舉凡一切政制、經濟、社會、教育、倫理文化諸事都可以概括於其中。倘若我們追溯「禮」的本源，就可以發現「禮」乃是體現天地之大德與天地之理序的，因而一個人假如能知禮、行禮，那麼就可以成就天地之性與生生之德了。同時，禮也是用以持性反本的，這就是張載所說的「禮所以持性，蓋本出於性，持性，反本也。凡未成性，須禮以持之，能守禮已不畔道矣。」因此他又認為「禮之原在心，禮者聖人之成法也，除了禮，天下更無道矣。」㉑可知禮原是聖人取法天地間自然界運行之秩序而制定的，所以它是本於自然的；因為就算是在無人的狀態下，天地間這種自然運轉的律則也是未嘗或止的，而且萬物各有分別、具有大小尊卑的現象也是自然而然，並非人力所可扭轉的。明瞭禮的訂定原本是基於天地自然存在的本性以後，那麼禮也就必然具有內在的理序了。因此倘若能依循這種成法而行，就應該可以返回本源、持有本性，以回歸於天地自然之道了，所以張載要說：「天地之禮自然而有，何假於人？天之生物，便有尊卑大小之象，人順之而已，此所以為禮也。」㉒能不能「順」乎天地的理序就是問題的關鍵所在。

張載曾經擔任過禮官，自然非常重視禮的實踐，因此深切以為人之論禮，不但要求能從內在深入體驗禮的涵義，同時更要求外而能實際踐履禮的行為，也就是說禮的涵義，必須是合於內外、通乎表裡的一貫表現。可知禮學的講讀與禮義行為的踐履，就是張載治學、教學的主體內容，因而薛思菴就曾經這麼說：「張子以禮為教，不言『理』而言『禮』，『理』虛而『禮』實也。儒道宗旨，就世間綱紀倫物上著腳，故由禮入最為切要，即約禮、復禮的傳也。」㉓所謂約之以禮，就是透過禮的力量來改變個人外在的行為模式，同時更從內在去變化個人的氣質；復之以禮，就是體認禮的根源在於體現天地之德的禮義原理後，使得個人的舉止行為、視思言動都能合乎禮義的要求，於是自然就能日漸變化氣質之性，而得以回歸於天地之性。

張載還經常勉勵學者應當學禮以達到守定的工夫，於是更進而言：

學者且須觀禮。蓋禮者滋養人德性，又使人有常業、守得定，又可學便可行，又可集得義。養浩然之氣須是集義，集義然後可以得。浩然之氣嚴正剛大，必須得禮上下達；義者，克己也。㉔

禮為天地之德，因而學禮就可以養護人的德性，使人守得定，並且由於定而後能靜，靜而後能慮，慮而後能知義克己，懂得以義去除自己習氣的牽累，就自然能動靜合宜，而不受故有的習氣支使，並且能夠安心於理。等待正義之氣會集而達到盛大的狀態，那麼浩然之氣就會油然滋生而產生沛然莫之能禦的力量。一旦這種浩然之氣充塞於內，則會自然地外現為嚴正剛毅的容貌，於是上下通達、表裡貫徹的結果，自然居可移氣，而氣質之性也可為之一變而趨於清通暢達，且能進而至於太和之境。

㈢變化氣質的成果

由於張載講求「以禮持性」、「知禮成性」與「盡性而天」的實踐工夫，就是希望能從實踐本於天道性命的「禮」，而反歸於天命之性；從充量發揮天命之性，而重返天地之性；以便終能促使質礙之氣獲得清通順暢，以至於參和不偏、中正不倚的中庸大道。更希望由於自盡其性，推而影響到其他的人與物，達到物我相體而兩不相遺的理想狀況，也就是「盡其性，能盡人物之性。至於命者，亦能至人物之命，莫不性諸道、命諸天。我體物，未嘗遺；物體我，知其不遺也。至於命，然後能成己成物，不失其道。」㉕的境界。

然而物不能推而人能推，因此張載特別強調人必須具有「大人盡性，不以天能為能，而以人謀為能。」㉖的積極主體性，也就是說在變化氣質以後，由於具有「大其心」的能力，因而能體天下之物、能自盡於道，於是能在義理的層次上達到〈中庸〉所說的「唯天下至誠，為能盡其性；能盡其性，則能盡人之性；能盡人之性，則能盡物之性；能盡物之性，則可以贊天地之化育；可以贊天地之化育，則可以與天地參矣！」㉗的最高境界。

張載認為為學的最大效果，在於能變化氣質，並且主張「學必如聖人而後已。」㉘因此知道變化氣質的最終目的，就在於求為聖人。至於成為聖人的實際指標，就在於取法孔孟，積極弘揚性命天道，凸顯人為道德實踐的主體，不但要實踐孔子所謂「人能弘道，非道弘人。」㉙的說法，也要發揚孟子所謂「盡其心者，知其性也；知其性，則知天矣！」㉚的道理，因而能長養正義凜然的浩然正氣，使德義充塞於內，而容貌莊重於外，於是人一旦望之，即儼然而折服，不但有自我修持之功，並且有敦厚流俗之效，因而能積極開發人文的契機。

張載本人從年輕時的喜歡談論兵事，慨然以功名自許，到范仲淹勸讀〈中庸〉之後，於是幡然有志於道。張載後來更深入六經苦心鑽研，由於勤奮為學、精思力踐，終於成為北宋的重要理學家，提出改變氣質之性以回歸天地之性的一貫大道，對於淳厚人性具有積極的貢獻。張載一生所秉持的「為天地立志，為生民立道，為去聖繼絕學，為萬世開太平」偉大職志與行誼風範，對於後人更有深刻的啟導作用。

三、現代人的心靈改革

有關「人的定義」，不論是「情感的動物」、「理性的動物」抑或是「政治的動物」等不同的說法，都是現代人耳熟能詳的，也都各有其片面道理。然而從這些不同的定義中，卻共同說明人是「動物性存在」的一項重要事實，至於或為情感、或為理性、乃至於或為政治的差異性描述，則各說明人性各有其不同的向度，顯現人類心性的複雜特質。然而遠在兩千多年前，孟子早已明言「人之所以異於禽獸者幾希！」㉛同時還提出人應該擴充「不忍人之心」，從「仁、義、禮、智」四端的發展以自別於「禽獸」的說法，㉜更已明確指出「四端」的能不能發用，其最根本的關鍵就在於「心」之官能的「思或不思」，倘若「不思」，人就會蔽於物，在物與物的相互牽引之下，由於人對於事情的不加判斷或無法判斷，以致受制於物而無法自拔，因此而有「大人」與「小人」的差別。㉝可知要決定一個人意識的傾向與行為的美惡，「心」確實是關鍵所在，因此要振衰起敝、化戾氣為祥和，當然也就必須從「心靈」的改革痛下工夫。以下先陳述現代人的限制和困境以後，再一一謀求改革之道，希望能對日漸惡化的社會現象有所幫助：

㈠現代人的限制與困境

自從工業革命以後，機器代替了人力，人類不必再依賴大量的勞動力就可以換取數倍於從前的物質資源，確實大大地提昇了物質生活的水準。然而置身在高度發展的工業社會中，是享受了物質生活的方便，不過卻也必須相對地忍受空氣、水質等實質的環境汙染，同時更嚴重的是人心產生了「機心造作」的惡質傾向，使得機巧詐偽傾巢而出，㉞以致人們原本純樸勤懇的生活態度，已杳然不可復得。更由於使用機器大量生產，因而工作的內容如果不是刻板的機器操作，就是由於分工細密化而導致的單調細碎工作，以至於養成眼光短淺、見樹而不見林的習慣，不但缺乏高瞻遠矚的能力，而且無法凝聚大整合的觀念；下班之後的生活，也因為整天受到電視等傳播媒體的「薰陶」，缺乏自然造化的調教，當然也就少有創意和生機，當然也更不明瞭何謂生命共同體的感覺。

科技的高度發展，確實提昇了人們的物質文明，但是由於誤解「人定勝天」的意義，無法理解人與大自然和諧共榮的相互關係，人類已經逐漸嚐到破壞自然生態的後果。至於運用高科技來研發精密武器，這種武力的極大優勢不但助長了強權的氣燄，也鼓舞了國際間武力競賽的惡風，尤其糟糕的是模糊了強權與正義的分際。在面對致命性武器的壓力時，人命實在卑微得可憐，道德與公理也早已顯得虛弱而無力，在這種現實情況下，人實在會覺得沒有什麼理由需要犧牲奉獻自己。一旦這種虛無思想進入人們的意識領域，不論是國際道義或是社會道德，都很難再有喘息的機會；至於個人生命的意義與價值，當然也要落空了。

隨著工業與科技的發展，人們的經濟情況也跟著起飛。由於經濟條件的大幅改善，當生活富裕以後，接著則是追求各項無止盡的享受與新奇多變的刺激，不論是各種精緻美食、聲光魅影，皆無所不求其極，連帶地，也興起了粗俗的拜金主義與功利思想，使得追求感官的瞬間滿足成為唯一的真實，而笑貧不笑娼則成為新潮的就業觀念，甚至於巧取豪奪也成為有辦法的象徵，可憐那安分守己的小老百姓相形之下卻只能成為迂腐不通的大笨牛，於是社會風氣趨於奢靡與敗壞，犯罪案例呈現日漸惡質化，就彷彿是江河日下而難以遏止。

在醫療保健方面，現代更有長足的進步。人類不但健康情形獲得了極大的改善，平均壽命也有所延長，然而由於經常食用精緻美食、化學製品，而且又普遍缺乏勞動，也沒有適度的運動，以致產生許多不同類型的現代富貴病，例如癌症、腦血管問題與心臟方面的疾病，都嚴重地威脅著現代人的生活。一旦罹患這方面的疾病，病患的長期醫療照顧以及病患與家屬們身心遭受的煎熬，都是人性的極大考驗。另外，由於精密醫學的發展，「長生不死」的念頭又成為現代人「夢幻的理想」，「複製人」對於基因醫學而言，已是可以實現的「理想」，或許因此而可以解決部分器官移植的問題，然而對於「人」的根本定義與道德問題，卻必須遭受前所未有的衝擊。至於「急凍人」的設想，對於「死亡」也是曠世未有的挑戰。諸如此類這些狀況不但牽涉了複雜的醫療倫理，同時更震撼了亙古以來對於「生死」問題的觀念。然而，假如人類的生死和萬物的生滅都可以一一經由實驗室的嚴密操控而獲得預期的結果，那麼，人不但將更「等同於物」，甚至於比單純的「物」還不值得，畢竟同個模子出來的產品也未必百分之百全然等同！而且可以確定的是人類勢必要面臨比現在價值觀紊亂還更嚴重的價值解體狀態。

以上所陳述現代人面對的問題，雖然僅為冰山的一角，但是已經足以說明當現代人享受著現代化一切便利的同時，卻也付出了生命受到宰制的困境，精神上更必須承受來自四面八方的壓力，然而歸根究柢，就是誤解了所謂「知識爆炸的時代」之意義，於是事事務求於外而不知返之於內，在心中無主之下，只知以有涯之生而求無涯之知，不但時時刻刻都得疲於奔命，而且早已註定要陷入危殆之困局。當然，「活到老，學到老」是很重要的，但是，倘若人只知務求於外，就無法「知止有定」，對於「安身立命」就不免因為緣木求魚而感到焦慮不已。儘管知識有日新月異的層次，但是在人類還未被全然「物化」以前，人類還是需要建立一個理想的生命價值觀來豐富人生的意義，因而如何從凌虛的「易」之理、踏實的「禮」文與實際的人格典範中吸取生命的智慧，這才是現代人真正務本的「終身學習」。

㈡吸收《周易》的精神以建立開放的人生觀

一部《周易》所包含的內容廣大悉備：有天道，有地道，有人道，㉟概括周遍了宇宙間最重要的天、地、人的三才之道。〈繫辭傳〉就這樣記載：

> 《易》與天地準，故能彌綸天地之道。與天地相似，故不違；知周乎萬物而道濟天下，故不過；旁行而不流，樂天知命，故不憂；安土敦乎仁，故能愛。範圍天地之化而不過，曲成萬物而不遺，通乎晝夜之道而知，故神無方而《易》無體。㊱

由於《周易》的創作是以天地為取法的準則，因而與天地間的道理相似，所以能普遍包含天地間的一切道理。基於這個大原則，因此倘若能依循《周易》的法則而行，行為就不會違背天地間自然的規律；亦即人類的知識可以周遍於萬事萬物的道理，而道德足以匡濟天下，且有所行動都不會產生偏差；權力雖然廣泛地推行，但是也不會流於淫濫，而是能樂以天然而知所命數，以致不會有憂愁；安處於四周的環境而敦厚地施行仁義，所以能泛愛大眾。可知《周易》的道理周遍廣大，足以範圍周遍天地的化育而沒有偏失，也可以細密地助成萬物而沒有遺漏，更足以匯通晝夜幽明的道理而無所不知，所以《周易》的變化是神奇奧妙而不拘泥於一方一體的。

深入《周易》之理的變化，就知道「易」的變化其實包含變易、不易與簡易三種不同的內涵：自從開天闢地以來，就有陰陽二氣的運行，寒來暑往、日月更迭輪代，使得品物群分，生生相續，因而成就所謂「變易」之功。然而天尊地卑，高低各有定位，乾坤的位置也才能因而確定。這種高低尊卑的關係一經陳列，事物的貴賤也因而有所判別。由於天地間的動靜變化必有一定的規律，事物陽剛陰柔的性質也判然有所分明，因而成就所謂「不易」的定理。乾坤的變化之道，表現於開物成務的萬象之上，不但平易而且簡約。能明白這種平易簡約的道理，就能夠懂得天下的道理；能夠懂得天下的道理，就能夠遵守天地的規律，且能居處適中而得其宜，以此自然能成就「簡易」的功能。《周易》就兼具有這種看似矛盾對立，卻又能統合於一的相異特質，因而倘若能精研《周易》之理，就能夠掌握「變」與「常」的道理，同時更能明瞭「變」與「常」相倚為用，而且「萬變不離其宗」

的「易簡」道理。

因此，《周易》的道理常為聖人君子所取法，〈繫辭傳〉中就有這樣的紀錄：

> 《易》有聖人之道四焉：以言者尚其辭，以動者尚其變，以制器者尚其象，以卜筮者尚其占。㊲

當君子有所做為、有所行動時，無論是遠近幽深的事，一旦經過筮占，都可以推知未來事物的狀態，獲得妥善的建議：使指導言論的人，可以從其中的文辭精義而獲得啟發；使指導行動的人，可以從其中的變化規律而知所動靜進退；使指導製作器物的人，可以從其中的卦爻象徵而有所取法；使指導卜問決疑的人，可以從其中的筮占原理而有所斷決。因為一部《周易》，廣泛收羅了天下極為精深的道理、複雜的變化與神妙的規律，因而可以用來窮究幽深的事理，也可以用來探討精細隱微的徵兆。所以張載精心研究《周易》以後，深深體悟《周易》之道是「至精至深」的，同時也是「極深研幾」的，因此具有知體神化的功效，他說：

> 《易》，非天下之至精，則辭不足待天下之問；非深，不足通天下之志；非通變極數，則文不足以成物，象不足以制器，幾不足以成物；非周知兼體，則其神不能通天下之故，不疾而速，不行而至。㊳

由於《周易》具有「絜靜精微」的特色，㊴因而熟讀《周易》，就可以窮理盡性而入於秋毫之微，曉得萬物消長變化之「幾」，所以會保有太虛清通無礙之氣，而不會膠柱鼓瑟、固執難通。更由於《周易》之理廣大周遍、體用不二，因而能「即氣見神」以通天人之變，所以能回歸於天地清通的造化本性，達到合一不測、神而化之的狀態，因此不會意圖以人為的造作來改變萬事萬物進行的常軌。

能取法《周易》的道理，就能夠由於知道「消息盈虛」、「剝極而復」、「物極必反」的改變契機，而明瞭生活中身處危機也可以是掌握轉機的涵義，也懂得要思索自求轉化以合於理的轉折途徑，於是經由粗略而至於精微的過程，達到「一，故神」的境界，在窮神知化的狀態下，因而能契合於天道的原理，與天為一；並經由「存虛明，久至德，順變化，達時中」的修為歷程，而達到仁至義盡的盛德地步。能做到這樣，則不但能「知微知彰」，而且還能「大德敦化」，於是仁智自然合為一統，而聖人教化世人的偉大志業也因而完備。更由於能進入太極神妙之境，而且懂得裁成轉化的原理，因此能拋棄外在一切的物累，而順從於本性天命。㊵這也就是說將《周易》之道的變易、不易以及簡易的至理融入實際的生活中，就能擴展我們思考的向度，因而促使大家對於事情的處理方式，可以做多向性的周密考慮，所以能動而皆中，順理而行，於是能見「幾」而義明，得精義以入「神」，再加上窮神知化的作用，因此就能達到聖而不可知的化境。

藉由《周易》的抽象原理，深刻體悟「唯變所適」㊶的變動哲理，進而理解「窮則變，變則通，通則久」㊷的一貫道理，接著就能掌握「化而裁之存乎變，推而行之存乎通，神而明之存乎其人，默而成之不言而信，存乎德行。」㊸的易道精髓，於是可以知道在人這個「會動的生物」之生活領域中，「活動變通」是生命的本質，然而變通的樞紐所在，卻又在於人所具有的主體性上，而且這種主體性，還明確地以實現天地生生之德為核心。能明瞭人與變動原理的相互關係，就可以擴大人們的意識領域，也因而可以開放人的胸襟，建立更健康的人生觀。

由於人們隨時不忘「日新之謂盛德，生生之謂易。」㊹「天地之大德曰生」㊺的大原則，因此凡事都能朝著富有生機的大方向走，不會拘泥於單一路向，確認彼此具有雖然殊途卻不礙其可以同歸的開放思想，就不會強加一些不必要的壓力在自己或別人的身上，造成彼此心靈上莫須有的困擾。當一個人能自然地運用「變易」的道理來瞭解「轉個彎想一想」、「換個角度看問題」的重要，並且還能在生活中切實地實踐時，就可以更貼切地實現大化流行具有「生生之德」的理想。當一個人能清楚地曉得生命的延續自有它生生不息、周遍「不易」的定理時，就可以知道天地間的造化永遠指向「大生」、「廣生」的永恆取向。㊻當一個人能輕鬆地透過「簡易」的「易理」，而單純化人們喜歡鑽牛角尖的「複雜」心態時，就可以使得人與人的相處更為和諧圓滿，而暴戾之氣與無謂的衝突也都可以隨之順利化解。由於心靈自然而然地跟著日漸純化、淨化，所以健康開放但是並非解放頹廢的人生觀就能更容易地樹立起來。

㈢實踐「禮」的義理以建立合理有禮的社會秩序觀

人，是一種群居的動物，很早就因為生存的需要而形成家庭的組織，更由於要提高生存競爭的能力，於是進而有社會與國家等群體組織。然而要維繫群體生活能順利進行，各成員之間就必須具有一些共識，共同遵守一些原則。這些抽象而籠統的共識和原則，就是「禮」的觀念。當這些觀念被具體化為個人的生活規範，制定成各種專門禮儀時，於是形成群眾共同遵守的社會秩序；當這些觀念被用為訂定社會制度的藍本，成為制定國家組織的原則時，就成為政治規章與禮儀制度的根本精神。可知小自個人修身的做法，大至治國、平天下的道理，都隸屬於禮的範疇，所以《禮記》有「禮者，天地之序也。序，故群物皆別。」㊼之說，又有「天尊地卑，君臣定矣。卑高以陳，貴賤位矣。動靜有常，小大殊矣。方以類聚，物以群分，則性命不同矣。在天成象，在地成形；如此，則禮者天地之別也。」㊽之說，另外還有「禮也者，理也；樂也者，節也。君子無理不動，無節不作。」㊾之說，可知「禮」的觀念主要在於彰顯天地的理序，使得天地間人事的變化以及萬事萬物的歸屬，都能夠各成其別、各有其所。難怪孔子要說：「不學禮，無以立。」㊿，說明不學禮，就無法明瞭天地間的各種道理，當然也就無法立足於社會、國家之中。

由於禮的內涵深遠、外延廣泛，因而為求建設理想的社會與國家型態，就必須透過禮儀的實際踐履，才能發揮禮的實用功能，也才有可能實現有「理」且有「禮」的人間秩序。然而由於古今的生活型態差距甚大，因此古代的一些典禮儀節，到了今天，不但難以全盤還原，更重要的是也沒有必要開時代的倒車，將這些「禮數」一一重現於今天的社會當中。因為外在的「禮數」是會隨著時代的變遷而有所變革的，至於能經久而不變的，則是儀式背後隱藏的禮義精神和設計禮儀的用心，所以說「禮之所尊，尊其義也；失其義，陳其數，祝史之事也。」[51]在這種情況之下，匯通「三禮」禮義的《禮記》就因而顯得特別重要。現代人可以透過《禮記》對於古代禮儀意義的闡述，進而掌握「禮」的精神價值，這樣才能明瞭「禮」成為我國傳統文化的主體思想、影響人心數千年的原因，也才可以在現代人的心靈上草擬一個凸顯理序狀態的禮義世界的理想藍圖。

要對治現代人紛亂躁動的習氣、消弭暴戾乖張的氣性，而擁有講理懂禮的特質，就應該使大家遠離打打殺殺、血腥暴力的畫面，走出噪音充斥、光怪陸離的環境，使大家在日常生活中能多多接觸合理與有禮的情境，在這種耳濡目染的情形下，日漸進入禮義的世界而不覺得勉強與困難。因此大體而言，透過《禮記》的各項記載，不但可以從古代的生活規範模式，來提煉現代規範世界的遠景；也可以從冠、昏、喪、祭等生命禮儀的安排，來體會人類生命的意義與價值；還可以從社交聘問的禮儀，曉得應對進退相待以禮的意義；更可以從理想國度的呈現，重新塑造現代可能的理想國。也就是從心靈上進行一種「換血」的工作，將一些合乎禮義的思想與作法，輸入血液當中以進行氣體交換，而將惡濁的念頭排出體外，使壞念頭不再在人體之內作祟，以達到「洗心革面」的效果。因為規範是一種條理，也是一種秩序，是方便自己也是方便別人的生活保障；生命禮儀的設計，就是在人生面臨重要關口時，安排一些富有特殊意義的活動，表現人與人之間的相互關懷與期許，以凸顯人與其他生物的差異，豐富人類生命的意義，使每個人懂得更加珍惜彼此的生命；社交聘問相待以禮，不但可以和諧人際間的關係，也可以增進彼此感情的交流；至於禮樂和諧、天地正位的理想國度，則是美滿人生的一大憧憬。假如社會上的各種媒體能時常提示這種美滿的情境，那麼，不但可以激發人們悉心嚮往之願力，並能增進人們努力促成它實現的助力。這些不但可以從正面助長心靈的純化、淨化，而且還可以促進人性向上、向善的動力，是人人都需要的心靈補給品。

尤其《禮記》書中紀錄了許多發生在孔子和他的弟子，以及春秋時期一些知名人士周遭的許多人情味小故事，透過這些自己熟悉的人物在實踐禮儀上有關的短篇記載，可以瞭解「禮」不但和人們的生活息息相關，而且還是極為溫馨感人的，除卻有深情的師生關懷，也有朋友真心的責善，還有君臣的肝膽相照，諸如此類不一而足，在在都是扣人心弦的。可見倘若能把握禮義的精神，那麼「禮」不但不是桎梏人性的枷鎖，而且還是「本於人情」的表徵，也確實凸顯人與禽獸的差別，這就是「鸚鵡能言，不離飛鳥；猩猩能言，不離禽獸。是故聖人作，為禮以教人，使人以有禮，知自別於禽獸。」[52]之道理。當今天社會上「人而禽獸行」的事件逐漸增加，到處呈現一片紊亂無章的脫序現象時，正是應當努力闡揚「禮」的根本精神，大力加強「禮」的教化之重要時機。因為「禮」的根本作用，就在於「定親疏，決嫌疑，別同異，明是非」[53]，是建立人間理序、促使社會安定的穩固磐石，萬萬不可鬆弛或棄置不顧，否則必定流於親疏不辨、嫌疑不分、同異無別與是非不明的混亂局面。假如人而不講「禮」，而想要擁有祥和的社會，就彷彿是癡人說夢般地不切實際。

「心靈改革」不能只是「虛理」，而必須訴諸行動，因此它必須具有一些具體的做為；然而它又必須擁有一些高遠的理想與正確的理論做為後盾，才不會流於另一股「盲動」；於是，虛實相倚、體用合一、儀式與禮義相濟的「禮」，應當就是進行心靈改革最切實有效的途徑。徹底地實踐「禮」，就可以使人從外在產生行為的改變，內在則形成意識形態的轉變和理想情操的提昇，由於裡外互相挾持，因而可以使心靈改革綻開璀璨的花朵，因為「先王之立禮也，有本有文。忠信，禮之本也；義理，禮之文也。無本不立，無文不行。」㊿因而必須以「忠信」為立禮的精神基礎，以「義理」為立禮的形式原則，表裡相成，當然可以合於天時、安於地利、順於人心，而使萬物都能各得其理。另外，時時切記「禮，時為大，順次之，體次之，宜次之，稱次之。」55的五大立禮原則，就可以由於掌握禮義的根本精神，使得「禮」能因時制宜、合稱於萬物，且能順利運轉於天下。在這種情況下，自然能建立起合理且有禮的社會秩序觀，而使得人民、社會與國家也都能蒙受其利。

(四)樹立生命典範以開創人文的契機

「活出自己的特色」、「表現自己的主體性」是現代人極力標榜與努力的目標，它們本來都是值得可喜的，不過不幸的是它們經常和「只要我喜歡，有什麼不可以？」連成一氣，因而使得現代的社會出現了許多光怪陸離的現象，處處不乏自以為是、行為乖張、態度惡劣的分子，深究其中的原因，這都是誤解了「活出自己的特色」、「表現自己的主體性」的真義，以為愈是敢於違背傳統、破壞傳統，有本事處處標新立異的，就愈是了不起，於是忙（盲）於務外的結果，是迷失了自我，也不知道什麼才是生活的重心，對於生命的意義也是一片茫然。要對治現代人這種心靈的虛空狀態，為自我的生命樹立一個優良的生命典範以為自己努力的標竿就是很重要的了。能認清自我生命的特質，選擇能發展自我才性的聖賢為取法對象，才是「活出自己的特色」、「表現自己的主體性」的真正涵義。

綜觀古今中外的聖賢豪傑，都各有他們值得後人取法之處，不過站在現代國人急須開展人文契機、挽救社會沉淪的立場上而言，以「孔孟」為法，發揚儒家積極用世的精神，當不失為一條順當的康莊大道。

孔子非常好學，曾經自稱自己「學不厭」，㊿還自信地認為十室之邑，「不如丘之好學」，57並且鼓勵讀書人必須有「敏而好學，不恥下問」58積極向學的工夫，同時也稱讚顏回「不遷怒、不貳過」是好學的表現，59主張求學重在思辨，認為「學而不思則罔」，60假如好學而能思辨得精透，就可以補救因為好仁、好知、好信、好直、好勇、好剛六種材質可能造成的偏蔽。61可知孔子一生為學，就是重在以進德修業的明理工夫，來救助因為氣質的偏失所造成的弊端，以使性命能回歸於天德、天理。能夠這樣，就能使周旋動容都切中於禮，而體現盛德的光輝了。孔子在為學上的體認，對於現代人開口閉口直說「這是一個知識爆炸的時代」，然後整天疲於奔命地吸取零碎、瑣屑的知識，不啻為一種警鐘，因為為求知識而求知，終會淪為「學得愈多，離道愈遠」的結局。放眼現代的社會中，不乏以高科技為犯罪工具來為非作歹、害盡天下蒼生的就是最好的說明。因而取法孔子為學在於修德做人的作風，就可以把握為學的真諦，有助於轉化個人的習染與氣性，而回歸於天地之性。

孔子並且認為一個氣質美好、文質彬彬的君子，應當謹守「博學於文，約之以禮」⑫的原則，切實實踐克己復禮的工夫，不但能博學多聞，而且還能曉得自我應守的分寸，使得充塞於內的仁德可以自然地顯揚於外，於是無論視、聽、言、動各方面就都能切合於禮了，⑬否則，「恭而無禮則勞，慎而無禮則葸，勇而無禮則亂，直而無禮則絞」，⑭儘管擁有「恭」、「慎」、「勇」、「直」的美德，但是由於「無禮」，因此適足以長人之惡而壞人之德，更無法成就美好的結果。所以孔子又說：「敬而不中禮，謂之野；恭而不中禮，謂之給；勇而不中禮，謂之逆。」⑮可知「禮」的規範在實際的人生中，確實扮演著非常重要的角色。對於現代人意圖沖毀禮法的堤防、逃避規範制約的心態，以為禮法規範應該廢棄不用的，孔子的呼籲實在具有強烈的醒世意義。

因此為學的最高境界，就在於達到孟子所願於孔子的，成為聖之時者，集伯夷之清、伊尹之任、柳下惠之和於一身，以致凡有所舉措動作，都可以得其時而處其中。所以孔子去齊，接淅而行；至於去魯，則遲遲不忍離去；把握可以速則速，可以久則久，可以處則處，可以仕則仕的原則，因而能達到盡其在我、出處自如的地步。⑯因此雖然陳、蔡絕糧，弟子頗有怨言，然而孔子卻能坦然地說：「君子固窮，小人窮斯濫矣！」⑰受困於匡，孔子仍能自在地說：「文王既沒，文不在茲乎？天之將喪斯文也，後死者不得與于斯文也！天之未喪斯文也，匡人其如予何？」⑱由於孔子心中有定，所以能臨危不亂，而且由於他「不怨天，不尤人」⑲的作風，因而為人處世只要求依循天道的原理而行，至於事之成或不成，則自有天命所在。孔子這種凡事要求「盡其在我」的作風，和現代人做事推拖拉，只知道責怪別人的習慣是截然不同的。倘若能效法孔子為人處世的原則，對於提高辦事效率、減少人事紛爭都會有所幫助的。

至於孟子，生於戰國時期，私淑孔子之教，以重振斯文、平治天下為他一生的理想。由於當時邪說暴行盛行，所以孟子憑藉著他滔滔雄辯的本事辯盡天下群雄，一心想要來解救當時的弊端，雖然不能獲得明君以推行王道之治而拯救時弊，終不免為歷史的遺憾，但是他乘著周遊列國之便，宣揚他的性善學說、仁義思想、義利之辨、存心養性、盡心知性等內容，對於人性的啟迪、心智的陶冶都有相當大的影響。

孟子特別強調「人禽之辨」，主張能不能「察於人倫、由仁義行」，⑳就是人與禽獸的差別，因而也非常注重人的「存心」問題，認為「君子所以異于人者，以其存心也。君子以仁存心，以禮存心。」⑪可知人的本質應該包含仁、義、禮的道德要項。至於人們能不能彰顯這些道德品質，「心」能不能發揮它敏感易覺的思考作用，則是問題的關鍵所在，因此說：「君子所性，仁、義、禮、智根於心」。⑫身為君子的，就是能把仁、義、禮、智的德性常常存於內心，並且懂得擴而充之的。至於一般人，則是「無惻隱之心，非人也；無羞惡之心，非人也；無辭讓之心，非人也；無是非之心，非人也。惻隱之心，仁之端也；羞惡之心，義之端也；辭讓之心，禮之端也；是非之心，智之端也。人之有是四端也，猶其有四體也；有是四端，而自謂不能者，自賊者也。」⑬雖然人人的心中也都具有這四種德性之端，但是由於個人對此四種德性之端有沒有加以護持、存養與擴充的不同，於是就有了「人」與「非人」的差別。

倘若能對這四種德性之端加以護持、存養與不斷擴充，就能極盡人心本有的善端而且化為行善的動力，因而可以知道人性所具有的德性，進而也可以明瞭天道以善為貴的原理。內心能時常存有這份善性，就能妥為養護天命所賦予人的正性，而成為具有仁德的人。由於天道有好生之德，並且以仁為親，因而一個懂得實踐仁德的人，就是能與天地合德的人。所以孟子要說：「盡其心者，知其性也；知其性，則知天矣。存其心，養其性，所以事天也」。⑭

孟子這樣注重存養善德，正是現代人的心靈所最欠缺的。現代人的心靈其實也同樣具有仁、義、禮、智四種善德之端，但是由於不能善加養護、擴充，於是善心就逐漸萎縮，善行就日益減少了；還因為外界的誘惑不但千奇百怪，而且簡直就是無孔不入，在「旦旦而伐之」的情況下，人性本有的善端，才剛一萌孽發芽，就被撻伐殆盡，行為自然要離禽獸不遠了，因而面對這濯濯童山的人性園地，實在難以想像它也曾經歷過一段「牛山之木嘗美」的人性光輝時期。但是，大家也不必因此而懷疑人性不可能良善，只要人性的四種善端生機不死，就會像牛山一旦有了足夠修養生息的時間，山上的樹木仍然可以欣欣向榮的。⑮

同理可證，目前社會上到處充滿了非理性的行為，確實使人不禁要認為人心是險惡的，人性的惡劣也是根深柢固的，然而深究其中的原因，則是因為人性的善端「不得其養」的緣故，所以即使原本擁有善端，當然也會「無物不消」了。可見要改變人心的惡質傾向，從積極處而言，對於人性故有的善端，要把握「操則存，舍則亡」的重要原則，時常勤加灌溉滋潤，讓人心天天接觸人性的光明面，久而久之，人的善性自然會得到長養；從消極處來說，則要削減社會上現有的眾多誘惑，從減少誘因來單純化心靈所受的雜染與惡濁，因為「養心莫善於寡欲。其為人也寡欲，雖有不存焉者，寡矣。」⑯先進的歐美與日本大力提倡「簡樸」、「清貧」的生活，和孟子「養心莫善于寡欲」的說法，正有異曲同工之效；可見智慧的言論和行動，是不分國際，也沒有古今之別的。

類似上述孔孟充滿智慧的言論，不只可以行於春秋戰國，而且可以行於千秋萬世；不只可以行於中國，而且可以行於外國；因為孔孟不只是中國的聖賢，也是世界級的聖賢人物，對於他們生命的智慧，就看後人如何揀選與執行罷了。張載不是早已明確地指出「要見聖人，無如《論》、《孟》為要。《論》、《孟》二書於學者大足，只是須涵泳。」⑰這不但言簡易眩，而且還是智者之言。

四、結論
——善用經典智慧的結晶以淳厚自我的心性

「變化氣質」不能只是虛理與空談，必須落實在實際的人生脈絡中，才有確實的意義可談，因此本文不蹈空地說「變化氣質」，而是藉由張載一生的實證，來驗證他倡導的學理是嚴整而可行的，更從他化民成俗的經歷與成效，說明吸收經典的智慧結晶、取法孔孟的聖人氣象，絕不是腐儒過時的固陋之見，而是淳厚自我心性、改造自我心靈的有效途徑，更有改善民風的實際功能；關鍵就在於現代人能否「切實」地實踐罷了！

宋明儒者的共同目標，在於復興先秦儒學與孔孟之教，而堅決地對抗外來的佛教。儘管當時的儒者對孔孟之學的切入角度有別，彼此的著重點也各有差異，但是他們卻都普遍注重有關《易》（尤其是「易傳」）的研究，並由此而發展天道觀與宇宙論；更由於講求實踐的工夫，因而也都關心禮學，特別看重〈中庸〉，並由此而注重倫理道德與心性思想。雖然他們對於孔孟思想的把握未必十分貼切，不過卻也擴大了先秦儒學涵攝的範圍，同時更開拓了人生的其他向度，而且他們重《周易》、重「禮」、又重「孔孟之學」的學術取向，對於開展人文契機、企求化成天下，無疑地是一條較為周延而寬廣的途徑。因為生命的內容，必須包含有凌空飛躍的意識層次，也必須有篤實明確的行為進階，同時更必須擁有生命典範的激勵作用，如此才能塑造一個活潑健動、有為有守的個體，培養雍容大度、中正平和的氣魄，而達到中庸之道的理想生命境界，《周易》、《禮記》、《論語》與《孟子》正提供了這樣的智慧管道。多多誦讀涵泳這些經典，不但可以增進智慧，還可以淳厚心性，是淨化心靈、強化生命永續發展的優良動力。

在文化進入多元發展的現代，心靈改革的方法也的確應該是多元的，凡是能達到提高生命的品質、促進社會的和諧發展、加強國家的國際地位、增進人類長遠幸福的，都可以是心靈改革的方法。不過，在現代一窩風求新、求速、求變的情況下，所謂的「多元」，似乎已經把故有的傳統文化「不成文」地排除在外，對於記載聖賢智慧結晶的傳統經典更是束之高閣、乏人問津，在「文化失根」的嚴重貧血下，宛如水面上迅速繁殖的「浮萍」，固然也有它「數大為美」的外貌，但是終不免要因為「沒有根」，而註定一輩子的漂泊不定，倘若人為如此，那麼，人心不古、世風日下就是很自然的了。

當然，閱讀障礙也是造成今天大家普遍對傳統經典敬而遠之的原因之一，因而如何配合不同的年齡層所需，將傳統經典以現代語言進行貼切的詮釋，妥善地傳達古聖先賢的生命智慧，是鑽研傳統經典的學者責無旁貸的。然而對於現代人而言，如何以開放的胸襟來容納這些「千古遺香」是更重要的。當我們在推行「書香」滿社會的時候，假如能多多開放心靈的空間，廣為接納這些「千古遺香」，無疑地，是對於現代人的心靈改革跨出了重要的一步。能夠如此，就是為我們的心靈開始進行「文化紮根」的工作，因為一個懂得文化傳承、注重歷史教育的人，也必然是心性淳厚、與世和諧的人，更不會有暴戾之氣與乖張行徑的！心靈改革的工作有待於每一個人從「心」做起，而且必須劍及履及！

（本文原載於教育部人指會《人文及社會科學教學通訊》雙月刊87年10月第9卷第3期）

註釋

①宋．張載：《張載集》〈張子語錄．語錄中〉（臺北：漢京文化事業公司，1983），頁320；另外，〈近思錄拾遺〉，頁376作：「為天地立心，為生民立道，為去聖繼絕學，為萬世開太平。」至於《張子全書》〈朱軾序〉，收入《人人文庫》（臺北：商務印書館，1977），作：「為

天地立心，為生民立命，為往聖繼絕學，為萬世開太平。」

② 《張載集》〈經學理窟．義理〉，頁274。

③ 明．黃宗羲：《宋元學案》〈橫渠學案〉（臺北：河洛圖書公司，1975），頁3。

④ 《宋史》〈道學傳．張載〉，收入《二十五史》第16冊（臺北：鼎文書局，1976），頁12724。

⑤ 《張載集》〈經學理窟．氣質〉，頁266。

⑥ 《張載集》〈附錄．呂大臨橫渠先生行狀〉，頁383。

⑦ 《宋史》〈道學傳．張載〉，頁12724。

⑧ 《宋元學案》〈橫渠學案〉，頁3：「為治不法三代，終苟道也。」

⑨ 《宋元學案》〈橫渠學案〉，頁4。

⑩ 《張載集》〈正蒙．太和〉，頁7。

⑪ 《周易》〈乾卦．彖傳〉，見於魏．王弼、韓康伯注，唐．孔穎達等正義：《周易正義》，收入《十三經注疏》（臺北：藝文印書館，1985），頁10。

⑫ 《周易》〈坤卦．彖傳〉，頁18。

⑬ 《周易》〈繫辭傳．上〉，頁144。

⑭ 王夫之：《張子正蒙注》〈序〉（臺北：河洛圖書公司，1975），頁3～4。

⑮ 《宋史》〈道學傳．張載〉，頁12724：「其學尊禮貴德，樂天知命，以《易》為宗，以〈中庸〉為體，以孔孟為法。」

⑯ 《周易》〈繫辭傳．上〉，頁148。

⑰ 《周易》〈繫辭上〉，頁149。

⑱ 《周易》〈繫辭上〉，頁156。

⑲ 《周易》〈繫辭上〉，頁149。

⑳ 其詳參見牟宗三：《心體與性體》第1冊（臺北：正中書局，1973），

頁449～450。

㉑《張載集》〈經學理窟．禮樂〉，頁264。

㉒《張載集》〈經學理窟．禮樂〉，頁264。

㉓《張子全書》〈朱軾序〉，頁1。

㉔《張載集》〈經學理窟．學大原上〉，頁279。

㉕《張載集》〈正蒙．誠明〉，頁22。

㉖《張載集》〈正蒙．誠明〉，頁21。

㉗《禮記》〈中庸〉，見於漢．鄭玄注，唐．孔穎達等正義：《禮記正義》，收入《十三經注疏》(臺北：藝文印書館，1985)，頁895。

㉘《宋史》〈道學傳．張載〉，頁12724。

㉙《論語》〈衛靈公〉，見於魏．何晏等注，宋．邢昺疏：《論語注疏》，收入《十三經注疏》(臺北：藝文印書館，1985)，頁140。

㉚《孟子》〈盡心上〉，見於漢．趙岐注，宋．孫奭疏：《孟子注疏》，收入《十三經注疏》(臺北：藝文印書館，1985)，頁228。

㉛《孟子》〈離婁下〉，頁145。

㉜《孟子》〈公孫丑上〉，頁66：「惻隱之心，仁之端也；羞惡之心，義之端也；辭讓之心，禮之端也；是非之心，智之端也；人之有是四端也，猶其有四體也。有是四端而自謂不能者，自賊者也。」

㉝《孟子》〈告子上〉，頁204：「從其大體為大人，從其小體為小人。……耳目之官不思而蔽于物，物交物則引之而已矣！心之官則思，思則得之，不思則不得也；此天之所與我者。先立乎其大者，則其小者不能奪也，此為大人而已矣！」

㉞《莊子》〈天地〉，見於清．郭慶藩：《莊子集解》(臺北：貫雅文化事業公司，1991)，頁433～434，記載子貢介紹灌圃的丈人使用「槔(轆轤)」來汲水，卻引來一番得道者的智慧言論，說明了「有機械者，必有機事；有機事者，必有機心。機心存于胸中，則純白不備；

純白不備，則神生不定；神生不定者，道之所不載也。」的道理。

㉟《周易》〈繫辭下〉，頁175。

㊱《周易》〈繫辭上〉，頁147。

㊲《周易》〈繫辭上〉，頁154。

㊳《張載集》〈正蒙．大易〉，頁49。

㊴《禮記》〈經解〉，頁845：「絜靜精微，易教也。」

㊵其詳參見《張載集》〈正蒙．神化〉，頁17～18。

㊶《周易》〈繫辭下〉，頁174。

㊷《周易》〈繫辭下〉，頁167。

㊸《周易》〈繫辭上〉，頁158～159。

㊹《周易》〈繫辭上〉，頁149。

㊺《周易》〈繫辭下〉，頁166。

㊻《周易》〈繫辭上〉，頁149～150：「夫易，廣矣、大矣！以言乎遠則不禦，以言乎邇則靜而正；以言乎天地之間則備矣。夫乾，其靜也專，其動也直，是以大生焉。夫坤，其靜也翕，其動也闢，是以廣生焉。」

㊼《禮記》〈樂記〉，頁669。

㊽《禮記》〈樂記〉，頁671。

㊾《禮記》〈仲尼燕居〉，頁854。

㊿《論語》〈季氏〉，頁150。

(51)《禮記》〈郊特牲〉，頁504。

(52)《禮記》〈曲禮上〉，頁15。

(53)《禮記》〈曲禮上〉，頁14。

(54)《禮記》〈禮器〉，頁449。

(55)《禮記》〈禮器〉，頁450。

(56)其詳參見《孟子》〈公孫丑上〉，頁55，孟子引孔子之言。

57《論語》〈公冶長〉，頁46。

58《論語》〈公冶長〉，頁44。

59《論語》〈雍也〉，頁51。

60《論語》〈為政〉，頁18。

61《論語》〈陽貨〉，頁155：「好仁不好學，其蔽也愚；好知不好學，其蔽也蕩；好信不好學，其蔽也賊；好直不好學，其蔽也絞；好勇不好學，其蔽也亂；好剛不好學，其蔽也狂。」

62《論語》〈雍也〉，頁55；〈顏淵〉，頁109。

63其詳參見《論語》〈顏淵〉，頁106。

64《論語》〈泰伯〉，頁70。

65《禮記》〈仲尼燕居〉，頁852。

66其詳參見《孟子》〈萬章下〉，頁176。

67《論語》〈衛靈公〉，頁137。

68《論語》〈子罕〉，頁77。

69《論語》〈憲問〉，頁129。

70《孟子》〈離婁下〉，頁145。

71《孟子》〈離婁下〉，頁153。

72《孟子》〈盡心上〉，頁233。

73《孟子》〈公孫丑上〉，頁65～66。

74《孟子》〈盡心上〉，頁228。

75有關「牛山之木嘗美矣」的記載，請參見《孟子》〈告子上〉，頁200。

76《孟子》〈盡心下〉，頁261。

77《張載集》〈經學理窟．義理〉，頁272。

附錄　參考文獻資料

書籍部份：

（書籍之排列順序，按照作者或編者之時代排序，不全依照出版年排序）

一、經部：

(一)禮類：

漢・戴德：《大戴禮記》，《四部叢刊正編》（臺北：商務印書館，1979）。

漢・鄭玄注，唐・賈公彥疏：《周禮注疏》，《十三經注疏》（臺北：藝文印書館，1985）。

漢・鄭玄注，唐・賈公彥疏：《儀禮注疏》，《十三經注疏》（臺北：藝文印書館，1985）。

漢・鄭玄注，唐・孔穎達等正義：《禮記正義》，《十三經注疏》（臺北：藝文印書館，1985）。

宋・衛湜：《禮記集說》，《通志堂經解》（臺北：漢京文化事業公司，不著出版年月）。

宋・陳祥道：《禮書》，《文淵閣四庫全書》（臺北：商務印書館，1983）。

宋・朱熹：《儀禮經傳通解》，《文淵閣四庫全書》

（臺北：商務印書館，1983）。

宋．黃榦、楊復：《儀禮經傳通解續》，《文淵閣四庫全書》（臺北：商務印書館，1983）。

宋．李如圭：《儀禮集釋》，《文淵閣四庫全書》（臺北：商務印書館，1983）。

元．敖繼公：《儀禮集說》，《文淵閣四庫全書》（臺北：商務印書館，1983）。

明．郭良翰：《明謚紀彙編》，《文淵閣四庫全書》（臺北：商務印書館，1983）。

清．盛世佐：《儀禮集編》，《文淵閣四庫全書》（臺北：商務印書館，1983）。

清．方苞：《儀禮析疑》，《文淵閣四庫全書》（臺北：商務印書館，1983）。

清．徐乾學：《讀禮通考》，《文淵閣四庫全書》（臺北：商務印書館，1983）。

清．江永：《禮書綱目》，《文淵閣四庫全書》（臺北：商務印書館，1983）。

清．孫詒讓，王文錦，陳玉霞點校：《周禮正義》（北京：中華書局，1987）。

清．張爾岐：《儀禮鄭注句讀》（臺北：學海書局，1976）。

清．王聘珍：《大戴禮記解詁》（北京：中華書局，1993）。

清．程瑤田：《儀禮喪服文足徵記》，《皇清經解三禮類彙編》（臺北：藝文印書館，1986）。

清．吳廷華：《儀禮章句》，《皇清經解三禮類彙編》

（臺北：藝文印書館，1986）。

清・沈彤：《儀禮小疏》，《皇清經解三禮類彙編》（臺北：藝文印書館，1986）。

清・陳立：《白虎通疏證》，《續經解三禮類彙編》（臺北：藝文印書館，1986）。

清・金鶚：《求古錄禮說》，《續經解三禮類彙編》（臺北：藝文印書館，1986）。

清・俞樾：《春秋名字解詁補義》，《皇清經解續編》（臺北：漢京文化事業公司，不著出版年月）。

清・黃以周：《禮書通故》（臺北：華世書局，1976）。

清・杭世駿：《續禮記集說》（臺北：明文書局，1992）。

清・秦蕙田：《五禮通考》（臺北：聖環出版社，1994）。

清・孫希旦，沈嘯寰、王星賢點校：《禮記集解》（臺北：文史哲出版社，1990）。

清・胡培翬撰，段熙仲點校：《儀禮正義》（上海：江蘇古籍出版社，1993）。

清・姚際恆著，陳祖武點校：《儀禮通論》（北京：中國社會科學出版社，1998）。

王國維：《殷周制度論》，《王觀堂全集》（臺北：文華書局，1961）。

王國維：《殷禮徵文》，《王國維先生全集初編》（臺北：大通書局，1976）。

周法高：《周秦名字解詁彙釋》（臺北：中華書局，

1958）。

周師一田：《春秋吉禮考辨》（臺北：嘉新水泥文化事業公司，1970）。

侯家騊：《周禮研究》（臺北：聯經出版社，1987）。

周師一田：《古禮今談》（臺北：國文天地雜誌社，1992）。

劉廣明：《宗法中國》（上海：三聯書店，1993）。

常金倉：《周代禮俗研究》（臺北：文津出版社，1993）。

朱筱新：《中國古代禮儀制度》（臺北：商務印書館，1994）。

汪受寬：《謚法研究》（上海：上海古籍出版社，1995）。

林素英：《古代生命禮儀中的生死觀——以《禮記》為主的現代詮釋》（臺北：文津出版社，1997）。

林素英：《古代祭禮中之政教觀——以《禮記》成書前為論》（臺北：文津出版社，1997）。

周師一田：《禮學概論》（臺北：三民書局，1998）。

周師一田：《說禮》（臺北：萬卷樓圖書有限公司，1998）。

林素英：《喪服制度的文化意義——以《儀禮．喪服》為討論中心》（臺北：文津出版社，2000）。

《從《郭店簡》探究其倫常觀念——以服喪思想為討論基點》（臺北：萬卷樓圖書有限公司，2003）。

陳奇祿主編：《生命禮俗研討會論文集》（文復會，1984）。

日・栗原圭介：《禮記宗教思想的研究》（東京：明德印刷出版社，1969）。

日・小南一郎編：《中國古代禮制研究》（京都：京都大學人文科學研究所，1995）。

㈡其他經類：

漢・韓嬰：《韓詩外傳》，《百部叢書集成・幾輔叢書》（臺北：藝文印書館，1966）。

魏・王弼、韓康伯注，唐・孔穎達等正義：《周易正義》，《十三經注疏》（臺北：藝文印書館，1985）。

漢・孔安國傳，唐・孔穎達等正義：《尚書正義》，《十三經注疏》（臺北：藝文印書館，1985）。

漢・毛亨傳，漢・鄭玄箋，唐・孔穎達等正義：《毛詩正義》，《十三經注疏》（臺北：藝文印書館，1985）。

晉・杜預注，唐・孔穎達等正義：《春秋左傳正義》，《十三經注疏》（臺北：藝文印書館，1985）。

漢・何休注，唐・徐彥疏：《春秋公羊傳注疏》，《十三經注疏》（臺北：藝文印書館，1985）。

晉・范寧注，唐・楊士勛疏：《春秋穀梁傳注疏》，《十三經注疏》（臺北：藝文印書館，1985）。

魏・何晏等注，宋・邢昺疏：《論語注疏》，《十三經注疏》（臺北：藝文印書館，1985）。

唐・玄宗注，宋・邢昺疏：《孝經注疏》，《十三經注疏》（臺北：藝文印書館，1985）。

漢・趙岐注，宋・孫奭疏：《孟子注疏》，《十三經注疏》（臺北：藝文印書館，1985）。

晉・郭璞注，宋・邢昺疏：《爾雅》，《十三經注疏》（臺北：藝文印書館，1985）。

清・朱彝尊：《經義考》，《四部備要》（臺北：中華書局，1970）。

清・汪中：《述學》（臺北：廣文書局，1970）。

清・王引之等：《經義述聞等三種》，《國學名著珍本彙刊》（臺北：中華書局，1973）。

清・萬斯同：《群書疑辨》（臺北：廣文書局，1972）。

高師仲華編：《群經述要》（臺北：黎明出版社，1979）。

童書業：《春秋左傳研究》（上海：上海人民出版社，1980）。

屈萬里：《書傭論學集》（臺北：聯經出版公司，1984）。

蔣伯潛：《十三經概論》（臺北：宏業書局，1981）。

錢基博：《經學通志》（臺北：學海書局，1986）。

林慶彰主編：《中國經學史論文選集》（臺北：文史哲出版社，1993）。

林慶彰：《清代經學研究論集》（臺北：中研院文哲所，2002）。

林慶彰主編：《經學研究論叢》（臺北：聖環出版社，1994）。

日・安居香山、中村璋八輯：《緯書集成》（石家莊：河北人民出版社，1994）。

㈢小學與考古類：

漢・劉熙：《釋名》，《文淵閣四庫全書》（臺北：商務印書館，1983）。

唐・陸德明：《經典釋文》，《文淵閣四庫全書》（臺北：商務印書館，1983）。

清・戴侗：《六書故》，《文淵閣四庫全書》（臺北：商務印書館，1983）。

清・段玉裁：《說文解字注》（臺北：蘭臺書局，1972）。

清・王先謙：《釋名疏證補》（臺北：商務印書館，1968）。

清・江藩：《隸經文》，《叢書集成簡編》（臺北：商務印書館，1966）。

丁福保編：《說文解字詁林及補遺》（臺北：國民出版社，1959）。

郭沫若：《金文叢考》（東京：文求堂，1932）。

郭沫若：《兩周金文辭大系考釋》（不著時地）。

胡厚宣：《甲骨學商史論叢初集》（臺北：大通書局，1973）。

李孝定：《甲骨文字集釋第一》（臺北：中研院史語所，1991）。

陳夢家：《殷虛卜辭綜述》（北京：中華書局，1988）。

朱歧祥編：《甲骨四堂論文選集》（臺北：學生書局，1990）。

曹定雲編：《殷商考古論叢》（臺北：藝文印書館，1996）。

荊門市博物館編，裘錫圭審訂：《郭店楚墓竹簡》（北京：文物出版社，1998）。

張光裕主編，袁國華合編：《郭店楚簡研究——第一卷文字篇》（臺北：藝文印書館，1999）。

二、歷史文化：

周．左丘明：《國語》（臺北：里仁書局，1981）。

《汲塚周書》，《四部叢刊正編》（臺北：商務印書館，1979）。

《竹書紀年》，《四部叢刊正編》（臺北：商務印書館，1979）。

《逸周書》，《四部叢刊正編》（臺北：商務印書館，1979）。

《越絕書外傳》，《四部叢刊正編》（臺北：臺灣商務印書館，1979）。

漢．劉向：《說苑》，《四部叢刊正編》（臺北：商務印書館，1979）。

漢．劉向集錄：《戰國策》（臺北：里仁書局，1990）。

羅泌：《路史》，《四部備要》（臺北：中華書局，1970）。

漢．班固：《漢書》，《二十五史》（臺北：鼎文書局，1976）。

漢．荀悅：《漢紀》，《文淵閣四庫全書》（臺北：商務印書館，1983）。

漢・陸賈：《新語》，《百子全書》（長沙：岳麓書社，1993）。

晉・陳壽撰，宋・裴松之注：《三國志》，《二十五史》（臺北：鼎文書局，1976）。

南朝・宋・范曄撰，唐・李賢等注：《後漢書》，《二十五史》（臺北：鼎文書局，1976）。

唐・房玄齡等撰：《晉書》，《二十五史》（臺北：鼎文書局，1976）。

唐・魏徵等撰：《隋書》，《二十五史》（臺北：鼎文書局，1976）。

唐・杜佑撰：《通典》，王文錦點校（北京：中華書局，1988）。

唐・吳兢：《貞觀政要》，《四部備要》（臺北：中華書局，1967）。

後晉・劉昫等撰：《舊唐書》，《二十五史》（臺北：鼎文書局，1976）。

宋・司馬光編著，元・胡三省音注：《資治通鑑》（北京：中華書局，1956）。

宋・司馬光：《迂書》（臺北：老古出版社，1978）。

元・托克托等：《宋史》，《二十五史》（臺北：鼎文書局，1976）。

元・馬端臨：《文獻通考》，《文淵閣四庫全書》（臺北：商務印書館，1983）。

明・董說：《七國考》，《文淵閣四庫全書》（臺北：商務印書館，1983）。

明．黃佐撰，周駿富輯：《南雍志列傳》，《明代傳記叢刊》(臺北：明文書局，1991)。

明．太祖撰，明．姚士觀、沈鈇編校：《明太祖文集》，《文淵閣四庫全書》(臺北：商務印書館，1984)。

清．朱右曾：《逸周書集訓校釋》，《皇清經解續編》(臺北：漢京文化事業公司，不著出版年月)。

清．張廷玉：《明史》(臺北：臺灣中華書局，1976)。

清．董誥等編：《欽定全唐文》(臺北：匯文書局，1961)。

梁啟超：《古書真偽及其時代》(臺北：中華書局，1956)。

日．瀧川龜太郎：《史記會注考證》(臺北：洪氏出版社，1977)。

楊鴻烈：《中國法律發達史》(臺北：臺灣商務印書館，1967)。

鮑家麟編著：《中國婦女史論集》(臺北縣：稻鄉出版社，1992)。

蕭公權：《中國政治思想史》(臺北：聯經出版社，1982)。

陳東原：《中國婦女生活史》(臺北：商務印書館，1937)。

楊寬：《古史新探》(北京：中華書局，1965)。

楊寬：《戰國史》(臺北：谷風出版社，1986)。

丁山：《甲骨文所見氏族及其制度》(臺北：大通書局，1971)。

郭沫若：《郭沫若全集·歷史篇》（北京：人民出版社，1984）。

瞿同祖：《中國封建社會》（臺北：里仁書局，1984）。

李桂海：《中國封建結構探要》（瀋陽：遼寧大學出版社，1987）。

李宗侗：《中國古代社會史》（臺北：中華文化出版事業委員會，1954）。

侯外廬：《中國古代社會史論》（北京：人民出版社，1979）。

梁起超：《先秦政治思想史》（臺北：東大圖書公司，1980）。

劉澤華主編：《中國古代政治思想史》（天津：南開大學出版社，1992）。

楊向奎：《中國古代社會與古代思想研究》（上海：人民出版社，1962）。

徐復觀：《周秦漢政治社會結構之研究》（臺北：學生書局，1975）。

趙光賢：《周代社會辨析》（北京：人民出版社，1980）。

許倬雲：《求古編》（臺北：聯經出版社，1982）。

張光直：《中國青銅時代》（臺北：聯經出版社，1983）。

漢·應劭撰，王利器注：《風俗通義校注》（臺北：漢京文化事業有限公司，1983）。

許倬雲：《中國古代文化的特質》（臺北：聯經出版

社，1988）。

謝維揚：《周代家庭形態》（北京：中國社會科學院出版社，1990）。

金景芳：《古史論集》（長春：吉林大學出版社，1991）。

杜師正勝：《古代社會與國家》（臺北：允晨文化實業公司，1992）。

金景芳：《中國奴隸社會史》（上海：人人出版社，1993）。

許倬雲：《西周史》（臺北：聯經出版社，1993）。

王貴民：《商周制度考信》（臺北：明文書局，1993）。

芮逸夫：《中國民族及其文化論稿》（臺北：藝文印書館，1971）。

劉節：《中國古代宗族移殖史論》（臺北：正中書局，1971）。

韓養民：《秦漢文化史》（臺北：里仁書局，1986）。

馮天瑜、何曉明、周積明等著：《中華文化史》（臺北：桂冠出版社，1993）。

林惠祥：《文化人類學》（臺北：商務印書館，1968）。

林惠祥：《民俗學》（臺北：商務印書館，1968）。

張亮采編：《中國風俗史》（臺北：商務印書館，1984）。

李亦園：《文化的圖像（上）——文化發展的人類學探討》（臺北：允晨文化實業公司，1992）。

李亦園：《文化的圖像（下）——宗教與族群的文化觀察》（臺北：允晨文化實業公司，1992）。

劉德漢：《東周婦女生活》（臺北：學生書局，1976）。

陳東原：《中國婦女生活史》（臺北：商務印書館，1990）。

高洪興、徐錦鈞、張強編：《婦女風俗考》（上海：文藝出版社，1991）。

陳顧遠：《中國古代婚姻史》，《萬有文庫簡編》（臺北：商務印書館，1939）。

繆勒利爾（F.Muller-Lyer）著，葉啟芳重譯：《婚姻進化史》，《萬有文庫簡編》（臺北：商務印書館，1958）。

蘇冰、魏林：《中國婚姻史》（臺北：文津出版社，1994）。

雪犁主編：《中華民俗源流集成——婚姻》（蘭州：甘肅人民出版社，1994）。

董家遵著，卞恩才整理：《中國古代婚姻史研究》（番禺：廣東人民出版社，1995）。

顧鑒塘、顧鳴塘：《中國歷代婚姻與家庭》（北京：商務印書館，1996）。

陳筱芳：《春秋婚姻禮俗與社會倫理》（成都：巴蜀書社　2000）。

尚秉和編：《歷代社會狀況史》（臺北：文海出版社，1982）。

尚秉和編：《歷代社會風俗事物考》（臺北：商務印書館，1985）。

王貴民：《中國禮俗史》（臺北：文津出版社，1993）。

王煒民：《中國古代禮俗》（北京：商務印書館，1997）。

文史知識編輯部編：《古代禮制風俗漫談》（北京：中華書局，1983）。

雪犁主編：《中華民俗源流集成——儀禮喪葬》（蘭州：甘肅人民出版社，1994）。

張捷夫：《中國喪葬史》（臺北：文津出版社，1995）。

萬建忠：《中國歷代葬禮》（北京：北京圖書館出版社，1998）。

三、子書與思想類

周・韓非：《韓非子》，《二十二子》（臺北：先知出版社，1976）。

周・荀況：《荀子》，《二十二子》（臺北：先知出版社，1976）。

周・莊周：《莊子》，《二十二子》（臺北：先知出版社，1976）。

周・管仲：《管子》，《二十二子》（臺北：先知出版社，1976）。

秦・呂不韋：《呂氏春秋》，《二十二子》（臺北：先知出版社，1976）。

汪繼培輯：《尸子》，《二十二子》（臺北：先知出版社，1976）。

周・商鞅：《商子》，《百子全書》（長沙：岳麓書社，1993年9月）。

漢・董仲舒：《春秋繁露》，《四部叢刊正編》（臺北：商務印書館，1979）。

漢・孔安國：《孔叢子》，《四部叢刊正編》（臺北：商務印書館，1979）。

漢・王充：《論衡》，《四部備要》（臺北：中華書局，1970）。

魏・王肅：《孔子家語》，《四部叢刊正編》（臺北：商務印書館，1979）。

北齊・顏之推：《顏氏家訓》，《四部備要》（臺北：中華書局，1970）。

宋・張載撰，蘇昺編：《張載集》（臺北：漢京出版社，1983）。

宋・張載撰，朱熹注：《張子全書》，《人人文庫》（臺北：商務印書館，1979）。

宋・程顥、程頤撰：《二程全書》，《四部備要・子部》（臺北：中華書局，1969）。

明・黃宗羲：《宋元學案》（臺北：河洛圖書公司，1975）。

明・胡廣等纂修，孔子大全編輯部編輯：《性理大全》（濟南：山東友誼書社，1989）。

清・孫其逢：《四書近指》，《文淵閣四庫全書》（臺北：商務印書館，1983）。

清・王夫之：《張子正蒙注》（臺北：河洛圖書公司，1975）。

清．孫詒讓：《墨子閒詁》（臺北：華正書局，1987）。

清．王先謙：《荀子集解》（臺北：藝文印書館，1988）。

清．王先謙撰，鐘哲點校：《韓非子集解》，《新編諸子集成》（北京：中華書局，1998）。

清．蘇輿撰，鐘哲點校：《春秋繁露義證》，《新編諸子集成》（北京：中華書局，1992）。

清．郭慶藩：《莊子集釋》（臺北：華正書局，1987）。

劉文典撰，馮逸、喬華點校：《淮南鴻烈集解》，《新編諸子集成》（北京：中華書局，1989）。

馮友蘭：《中國哲學史》（不著出版時地年月）。

錢穆：《靈魂與心》（臺北：聯經出版社，1976）。

陳奇猷：《呂氏春秋校釋》（臺北：華正書局，1988）。

侯外廬主編：《中國思想通史．古代思想》（北京：人民出版社，1984）。

侯外廬等：《宋明理學史》（北京：中華書局）。

牟宗三：《心體與性體》（臺北：正中書局，1973）。

牟宗三：《中國哲學的特質》（臺北：學生書局，1977）。

牟宗三：《政道與治道》（臺北：學生書局，1980）。

唐君毅：《中國人文精神之發展》（臺北：學生書局，1974）。

唐君毅：《人文精神之重建》（臺北：學生書局，

1974）。

唐君毅：《中國文化之精神價值》（臺北：學生書局，1974）。

唐君毅：《中國哲學原論・導論篇》（香港：新亞研究所，1977）。

唐君毅：《中國哲學思想原論・原性篇》（香港：新亞研究所，1974）。

唐君毅：《中國哲學思想原論・原道篇》（臺北：學生書局，1976）。

唐君毅：《中國哲學原論・原教篇》（香港：新亞研究所，1977）。

唐君毅：《人生之體驗》（臺北：學生書局，1977）。

樓宇烈校釋：《老子周易王弼注校釋》（臺北：華正書局，1983）。

任繼愈主編：《中國哲學發展史・先秦》（北京：人民出版社，1983）。

任繼愈主編：《中國哲學發展史・秦漢》（北京：人民出版社，1985）。

蔡仁厚：《宋明理學・北宋篇》（臺北：學生書局，1979）。

徐復觀：《兩漢思想史》（臺北：學生書局，1980）。

徐復觀：《中國人性論史》（臺北：商務印書館，1988）。

余英時：《中國思想傳統的現代詮釋》（臺北：聯經出版社，1987）。

韋政通：《董仲舒》（臺北：東大圖書公司，1986）。

王永祥：《董仲舒評傳》（南京：南京大學出版社，1995）。

黃秀璣：《張載》（臺北：東大圖書公司，1987）。

朱建民：《張載思想研究》（臺北：東大圖書公司，1989）。

龐樸：《竹帛〈五行〉篇校注及研究》（臺北：萬卷樓圖書有限公司，2000）。

劉岱總主編：《敬天與親人》（臺北：聯經出版社，1991）。

丁山：《中國古代宗教與神話考》（龍門：聯合書局，1961）。

李安宅譯：《巫術、科學、宗教與神話》（上海：商務印書館，1936）。

馬凌諾斯基（B. Malinowski）著，朱岑樓譯：《巫術、科學與宗教》（臺北：協志工業叢書出版社，1978）。

杜普瑞（Louis Dupré）著，傅佩榮譯：《人的宗教向度》（臺北：幼獅出版社，1988）。

佟西爾（J. F. Donceel S. J.）著，劉貴傑譯：《哲學人類學》（臺北：巨流出版社，1989）。

弗雷澤（J. G. Frazer）著，汪培基譯：《金枝》（臺北：桂冠出版社，1991）。

卡西爾（E. Cassirer）著，結構群編譯：《人論》（臺北：結構群文化事業有限公司，1991）。

卡西爾（E.Cassirer）著，羅興漢譯：《符號、神話、文化》（臺北：桂冠出版社，1991）。

馬斯洛（Maslow, A. H.）、弗洛姆（Fromm E.）著，孫

大川審譯：《人的潛能和價值》（臺北：結構群文化事業有限公司，1992）。

四、其他：

宋．李昉等：《太平御覽》（北京：商務印書館，1960）。

明．歸有光：《震川先生集》（臺北：源流出版社，1983）。

清．盧文弨：《鍾山札記》，《叢書集成簡編》（臺北：商務印書館，1966）。

清．毛奇齡：《西河文集》，《國學基本叢書》（臺北：商務印書館，1968）。

清．紀昀：《四庫全書總目》（臺北：商務印書館，1983）。

清．顧炎武：《日知錄》（蘭州：甘肅民族出版社，1997）。

清．錢大昕：《潛研堂文集》（上海：上海古籍出版社，1989）。

清．臧庸：《拜經堂文集》（1930宗舜年影印漢陽葉氏寫本）。

清．俞正燮：《癸巳類稿》（臺北：世界書局，1980）。

王國維：《王國維先生全集初編》（臺北：大通書局，1976）。

陳奇祿主編：《生命禮俗研討會論文集》（臺北：文復會，1984）。

內政部編：《禮儀民俗論述專輯》（臺北：內政部，1989）。

李又寧、張玉法編：《中國婦女史論文集》（臺北：商務印書館，1988）。

鮑家麟編著：《中國婦女史論集》（臺北：稻鄉出版社，1988）。

鮑家麟編著：《中國婦女史論集續集》（臺北：稻鄉出版社，1991）。

楊希枚：《先秦文化史論集》（北京：中國社會科學出版社，1995）。

熊秉真、呂妙芬主編：《禮教與情慾：前近代中國文化中的後/現代性》（臺北：中研院近史所，1999）。

姜亮夫：《歷代名人年里碑傳總表》（臺北：商務印書館，1970）。

威廉·華爾頓（J. William Worden）著，李開敏等譯：《悲傷輔導與悲傷治療》（臺北：心理出版社，1995）。

黃月霞：《情感教育與發展性輔導——「情育課程」對兒童「態度」與「學業成績」的影響》（臺北：五南圖書出版公司，1989）。

陳鼓應主編：《道家文化研究·郭店楚簡專號》（北京：三聯書店，1999）。

中國哲學編輯部：《郭店楚簡研究》（瀋陽：遼寧教育出版社，2000）。

學位論文及期刊部份：

一、學位論文：

張雙英：《周禮所表現之社會觀》（政大中研所碩士論文，1978）。

陳美圓：《張載的禮學》（政大中研所碩士論文，1981）。

劉錦賢：《張橫渠思想研究》（師大國研所碩士論文，1984）。

方炫琛：《左傳人物名號研究》（政大中研所博士論文，1983）。

柯金虎：《魏晉南北朝禮學書考佚》（政大中研所博士論文，1984）。

二、期刊部分：（按照出版先後順序排列）

陳槃：〈春秋「公矢魚于棠」說〉（《中研院史語所集刊》第7本2分，1936）。

陳夢家：〈古文字中之商周祭祀〉（《燕京學報》第19期，1936.6）。

張政烺：〈六書古義〉（《中研院史語所集刊》第10本第1分，1948）。

楊向奎：〈從《周禮》推論中國古代社會發展的不平衡性〉（《文史哲》第1卷第3期，1951.9）。

胡厚宣：〈殷卜辭中的上帝和王帝〉（《歷史研究》，

1959年第9期）。

張光直：〈中國遠古時代儀式生活的若干資料〉（《中研院民族學研究所集刊》第9期，1960 .3）。

王夢鷗：〈禮運考〉（《政治大學學報》第8期，1963.12）。

史次耘：〈禮運大同小康箋釋〉（《孔孟學報》第26期，1973.9）。

金景芳：〈中國古代思想的淵源〉（《社會科學戰線》第4期，1981）。

顧頡剛：〈由「烝」、「報」等婚姻方式看社會制度的變遷〉（上、下）《文史》第14、15輯（北京：中華書局，1982）。

林麗雪：〈白虎通「三綱」說與儒法之變〉（《書目季刊》，第17卷3期，1983.12）。

黃有志：〈淺析中國傳統禮俗中「禮」與「俗」的關係〉（《東吳文史學報》，第7期，1989.3）。

李衡眉：〈「嫂叔無服」論〉（《齊魯學刊》，第5期，1990.9）。

林素英：〈張載之變化氣質論〉（《花蓮師院學報》第7期，1997.6）。

黃鳳英：〈喪親家屬之悲傷與悲傷輔導〉（《安寧療護雜誌》，第10期，馬偕紀念醫院中華安寧照顧協會，1998.11）。

陳偉：〈郭店楚簡別釋〉（《江漢考古》，第4期，1998.11）。

陳偉：〈郭店楚簡〈六德〉諸篇零釋〉（《武漢大學學報

（·哲學社會科學版）》，1999.5）。

閻鴻中：〈唐代以前「三綱」意義的演變——以君臣關係為主的考察〉（《錢穆先生紀念館館刊》第7期，1999.12）。

顏世鉉：〈郭店楚簡〈六德〉箋釋〉（《中研院史語所集刊》第72本第2分，2001.6）。

國家圖書館出版品預行編目資料

禮學思想與應用 ／林素英著. –初版. --臺北市：萬卷樓, 2003[民 92]

面； 公分

參考書目：面

ISBN 957－739－454－X (平裝)

1.禮儀－中國—論文, 講詞等

530.9207 92015127

禮學思想與應用

作　　者：林素英
發 行 人：楊愛民
出 版 者：萬卷樓圖書股份有限公司
臺北市羅斯福路二段 41 號 6 樓之 3
電話(02)23216565 · 23952992
傳真(02)23944113
劃撥帳號 15624015
出版登記證：新聞局局版臺業字第 5655 號
網　　址：http://www.wanjuan.com.tw
E - mail：wanjuan@tpts5.seed.net.tw
經銷代理：紅螞蟻圖書有限公司
臺北市內湖區舊宗路二段 121 巷 28 號 4F
電話(02)27953656(代表號)　傳真(02)27954100
E - mail：red0511@ms51.hinet.net
承印廠商：晟齊實業有限公司
定　　價：320 元
出版日期：2003 年 9 月初版

ISBN 957－739－454－X